साहित्य के सरोकार

साहित्य के सरोकार

विद्यानिवास मिश्र

संचयन तथा संपादन

गिरीश्वर मिश्र

वाणी प्रकाशन

प्रकाशन के उत्कृष्टतम 61 वर्ष

सजिल्द पहला संस्करण : 2007
सजिल्द दूसरा संस्करण : 2024

vaniprakashan.com

वाणी प्रकाशन
4695, 21-ए, दरियागंज, नयी दिल्ली-110 002
फ़ोन : +91 11 23273167, 23275710
शाखाएँ
अशोक राजपथ, पटना-800 004, बिहार
कॉफ़ी हाउस कैम्पस, महात्मा गांधी मार्ग, प्रयागराज-211 001, उत्तर प्रदेश
महात्मा गांधी अन्तरराष्ट्रीय हिन्दी विश्वविद्यालय, वर्धा-442 001, महाराष्ट्र
sales@vaniprakashan.in
vaniprakashan@gmail.com

SAHITYA KE SAROKAR
by Vidyanivas Mishra

ISBN : 978-81-8143-639-9
Essays

मूल्य : ₹495

जी.एस. ऑफ़सेट, दिल्ली-110 095 में मुद्रित

वाणी प्रकाशन का लोगो मक़बूल फ़िदा हुसेन की कूची से

निवेदन

'साहित्य के सरोकार' पंडित विद्यानिवास मिश्र के उन लेखों का संकलन है जो हिंदी साहित्य के स्वरूप उसकी विभिन्न विधाओं और कृती रचनाकारों के आस्वादपरक और सर्जनात्मक विश्लेषण प्रस्तुत करते हैं। आलोचना और समीक्षा की प्रचलित परिपाटी से हटकर इनमें साहित्यिक विमर्श को देश, काल, परंपरा और संस्कृति के प्रवाह में रखा गया है। ये विमर्श मात्र रचनाकार या रचना के गुण-दोषों की पैमाइश नहीं हैं। इनमें साहित्य के जीवन स्वरूप में सर्जनशील मन की भागीदारी है जो पाठकों को संवेदना के साथ रचना में डूबने का आमंत्रण देती है।

ये रचनाएँ इतस्ततः बिखरी थीं, कुछ प्रकाशित और कुछ अप्रकाशित। स्वयं पंडित जी किस रूप में इन्हें पिरोते और प्रस्तुत करते यह अनुमान का विषय है और इस सीमा के साथ यह संकलन तैयार किया गया है। इसमें संकलित अट्ठाइस लेख और तीन साक्षात्कार हिंदी साहित्य के विभिन्न पक्षों को प्रचलित पद्धति से अलग हटकर देखने और समझने का अवसर प्रदान करते हैं।

आज के आधुनिक या कहें उत्तर-आधुनिक विचार से आक्रांत साहित्यिक चर्चाओं में हिंदी के विकास के सोपान स्मृति से ओझल होते जा रहे हैं। इसी तरह मीडिया के चलते लोक का जो अभी भी गाँवों, कस्बों से लेकर शहरों तक फैले-पसरे समाज में जीवित है, साहित्य की तथाकथित मुख्य धारा से कटता जा रहा है, क्योंकि वैश्वीकरण के लिए वह अप्रासंगिक-सा है। हिंदी साहित्य इनके अभाव में समृद्ध नहीं रह सकता। अवधी और ब्रज भाषा के काव्य का सौंदर्य और उसके संबोध्य क्या हैं? रीति काव्य और देव, पद्माकर जैसे रीतिकालीन कवियों का क्या अवदान है? इन प्रश्नों पर मिश्र जी ने नए सिरे से विचार किया है। इसी तरह हिंदी के आधुनिक काल की देहरी पर उपस्थित भारतेंदु हरिश्चंद्र और उनके मंडल की भूमिका का विश्लेषण हमें भाषा और समाज के बीच के संबंधों को ऐतिहासिक परिप्रेक्ष्य में पहचान कराता है।

बालकृष्ण शर्मा 'नवीन' और अज्ञेय की काव्य यात्रा की सर्जनात्मक व्याख्या करते समय मिश्र जी हिंदी और भारतीय अस्मिता को समझने, उसमें व्याप्त

ओजस्वी तेवर को तलाशने की जरूरत की ओर भी संकेत करते हैं।

हिंदी कहानी, और हिंदी के ऐतिहासिक उपन्यासों की पड़ताल करते हुए मिश्र जी उनके भारतीय उत्स की ओर जाते हैं और इसी बहाने भारतीय मानस में कल्पना और इतिहास की अवधारणा को भी स्पष्ट करते हैं। उनकी दृष्टि में सातत्य और अखंडता का बोध, समग्र से जुड़ने की बेचैनी में ही सृजन के बीच विद्यमान है। 'व्यक्तिव्यंजक गद्य' एक तरह से मिश्र जी का स्वयं का आत्म साक्षात्कार है। ललित निबंध या व्यक्तिव्यंजक निबंध मिश्र जी की अपनी विधा थी। ये निबंध कैसे रूप लेते हैं? उनकी बुनावट कैसी होती है? आदि प्रश्नों पर जो रचना प्रक्रिया से जुड़े हैं मिश्र जी ने अपने अनुभव के आलोक में विस्तार से विचार किया है।

भारतीय चिंतन का एक बड़ा हिस्सा या कहें सोच की सरणि किसी न किसी रूप में वैदिक चिंतन से अनुस्यूत है और उससे ऊर्जा ग्रहण करती रही है। उसे समझे बिना भारतीय समाज और मानस का कोई भी आकलन अधूरा रहेगा। भाषा, विचार और यथार्थ के आपसी रिश्तों को उद्घाटित करते हुए मिश्र जी ज्ञान के स्वरूप और ज्ञान के उपयोग-प्रयोग के सोपानों की भी व्याख्या करते हैं।

कुल मिलाकर इस संकलन में संगृहीत लेखों का केंद्रीय विषय साहित्य-प्राचीन, मध्यकालीन और आधुनिक के किंचित अलक्षित-उपेक्षित पक्ष हैं। पंडित जी के एक निबंध का शीर्षक भी 'साहित्य के सरोकार' है और व्यापक अर्थों में यह सभी लेखों की आंतरिक भावना को भी इंगित करता है। इसीलिए संकलन का नाम भी 'साहित्य के सरोकार' रखा गया। ये सारे लेख एकत्र करने में भाई दयानिधि मिश्र ने अथक प्रयास किया। श्री अरुण माहेश्वरी ने बड़े कम समय में रुचि से इसे प्रकाशित किया। आशा है यह संकलन पाठकों को रुचेगा।

दिल्ली

–गिरीश्वर मिश्र

अनुक्रम

साहित्य के सरोकार

इस जमाने में सरोकार का बाजार बड़ा गरम है। उसका असर साहित्य और संस्कृति जैसे व्यापारों पर भी पड़ता है और प्रश्न पूछा जाता है कि साहित्य का, विशेषकर आज के साहित्य का सरोकार क्या है? संस्कृति का सरोकार क्या है? इसी क्रम में यह भी पूछा जाता है कि साहित्य का जा सामाजिक सरोकार होना चाहिए, वह कितना है? साहित्य का राष्ट्रीय सरोकार होना चाहिए, वह कितना है? जाने क्यों मैं इस सरोकार शब्द से घबड़ाता हूँ। मुझे ऐसा लगता है कि कोई बाहर का आदमी हमसे जवाब माँग रहा था : तुम्हें यह करना था, तुमने क्यों नहीं किया? देश और समय हमसे इस प्रकार के सवाल नहीं करते। क्यों तुम देश की बात नहीं कर रहे हो? क्यों तुम समय की बात नहीं कर रहे हो? अपने देश और समय में क्यों नहीं जी रहे हो? मुझसे जब ऐसे प्रश्न नागरिक की हैसियत से किए जाते हैं तो मैं इन प्रश्नों का औचित्य समझता हूँ और अपने को इन सबके प्रति, समाज, देश और समय के प्रति अपनी जवाबदेही भी मानता हूँ। परन्तु जिस क्षण मैंने अपने व्यक्ति को पूरी तरह अपनी भाषा बोलने वाले में विलीन कर दिया, उस क्षण मुझसे इन प्रश्नों के उत्तर की अपेक्षा क्यों? मुझसे पूछा जा सकता है लेखक के रूप में तुमने अपने किसी पात्र के साथ ऐसा क्यों किया? तुम्हारे भीतर कौन-सी गूँज थी जिसने तुमसे यह पंक्ति लिखवाई? तो मैं लेखक के रूप में ऐसे प्रश्नों का अवश्य उत्तर दूँगा।

लेखक का सरोकार लेखक को अपने प्रति, अपने भीतर के मनुष्य के प्रति तो है, पर उसके बारे में प्रश्न करने वाला भी भीतर का ही आदमी होगा, जो मेरे मन की आवाज को सुन नहीं सकता वह आदमी क्यों मुझसे प्रश्न करे? मेरे लिखने का स्रोत बाहर तो है नहीं, भीतर है। इसीलिए मेरी दृष्टि में सरोकार से अधिक साहित्य का रिश्ता चिंता से है। साहित्य भीतर की बेचैनी से ही उकसता है। उसी तरह जैसे कि बीज धरती में डाला जाता है और थोड़ी ऊष्मा से तपता है तो अँखुआ बन जाता है। यदि ठंडे स्थान में रहता है तो वह बीज ही बना रहता है। कालिदास ने इसी व्यापार को पर्युत्सुकी भाव कहा है जो उत्सुक नहीं

है, उत्कंठित नहीं है, चैन से है, उसको किसी अनजानी, अनहोनी चिंता से किसी अप्रत्यक्ष दिशा की ओर आकुल कर देने वाला व्यापार ही पर्युत्सुकी भाव है। यही साहित्य का धर्म है। जहाँ कोई हो, वहाँ से उसका विस्थापित होना, चाहे थोड़े ही समय के लिए क्यों न हो, साहित्य के प्रभाव का सबसे सटीक प्रमाण है। पर यह बेचैनी देश और काल की सीमाओं को लाँघ करके होती है। जाने कब लक्ष्मण ने सीता को वन में छोड़ा और सीता लक्ष्मण की आँखों के सामने तो संयत रही, पर जब अकेली पड़ीं तो विजन में बिलख उठी। उस बिलख का कालिदास ने इस प्रकार वर्णन किया है–

नृत्यं मयूराः कुसुमानि वृक्षा दर्भानुपात्तान् विजहुर्हरिण्यः।
तस्याः प्रपन्ने समदुःखभाव मत्यन्नमासीद्रुदितंवनेपि॥

मोरों की नाच थम गई, वृक्ष फूल झहराने लगे, हिरनियों के मुँह में पड़ी हुई घास गिर गई। सीता के दुःख में दुःखी होकर सारा वन फूट-फूट कर रो पड़ा। इस रुदन की पंक्तियाँ आज भी रुला देती हैं। क्या यह रोना सामने घटी किसी घटना पर है? क्या यह किसी एक व्यक्ति के रोने पर रोना है? नहीं, ऐसी दारुण परिस्थिति क्यों आती है? इस प्रश्न के साथ रोना है जो शब्द के वाचन से निकल रहा है और जो सहृदय इन पंक्तियों को पढ़-सुनकर रोता है, वह अपने स्थान से विस्थापित होकर रोता है। समष्टि के साथ एकाकार हुए उसके मन में करुणा का ज्वार उमड़ता है। उस करुणा का लक्ष्य सीता नहीं है। उस करुणा का लक्ष्य सीता जैसी करुण मानवीय नियति है जो कभी भी, कहीं भी किसी के साथ घट सकती है। साहित्य की चिंता ऐसी होती है जो रचने वाले और रचना का आस्वाद करने वाले दोनों को उद्वेलित करती है। पर यह ध्यान देने योग्य बात है कि यह उद्वेलन और किसी कारण नहीं है, सिर्फ शब्दों के विन्यास के कारण है। जिन शब्दों में युगों-युगों की व्यथा उसी तरह से समा गई है, जैसे नए मिट्टी के सकोरे में तुरन्त रखा हुआ पानी समा जाता है और सकोरे का सोंधापन उद्भासित हो जाता है। पानी तो दिखाई नहीं पड़ता पर सोंधापन प्रत्यक्ष उद्भासित होता है।

साहित्य की चिंता उद्देश्य विशेष को लक्ष्य करके हो न हो, पर किसी उद्देश्य विशेष की पूर्ति वह होती है इसका प्रमाण रोकने का प्रयत्न करने पर भी अनायास निकले हुए आँसू होते हैं। प्रश्न उठता है कि साहित्य की चिंता केवल करुणा का ही रूप लेती है, क्या वह उल्लास का रूप नहीं लेती? उल्लास का रूप भी लेती है पर वह उल्लास मथे जाने वाले दूध या दही का उल्लास होता है। मंथन यहाँ भी अनिवार्य होता है। असंख्य-असंख्य मनोभावों में सबको मथते हुए एक ऐसे उल्लास की प्रतीति कराना जो सबका है पर यह प्रतीति निजी होती है। यह अनुभव अपरिहार्य रूप से होता है। तुलसीदास जी ने राम और भरत के मिलन

का वर्णन करते हुए लिखा—राम भरत से ऐसे मिले जैसे रति स्थायीभाव शृंगार रस से मिलता हो। इस उक्ति का मर्म पकड़ने के लिए केवल उपमेय-उपमान का संबंध समझना काफी नहीं है। यह भी समझना आवश्यक है कि किस प्रकार एक स्थायी भाव की सार्थकता रस का व्यापार बनने में और चित्तवृत्ति के उद्वेलन में है। यह समझना भी आवश्यक है कि राम कैसे भरत के भ्रातृप्रेम के रूप में परिणत हो जाते हैं। राम लाचार हैं भरत के आनंद के उच्छलन बनने के लिए। सतही तौर पर लगेगा कि यह वर्णन भरत को ऊपर उठाता है और राम का महत्त्व कम करता है। पर शब्दार्थ की गहराई में जाने पर ही पता चलेगा कि यह एक गहरे भक्ति भाव की सार्थकता का वर्णन है। राम की भक्ति राम को विवश करती है, यह बात राम का महत्त्व बढ़ाती है, घटाती नहीं है। भरत-मिलाप की पंक्तियों को पढ़ते सुनते हैं तो सहज ही आँसू छलकते हैं। ये आँसू चित्त के मंथन से ही छलकते हैं। साहित्य की चिंता ऐसी मथने वाली चिंता है।

इस चिंता के विषय का कोई वर्गीकरण करने बैठे तो साहित्य की चिंता ओझल हो जाएगी। केवल वर्गीकरण रह जाएगा, क्योंकि विषय कोई भी हो, व्याज मात्र होता है। वह मनुष्य हो, प्रकृति हो, मनुष्य का इतिहास हो, प्रकृति में घट रहा कोई परिवर्तन हो—चिंता उस विषय को व्याज मात्र मानती है। विषय उसके केंद्र में नहीं है। गाँधी जी की मृत्यु पर स्व. नवीन ने कविता लिखी थी और उसी कविता में आता है कि गाँधी जी के मरने पर शोक नहीं है, शोक है मनुष्यता के मरने पर जिसके कारण गाँधी जैसे आदमी को मारने का मन बना। चिंता गाँधी जी के अभाव को लेकर नहीं है, चिंता इस मनुष्यता की कि गाँधी जी ने एक परिपाटी बनाई, उसके होते हुए घटी अमानवीयता की है। गाँधी की भी हत्या हो सकती है इस पर विश्वास किया जा सकता है? क्या मनुष्य पर विश्वास किया जा सकता है? ऐसे असंख्य प्रश्नों को छेड़ने वाली नवीन की चिंता 30 जनवरी 1948 और दिल्ली की प्रार्थना सभा को लाँघ जाती है। वह मनुष्य की सनातन चिंता है। साहित्य की चिंता से यह भी नहीं होगा कि मनुष्य में एकाएक कोई शुभ परिवर्तन आएगा। शायद शुभ संकल्प का उदय होगा, पर वह संकल्प कार्य रूप लेगा इसका कोई भरोसा नहीं।

मुझे स्मरण है एक बार बड़े उदास मन से स्वामी अखंडानंद जी ने कहा था, महाभारत के महाविनाश के बाद युद्ध रुका नहीं। महाभारत लिख करके भी व्यास देव उदास ही रहे। धर्म का कितने रूपों में प्रतिपादन किया, कोई बात मेरी सुनता नहीं। वाल्मीकि ने रामायण लिखी और उन्होंने सीता के करुण निर्वासन और भूमि प्रवेश की कहानी लिखी, राम के सरयू प्रवेश की कहानी लिखी पर मनुष्य अयोध्या का वही पुरवासी बना रहा जो सीता की पवित्रता को प्रश्न के घेरे में डाले बिना नहीं रह सका। मध्य युग के संत कवियों ने भक्ति की बात

की, भगवान की उपस्थिति की बात की। उस उपस्थिति को आचरण में चरितार्थ करने की बात की। पाखंड वैसा ही अप्रतिहत बना रहा। ढोंग के नए-नए रास्ते वैसे ही बनते रहे। कुछ तो नहीं हुआ। उस समय उनकी बात मेरे गले नहीं उतरी थी, पर बाद में मैंने सोचा यह विषाद ही साहित्य की जमीन है। यह जानते हुए भी कि असंख्य प्रयत्न होते हैं और उनका फल कुछ निकलता नहीं। पर प्रयत्न न रुके, विषाद रहे अवसाद न घेरे, आशा और विश्वास बना रहे, साहित्य इसके लिए चिंतित रहता है। साहित्य चिंतित रहता है, इसका अर्थ यह है कि जो रचता है वह चिंतित रहता है। जो भी घटा हो, जो भी हुआ हो वह आगे शुभ हो। असंख्य कामनाओं के क्षार होने पर उसमें से भी कहीं गहरी जड़ों का उद्‌भेद के रूप में थोड़ी सी बारिश होते ही अंकुर उग आए। केवल दुःख ही दुर्निवार नहीं है। सुख और सुख की आशा भी दुर्निवार है। आदमी रचता ही है दूसरे के लिए, इसलिए साहित्य रचना में पर (दूसरा चाहे कितना भी निर्मम क्यों न हो), आराध्य है। जो सामने उपस्थित नहीं है और जो उपस्थित है वह साहित्य से जुड़े। जुड़े ही नहीं, साहित्य में निहित उद्वेलन में सहभागी बने। यह तभी संभव होगा जब वह पर आराध्य होगा। जब वह पर पर न होकर आत्मा होगा। इस दृष्टि से साहित्य की सबसे बड़ी चिंता दूसरे को अपना बनाना है, अपना आराध्य बनाना है।

आज के युग में साहित्य के सिर पर एक अतिरिक्त चिंता सवार है। वह चिंता है कि लोगों को बहुत भारी चिंताएँ घेर रही हैं। नून, तेल, लकड़ी की ही नहीं, उनके पास यह है—हमारे पास नहीं है। वे इतना साहस जुटाकर बेईमानी पर बेईमानी किए जा रहे हैं, हम साहस ही नहीं जुटा पा रहे हैं। वे दूसरों को पीछे ढकेल कर प्रगति कर रहे हैं, हम किसी को ढकेल ही नहीं पा रहे हैं। हम नित्य नए-नए उत्पादनों की ओर ललकते हैं, खरीदते हैं और वे उत्पादन आने पर सोचते हैं लेना तो इसे भी चाहिए पर पहले ही खरीदे हुए पदार्थ का उपभोग नहीं हो रहा है। इस अनुपयुक्त वस्तु का क्या करें? पढ़े-लिखों की और भी चिंताएँ हैं। इतनी जल्दी-जल्दी विचारों के फैशन बदल रहे हैं कि उनके साथ होना कठिन हो गया है और इंटरनेट से विचार मिल तो सकते हैं पर उनकी संगति के लिए सोचने वाला मस्तिष्क चाहिए। वह मस्तिष्क केवल यंत्र की बटन दबाने में ही उलझा हुआ है। इन तमाम चिंताओं के जाल में उलझा हुआ आदमी अपने सामने ही, अपने आजू-बाजू क्या घट रहा है इसकी चिंता से मुक्त हो गया है। उसकी इस प्रकार की निश्चिंतता या एक नया शब्द दें, निष्क्रियता, साहित्य में रहने के लिए अभिशप्त आदमी के लिए नई चिंता हो गई है। ऐसा लगता है कि भीतरी अकुलाहट के बीज ही पथरा गए हैं। बहुत से दर्दों की दवा तो है। एक से एक असरदार दवाएँ हैं पर इस दर्द की क्या दवा है कि यह आदमी के

मन में आदमी के लिए, किसी प्राणी के लिए, किसी पौधे के लिए कोई दर्द नहीं उठता! पहले लोगों को मकान छोड़ने का दर्द होता था। आज मकान ही नहीं, किसी भी मनुष्य के साहचर्य से जुड़ी हुई वस्तु के लिए कोई दर्द नहीं होता। दर्दहीनता के इस सुख से साहित्य घबड़ाता है और सोचता है कि इस सरोवर में अब रहने लायक नहीं है। कबीर से शब्द लें : इसी में मोती चुगे गए थे, इसी में कमल विलसे थे और इसी में अब नीचे का पंक धूलि बन गया है। जल के भीतर रहने वाले प्राणी मर कर विसैनी गंध फैला रहे हैं। तब भी इस सरोवर को छोड़ा नहीं जाता। इससे कुछ मोह हो गया है।

साहित्य निर्वृत्ति है सही, घेरे से बाहर निकलना है सही, एक छोटे निजत्व से मुक्ति है सही, पर साहित्य मोह, ममता भी है और इसी के कारण साहित्य देवताओं और असुरों के लिए स्पृहणीय है। वह मनुष्य की थाती है। मोह ममता का पानी मर रहा हो तो साहित्य के लिए कोई ठौर नहीं रहती। इसलिए कह सकते हैं कि साहित्य को अपने नीड़ के उजड़ने की चिंता है। इस चिंता के बारे में आपस में बात करने से थोड़ी राहत तो जरूर मिलती है, पर देर तक बातचीत एक-दूसरे को उबा देती है। विराग को विशेष राग का अर्थ देने वाला साहित्य स्वयं राग वृत्ति का श्मशान बन रहा है। न कुछ-पन का आडंबर बन रहा है।

मैंने गई रात एक सपना देखा। हाथी का एक तुरंत जन्मा बच्चा घर में जैसे-तैसे घुस आता है। दो-तीन दिनों तक बच्चों से खेलने में बड़ा मजा आता है। पर इतने ही में वह इतना बड़ा हो जाता है कि बच्चे उसे बाहर निकालकर एक चौड़े मैदान में खेलना चाहते हैं। पर इस बीच वह बढ़ गया है, घर से बाहर निकलने का ऐसा कोई दरवाजा नहीं जिसमें से वह बाहर निकल सके। मुझे ऐसा लगता है कि साहित्य भी ऐसे ही संकट में फँस गया है। जहाँ फँसा हुआ है वहाँ उसके लिए खुराक नहीं है। साथ खेलने वाले बच्चे भी उससे अब डर रहे हैं क्योंकि लगता है वह उनकी औकात से अधिक ऊँचा और भारी हो गया है। ऐसे तकनीकी जादूघर के भीतर घुसने का कौतुक ही साहित्य का सबसे बड़ा संकट है। मैं ऐसे संकट के पहचान को वरदान मानता हूँ और मुझे लगता है यह सब संकट साहित्य की जिजीविषा 'मनेर मानुष' (मन के मीत) के कभी न कभी मिलने की आशा तथा उसके लिए उत्कंठा की ओर संकेत है। साहित्य की चिंता की चिंता है—यह बहुत बड़ा आश्वासन है।

जनतंत्र और साहित्य

कई दशाब्दियों पूर्व बड़ी गरम चर्चा चली साहित्य और राज्याश्रय के अंतर्विरोध पर और 'धुरीहीनता' नाम का पदार्थ साहित्य की आलोचना से आ जुड़ा। आजकल वह चर्चा ठंडी हो चली है। अब चर्चा गरम है कि साहित्य सेकुलर हो, दलित हो, स्त्री-विमर्श और जाने क्या-क्या हो। मेरे मित्र स्व. वासुदेव गोस्वामी 'साहित्य-संगीत-कला विहीनःसाक्षात्पशुःपुच्छविषाणहीनः' की विनोदपूर्ण व्याख्या करते थे। कहते थे कि आदमी अगर साहित्य-संगीत-कला से युक्त नहीं है तो बिना सींग-पूँछ के पशु है, साहित्य-संगीत-कला से युक्त है सींग-पूँछवाला पशु है। सींग या सिंह का संबंध एक ओर शृंगार से है, दूसरी ओर आदि वाद्य सिंगी या सिंगा से है। पूँछ का संबंध चित्रकला की तूलिका से है और साहित्य तो साक्षात् गऊ है ही। पंडितों ने उसे कामधेनु भी कहा है। गऊ शब्द 'गम्' अर्थात् जाना धातु से बना है, इसलिए वह स्वभाव से ही चार चरणवाला है। वह गतिशील है, कोई प्रगतिशील कहना चाहे तो प्रगतिशील कह ले, वह है बड़ा सीधा-सादा पशु, बड़ा पालतू। खूँटे से बाँध दो तो बँध जाए। अपने ढंग से तब चलता है जब छुट्टा छूट जाए। वैसे, अपनी स्वतंत्रता में प्रतिरोध बरदाश्त नहीं करता, उकसाने पर मरखना भी हो जाता है। ज्यादा नहीं, बस आतंकित करने भर को। हाँ, यह बात जरूर है कि इस मामले में बड़ा संवेदनशील होता है कि उसका जो इलाका है उसमें कोई अगर आता है तो मरने-मारने पर उतारू हो जाता है।

इस समय विचार का मुद्दा यह है कि साहित्य का जनतंत्र से क्या नाता है या उलटकर कहें तो जनतंत्र का साहित्य से क्या लेना-देना है? जनतंत्र के लिए जो तीन अभिलक्षण चाहिए, उनमें पहला है कि चुनाव हो और चुनाव में राजा-रंक सभी भागीदार हों, दूसरा कि उसमें असहमति की छूट हो, लेकिन तीसरा कि निर्णय बहुमत के आधार पर हो।

साहित्य इस मामले में तो जनतांत्रिक है कि वह सबको संबोधित है, प्राणिमात्र के सुख-दुःख के साथ उसकी साझेदारी है और साझेदारी को प्रेषित करना ही उसका धर्म है; लेकिन मूल्यांकन मत-संग्रह द्वारा नहीं होता। लोकप्रियता की दृष्टि से या

आजकल के परिप्रेक्ष्य में बिक्री की दृष्टि से बहुत सी उत्तम रचनाएँ अपने समय में लोकप्रिय नहीं होतीं और न उनकी बिक्री ही अधिक होती है। पर कालांतर में वे ही सामान्य-से-सामान्य व्यक्ति के कंठ में बस जाती हैं और उनकी गूँज बिना किसी प्रचार के दूर-दूर तक फागुन-चैत महीने के अरधान की तरह फैल जाती है। साहित्य लिखनेवाले को एक भी पारखी मिल जाता है तो अपने को कृतार्थ समझता है और पारखी न भी मिले, सहृदय श्रोता भी मिल जाए तो उसका संप्रेषण सार्थक हो जाता है।

साहित्य और जनतंत्र की प्रक्रिया में एक अंतर और भी है। जनतंत्र चलता तो है सहमति के आधार पर, पर असहमति को बरदाश्त करता चलता है। साहित्य ठीक उलटे, असहमति पर ही चलता है। असहमति ही एक तरह से साहित्य के लिए उकसावा होती है; पर उसका उद्देश्य लोगों को अपनी ओर खींचना होता है।

जनतंत्र सर्वहित का संकल्प ही नहीं लेता, उस संकल्प की पूर्ति न कर पाए तो वह सत्ता को अस्वीकार भी कर देता है। साहित्य मुखर रूप से संकल्प भी नहीं लेता और पूर्ति तो अकेले उससे होती नहीं। पूर्ति तो उस समाज से होती है, जो साहित्य के संस्कार से दीपित हुआ है। अगर समाज साहित्य से प्रभावित होकर भी तटस्थ रह जाता है तो साहित्य ऐसे में कुछ विशेष कर नहीं पाता। साहित्य अनुभाविता पैदा करता है, कर्ता नहीं। यदि करता भी है तो प्रत्यक्ष नहीं। यह दूसरी बात है कि आल्हा-ऊदल सुनकर दो गाँव में लाठी चल गई हो और इस आधार पर उसे युद्ध का कारण मान लिया गया हो। दरअसल आल्हा-ऊदल के नाते सोया हुआ प्रतिशोध भाव जगता है और उसका परिणाम लठैती की जोर-आजमाइश के रूप में सामने आ जाता है। यह भी हो सकता है कि नए प्रणय-प्रसंग में कुछ दोहे, कुछ शेर और अब तो फिल्मी गीत भी कुछ उद्दीपन कर देते हों; पर वहाँ भी साहित्य भला-बुरा एक बहाना भर होता है। एक सीमा तक जनतंत्र भी बहुत कुछ नहीं कर पाता, करने की बात ही करता रहता है। जनतंत्र जितना ही स्वतंत्र होता है उतना ही कायदे-कानूनों का परतंत्र होता है। इसलिए जनतंत्र की गति धीमी होती है, उसके दावे जरूर बड़े तेज होते हैं। साहित्य तो कोई दावा ही नहीं करता। केवल वैसा ही साहित्य दावा करता है जो अपने को मंत्र मान रहा हो। तुलसीदास-कबीरदास ने तो दावा नहीं किया था, न प्रसाद ने किया था, लेकिन ऐसे समझदार लोग जरूर हुए जिन्होंने तुलसी के दोहे-चौपाइयों को विभिन्न अनुष्ठानों के लिए मंत्र मान लिया। काशी के ही एक अध्यापक 'कामायनी' की पंक्तियों को तावीज में रखकर देते थे और उससे तिजला ज्वर ठीक करते थे। कुछ साहित्यकार भी ऐसे होते हैं जो साबर मंत्र ही लिखते हैं—'अनमिल आखर अरथ न जाके।' ऐसी किसी रचना पर ही सम्मति देते हुए आचार्य हजारी प्रसाद द्विवेदी ने कहा था कि यह साबर मंत्र है। साहित्य

में न तो 'अनमिल आखर' हो सकता है, न 'आखर' अरथहीन हो सकता है। आखर का अर्थ के साथ मिलना आवश्यक ही नहीं, परम आवश्यक है। जनतंत्र में सत्ता का प्रायः जन से अनमिल भाव ही रहता है। ऐसी सत्ता टिकाऊ भी नहीं होती।

साहित्य की एक भूमिका बड़ी जबरदस्त है। वह जनतंत्र की भावना को जगाए रखता है, क्योंकि साहित्य का प्राण है असहमति। बाणभट्ट ने 'हर्षचरित' लिखा, हर्ष आश्रयदाता थे; लेकिन उसमें जहाँ वह प्रसंग आता है जहाँ हर्ष की सेना राज्यश्री को ढूँढ़ने और मौखरि राजधानी पर आक्रमण करनेवाली सेना का पीछा करने निकली है। वहाँ पर बाणभट्ट का चित्त उद्विग्न हो जाता है, क्योंकि सेना विंध्य के उपांत ग्रामों की फसल कुचलती हुई जा रही है। उनका उद्वेग कई रूपों में प्रकट होता है। बच्चे दूर से सैनिकों को चिढ़ाकर भाग रहे हैं। एक अध्यापक निर्भय होकर सामने आता है—कैसा राजा, जिसकी सेना किसानों की फसल बरबाद कर रही है। सबसे करुण प्रसंग तब आता है जब कुछ खरगोश झाड़ियों से प्रयाण करती हुई सेना की पगचाप सुन कुतूहलवश बाहर निकलते हैं और सैनिकों के पदत्राणों से कुचले जाकर चिंदी-चिंदी बिखर जाते हैं। इस निर्ममता का बहुत ही द्रावक वर्णन बाणभट्ट ने किया है। मुझे ऐसा लगता है कि 'हर्षचरित' को इसीलिए बाणभट्ट ने अधूरा छोड़ दिया था। संभवतः राज्याश्रय को भी इसीलिए वे आगे सहन नहीं कर पाए। रीतिकाल के भी बहुत सारे कवि हैं, जो राज्याश्रय में रहकर भी राज्याश्रय को ठुकराते रहे। साहित्यकार किसी का मनसबदार बनकर रहना नहीं गवारा कर सकता। वह इसलिए जनतंत्र में एक कारक घटक बनता है, प्रतिरोध की शक्ति देता है—सत्ता के प्रतिरोध की शक्ति; साहस के साथ खड़े होने का निर्भय भाव देता है।

परंतु जनतंत्र क्या साहित्य का मूल्य ठीक-ठीक आँकता है? आँक पाता है? यह प्रश्न उठता है और इसका उत्तर ठीक-ठीक मिलता नहीं। दिखावे के रूप में तो उसे आदर मिलता है। अमेरिका का राष्ट्रपति रॉबर्ट फ्रास्ट को शपथ-ग्रहण के समय आदरपूर्वक बुलाता है। जवाहरलाल नेहरू उसकी—

'हरियाली सुहानी है, रुको नहीं
मीलों जाना है, वादे निभाने हैं।'

कविता की पंक्तियाँ दुहराते रहते थे। गाँधीजी के लिए तो मानस सब कुछ था, 'रघुपति राघव राजा राम' के बल पर वे ब्रिटिश शासन को चुनौती देते रहते थे। स्वतंत्रता के संघर्ष में बंकिमचंद्र चट्टोपाध्याय को 'आनंदमठ' और उसमें आया हुआ 'वंदे मातरम्' गीत आंदोलन में प्राण फूँकता था। यह सब सही है, पर क्या साहित्य—'सिंहासन खाली करो कि जनता आती है' तक ही सीमित है अथवा जहाँ

कविता का विषय राजनीति न हो, राजनीति का कर्णधार न हो, सृष्टि का सौंदर्य हो, सृष्टि की विसंगति की व्यथा हो, देवदारु के जंगलों के कागज की लुगदी में रूपांतरित होने की कथा हो, हिम-शिखरों के हिम के पिघलते जाने की व्यथा हो, ऐसे विषय का प्रभाव जनतंत्र पर पड़ता है कि नहीं पड़ता है? पड़ता भो हो तो, स्थूल अर्थों की कतरनें पेश करनेवाले लोगों की जय हो! ऐसी बातें सिंहासन तक पहुँचती नहीं हैं। इसीलिए जनतंत्र में संस्कृति का गहरा अर्थ तिरोहित रह जाता है, केवल कुछ साज-बाजा, रंग-रोगन और लटक-मटक संस्कृति के पर्याय बनने लगते हैं। गाहे-बगाहे राजनेताओं के फतवे भी सुनने को मिलते हैं कि साहित्य ऐसा लिखिए, वैसा लिखिए और इसी में जनतंत्र की तसवीर बोंदी हो जाती है। वैसे ही जैसे किसी फिल्म को बनाते समय पैसा देनेवाले सेठ का देर तक अच्छा फिल्मांकन देखते-देखते धैर्य छूट जाता है, चिल्ला उठता है—अब तो कोई गाना गवाओ—भले ही प्रसंग चिता पर सुलाए जाते शव का हो। सेठ को शव से भी गाना चाहिए। इस प्रकार के प्रसंग या तो भाँड़ पैदा करते हैं या विदूषक। यह सुनिश्चित करना कि किसी साहित्य की आवाज जनतंत्र के नियामकों के पास पहुँचे, आसान नहीं है। आवाज पहुँचाने में किसी-न-किसी का बुरा बनने का डर है और तंत्र कोई भी हो, आदमी बुरा बनना नहीं चाहता। इसलिए आवाज पहुँचानेवाले की जरूरत न रहे, ऐसे जनतंत्र की व्यवस्था सुनिश्चित करनी चाहिए। नौकरशाही ने सुरक्षा का ऐसा आडंबर रच रखा है कि एक प्राचीर खड़ी हो गई है जिसका 'जनता दरबारों' से भी टूटना नहीं हो पाता। जनता दरबार खुद एक अलग तरह के ओट बन जाते हैं—आत्ममुग्धता के।

ऐसी परिस्थिति में साहित्य की भूमिका बड़ी कठिन हो जाती है। उसे कुछ कहना भी है और कुछ नहीं कहना भी है। कुछ कहने के लिए छोड़ देना है, चुप रहना है। आपात्‌काल में एक गोष्ठी में एक भविष्यद्रष्टा आलोचक ने भविष्यवाणी की कि अब वक्त आ गया है कि लोग चिरई-चिरुँग के बारे में बात करेंगे, राजनीति के बारे में सीधी बात नहीं करेंगे। उन्होंने मान लिया कि चिरई-चुरुँग, पेड़-पौधों की बात करना साहित्य के लिए मानो बड़ी छोटी बात हो। सर्वभोजी जीवन-पद्धति में भी भोज्य के रूप में ही सही, चिरई-चुरुँग और पेड़-पौधों की जरूरत तो है ही; उनके आरक्षण की भी चिंता है; पर साहित्य में यह काम गोया बहुत घटिया है। वैसे, उनकी भविष्यवाणी के बावजूद बहुत कुछ वैसा लिखा जाता रहा जो उसके विपरीत था। उसी काल में भवानी भाई ने 'त्रिकाल-संध्या' लिखी; लेकिन बहुत सारे कवि, रचनाकार चुप थे या उसे अनेदखा करके कुछ ऐसा लिख रहे थे जो अन्याय का एक प्रतिरूप दिखाकर उसका सामना करने के तौर-तरीके बता रहे थे। हमारी समझ से ऐसा ही साहित्य जीता है। तुलसीदास ने अकबर और जहाँगीर का नाम नहीं लिया, कबीरदास ने सिकंदर लोदी का नाम

नहीं लिया, कुंभनदास ने अकबर का नाम नहीं लिया। इन उपेक्षाओं में बहुत बड़ी शक्ति थी और इसलिए ये उपेक्षाएँ सर्वभाव से भावित मनुष्य की अपेक्षाएँ पूरी करने में अधिक सहायक हुईं।

जो जनतंत्र ऐसे साहित्य का महत्त्व समझता है और जितना समझता है उतना ही बड़ा जनतंत्र बनता है। जनतंत्र और साहित्य के बीच ऐसा ही रिश्ता एक स्वस्थ रिश्ता है। ऐसा खुला पर बेनाम रिश्ता ही रिश्ता है। न नजदीकी अच्छी है, न दूरी अच्छी है।

जनतंत्र यदि अपना हित चाहता है और साहित्य का भी हित चाहता है तो उसे साहित्य को हकीकी रिश्तेदार नहीं बनाना चाहिए। साहित्यकार के राजनीतिक विचार हो सकते हैं, पर राजनीतिक विचार का साहित्य नहीं होता। साहित्य विचार देता है और जनतंत्र से भी यह अपेक्षा है कि वह साहित्य को विचार न दे—साहित्य से विचार ले और अपने विचारों में संशोधन भी आमंत्रित करे। दोनों के बीच में इतनी औपचारिक दूरी होगी तो साहित्य जनतंत्र की प्रक्रिया को सक्रिय कर सकेगा। जनतंत्र की प्रक्रिया में पहले ही लिखा जा चुका है कि असहमति एक आवश्यक घटक है, वह असहमति सबसे स्वस्थ रूप में, बिना किसी उपद्रव के साहित्य से आती है। साहित्य जनतंत्र से यही अपेक्षा रखता है कि वह खुल करके साँस ले सकता है, वैसे जनतंत्र का जहाँ दम घुटता है वहाँ भी साहित्य मौन भी रहता है तो उसका मौन कम मुखर नहीं रहता। साहित्य जनतंत्र का पहरेदार नहीं है। जैसा कि पत्रकारिता होने का दावा करती है। साहित्य केवल संभावनाओं का संकेत है। कोई आदेश-निर्देश या परामर्श नहीं है। वह एक गहन विमर्श है और ऐसा विमर्श है जिसमें अपने को भी बख्शा नहीं जाता। ऐसा साहित्य ही समय की सजगता रखता हुआ भी अपने समय का अतिक्रमण करता है।

धर्म और साहित्य

धर्म का नाम लेते ही कुछ लोगों का रक्तचाप बढ़ने लगता है। कुछ दूसरे लोग हैं, साहित्य का नाम लेते ही जिनका रक्तचाप गिरने लगता है। लेकिन बहस के मुद्दे के रूप में सभी तरह के लोग धर्म और साहित्य में रुचि रखते हैं। बहस करनेवालों को न धर्म, न साहित्य से कुछ लेना-देना रहता है, लेकिन मुद्दा उठाने के लिए ही नहीं, कुछ-न-कुछ विवाद बनाए रखने के लिए भी, सबसे अधिक लाचार अगर दो शब्द हैं तो शायद 'धर्म' और 'राजनीति' ही।

हमारी मुश्किल यह है कि हम जिस संस्कृति के उत्तराधिकारी हैं उसमें धर्म और राजनीति जीवन के अंग हैं, न केवल साधन हैं, न केवल साध्य। जीना और सबका होकर, सब होकर जीना, सबके जीवन में जीना ही धर्म का आधार है। यही साहित्य का भी आधार है। दोनों की अभिव्यक्ति अवश्य कुछ अलग-अलग है। दोनों ज्ञानार्जन के भी विषय हैं, लेकिन दोनों ज्ञानार्जन से अधिक भावना के क्षेत्र हैं। धर्म केवल जानना नहीं है, जानकर खो जाना भी है। साहित्य भाषा आदि उपादानों की शिक्षा ही नहीं है, वह मानवीय भाषा-व्यवहार की गहराई थाहते-थाहते मनुष्य की संवेदना के साथ एकाकार होने की प्रक्रिया भी है। धर्म भी जीवन को धारण करते-करते जीवन का पर्याय ही बन जाता है।

सहज रूप में हमारा जो भीतर का स्वभाव उभरता है, वह धर्म हो जाता है। गाँव में चाहे किसी मजहब के हों, बात करते-करते कह देंगे कि अब हम अपना धर्म तो नहीं छोड़ेंगे। इस धर्म का मतलब न इस्लाम होता है, न ईसाइयत, न हिंदू धर्म में आने वाले विभिन्न मत। इस धर्म न छोड़ने का सहज अर्थ है कि अपना स्वभाव नहीं छोड़ेंगे। पिता हैं तो पिता का धर्म नहीं छोड़ेंगे। मित्र हैं तो मित्र का धर्म नहीं छोड़ेंगे। पत्नी हैं तो पत्नी का धर्म नहीं छोड़ेंगी। पड़ोस में रहते हैं तो पड़ोसी का धर्म नहीं छोड़ेंगे। 'धर्म' शब्द का ऐसा ही प्रयोग मैंने हिंदेशिया में सुना। मेरे साथ हिंदेशिया के कला-विभाग के निदेशक श्री सुदर्शन (वे मुसलमान

ही थे) थे। मुझे बारोबुदुर दिखाने ले जा रहे थे। रास्ते में कुछ संगतराश कुछ अक्षर खोद रहे थे। मैंने इसके बारे में पूछा तो उन्होंने बताया कि लोग अपनी कब्र पर मरणोत्तर लेख अंकित कराने के लिए यहाँ 'भारत-युद्ध' ('महाभारत' का जावाई भाषा में रूपांतर) या योगेश्वर के रामायण (रामायण ककविन, रामकथा का जावाई भाषा में रूपांतर) की कोई पंक्ति खुदवाते हैं। मैंने कहा, 'आप लोग रामायण-महाभारत की पंक्ति खुदवाते हैं, यह बड़े विस्मय की बात है। हमारे देश में तो इस समय कुछ ऐसे होनहार पैदा हो गए हैं, जो रामायण-महाभारत को गैर-सेकुलर मानकर उन्हें पढ़ना-पढ़ाना कौन कहे, उनका नाम लेना भी कुफ्र मानते हैं।' सुदर्शन का जवाब था कि 'हमने सात सौ वर्ष पहले इस्लाम कुबूल किया, ठीक है, लेकिन इसका क्या मतलब कि अपना धर्म भी छोड़ दें!' उनके लिए रामायण-महाभारत धर्म के पर्याय हैं। उनके उपदेश जातीयता के उपदेश हैं।

अचेतन और अर्धचेतन पदार्थों के साथ भी धर्म जुड़ता है तो उसका अर्थ उन पदार्थों के भीतर का स्वभाव ही है। पेड़ का धर्म छाया देना है, आग का धर्म जलाना है। चंद्रमा का धर्म आह्लादित करना है। किसी मुख को जब हम चंद्रमा के सदृश बताते हैं तो हमारा अभिप्राय यही होता है कि चंद्रमा और मुख में अंतर चाहे जितना हो, जितने हों, दोनों का धर्म एक ही है। इसी साधर्म्य के आधार पर दोनों की तुलना होती है।

हम जिस धर्म और साहित्य की बात कर रहे हैं; वे मनुष्य के सहज संस्कार से जुड़े हैं। ये सहज संस्कार कुछ अभ्यास से जाग्रत् होते हैं, कुछ जातीय स्मृति के कारण मन में अपने आप उद्‌बुद्ध हो जाते हैं। हमारे देश में जाने कब से कमल मनुष्य को अपनी उत्फुल्लता और सरोवर के बीच अपनी निस्संगता की अलमस्ती से आकृष्ट कर रहा है। 'अथर्ववेद' के 'पृथ्वी सूक्त' में तो यहाँ तक कहा गया है कि जिस दिन पहला सूर्योदय हुआ और उषा का सूर्य से विवाह हुआ, उसी दिन भेंट के रूप में पृथ्वी को कमल की सौगात मिली। जो लोग कमल को अपने जीवन में देख भी नहीं पाते, वे भी कमल की जातीय स्मृति से पुलकित तो रहते ही हैं और इसीलिए कमल की उपमा कभी बासी नहीं होती। यह जरूर है कि साक्षात् अनुभव से और कमल के संदर्भों के स्मरण से उपमा अधिक अर्थगर्भ हो जाती है।

धर्म में भी कमल विधाता का आसन ही नहीं, विधाता की जन्म-भूमि भी है। मुझे पता नहीं कौन-कौन सी उत्प्रेक्षाएँ की जा चुकी हैं, मैं तो उतने संश्लिष्ट रूप में जाता नहीं, जा नहीं पाता, लेकिन निर्मल आकाश में जब मैंने नीहारिकाएँ देखी हैं, नीहारिकाओं से बनने वाले आवर्त देखे हैं—मुझे उनमें कमल की आकृति

दिखी है। लगा है, सृष्टि का बीज वहीं कहीं है। धर्म वस्तुतः सृष्टि के साथ अपने संबंध को समझने की एक विधा ही तो है। सृष्टि में मैं कहाँ हूँ—केवल यह जानने से जिज्ञासा भले शांत हो जाए, पर मनुष्य के भीतर की वह बेचैनी शांत नहीं होती, जो अपने को अपने से बाहर ही पाने की कोशिश करती रहती है और वह इसीलिए सृष्टि को रहस्य के रूप में न लेकर अपने आत्मीय के रूप में लेती है। शायद धर्म भीतर-बाहर के इस खेल में बच्चे जैसी खुशी का उछाह पाता है। उसके लिए रात्रि का आतंक आतंक नहीं रहता, तमाम नक्षत्रों की जगमगाहट रात्रि को क्षणदा बना देती है। संस्कृत में क्षण का अर्थ उत्सव होता है, क्योंकि 'उत्सव' का स्वभाव ही है बस एक क्षण के लिए उद्‌भासित होकर फिर प्रतीक्षा कराना। चैत या क्वार के निरभ्र आकाश में जब धूलि के कण वातावरण में नहीं होते, जब आसपास बिजली की रोशनी नहीं होती, आकाश में चंद्रमा भी नहीं होता, एक-एक तारे का जगमग करना अपने आप में एक जादुई नजारा होता है। उस रात में, लगता है, पृथ्वी पर इधर-उधर कुइयों से पटी हुई पोखरियाँ एकदम आकाश बन गई हों, निस्तब्ध जल के बीच वे नीहारिकाएँ दिप-दिप जल रही हों, जैसे पृथ्वी ही उलट गई हो—कैसे कहें कि उन नीहारिकाओं से हमारा कोई रिश्ता नहीं है। वह रिश्ता ही तो मानव-धर्म है। उस कमल जैसी जिसकी आँख होगी वही तो धर्म का पर्याय होगा—चाहे वे राम हों, कृष्ण हों, शिव हों, त्रिपुरसुंदरी ललिता हों, वीणाधारिणी सरस्वती हों। कमल जैसी आँख होने का अर्थ ही है प्रकाश के साथ खिलना, प्रकाश के साथ एकाकार होना, जगत् के प्राण पवन के साथ दूर-दूर तक सुरभि बनकर, शीतलता बनकर घूमना, घूमते ही रहना। घूमना भी नहीं, बहना और बहकर रंध्र-रंध्र में, रोम-रोम में पुलक बन जाना। तभी तो हमारे साहित्य में जब-जब अंग-सौष्ठव की बात आती है तो आँखें सबसे महत्त्वपूर्ण होती हैं।

इसे ठस्स किस्म का आलोचक अप्रासंगिक प्रलाप ही मानेगा, क्योंकि वह साहित्य से कुछ ठोस चाहता है। ठोस भी लोहे जैसा नहीं, लोहा तो गल भी सकता है, जल भी सकता है, ग्रेनाइट पत्थर जैसा ठोस और सख्त। लेकिन साहित्य का तो धर्म ही है द्रवणशील होना। साहित्य के शब्द अर्थों की परत-पर-परत लिए होते हैं। मोगरा के दल के भीतर जैसे दल रहते हैं वैसे ही साहित्य में प्रयुक्त शब्द के अर्थ के भीतर अर्थ होते हैं। वह परत नए-नए संदर्भों के साथ खुलती जाती है, संवेदनशील पाठक के मन में खुलती जाती है। साहित्य में प्रयुक्त जाने-पहचाने शब्द भी उसी तरह नए लगते हैं जिस तरह कुँवारी लड़की जब बहू बनकर बैठती है तो सौभाग्य का एक नया, एक अलग सौंदर्य उसके चेहरे पर आ जाता है। कभी-कभी यह नयापन सायास होता है, विशेष रूप से पाँचवें

सवार की श्रेणी में आनेवाले रचनाकारों में। कभी-कभी अनायास होते हुए भी यह नयापन बेजान-सा लगता है, वैसा ही कुछ जैसा पिछले संबंधों को तोड़-तोड़कर तीसरी-चौथी बार बनी नई बहू का रूप होता है और यह बात, विशेष रूप से अति प्रतिष्ठत साहित्यकारों में, रचनाशीलता के सूखने पर अकसर दिखाई पड़ती है। उदाहरण देकर अगर बात समझाने की कोशिश करें तो किसी की हेठी हो सकती है।

ऐसे साहित्य के सदृश ही धर्म भी होता है। धर्म आचार की शुचिता की परीक्षा से नया होता है। विवेक के समुचित उपयोग से नया होता है। सत्य की निर्ममता को करुणा की उदारता के साथ साधे रखने से नया होता है। बिना निकष पर चढ़े धर्म धर्म नहीं होता। निकष क्या है? केवल साधुमत, केवल लोकमत, केवल शास्त्रमत—अलग-अलग निकष नहीं होता। सब मिलकर एक निकष बनाते चलते हैं। उसी निकष पर धर्म बार-बार कसा जाता है। नया होता रहता है।

धर्म की उत्पत्ति का एक मिथक है कि धर्म की पत्नियों में एक हैं मूर्ति। उनसे उत्पन्न होते हैं—नर-नारायण। अन्य पत्नियों से अवधारणाएँ उत्पन्न होती हैं। मूर्ति से नर-नारायण का परस्पर अभिमुख होना ही प्रकट होता है। इस भारत के अधिष्ठाता देवता नर-नारायण हैं। नर में रहनेवाले नारायण, नारायण में रहनेवाले नर। इन दोनों का परस्पर अवलंबन और अबिनाभाव (नर के बिना नारायण नहीं, नारायण के बिना नर नहीं) ही धर्म का साक्षात् प्रतिफल है। ऐसा धर्म न मानव-रहित होता है, न उस मानवीयता से रहित होता है जो सर्वव्यापी नारायण को आकृष्ट करती रहती है। ऐसे स्वयं रूपांतरित होनेवाले धर्म के बारे में सोचना कि वह कोई बनी-बनाई वस्तु है—वहम के ही कारण होगा।

आधुनिक जीवन को जिस एक वाद ने बहुत अधिक प्रभावित किया है वह सेकुलरवाद है। इस सेकुलरवाद का अर्थ मुश्किल यह है कि कोई समझा ही नहीं पाता। कुछ लोग इसका अनुवाद धर्मनिरपेक्ष, कुछ पंथनिरपेक्ष करते हैं; पर प्रयोग करनेवाले इस अचल-अमर सिद्धांत की कसौटी पर अगर किसी को खारिज करना चाहते हैं तो अकसर वह हिंदू नाम से जाना जानेवाला धर्म है। इस हिंदू के अतिरिक्त दूसरे नामधारी मतों के बारे में सेकुलरवाद आँखें मूँद लेता है, क्योंकि सेकुलर आदमी से वह अपेक्षा रखता है कि वह इन दूसरे मतों को, जैसे वे हैं वैसे रहने दें, इन्हें छेड़ना ही सेकुलरवाद का अपघात है। हिंदू नाम से जाने जानेवाले जितने भी आचार-विचार, ग्रंथ, शास्त्रीय अनुष्ठान, रीति-रिवाज हैं—उन सबमें खोट देखना ही गोया सेकुलरवाद की कसौटी हो। स्वाभाविक है कि ऐसी अवधारणा के बाद तो पूरा प्राचीन भारतीय साहित्य गैर-सेकुलर हो जाता

है, खारिज हो जाता है।

अधिक-से-अधिक उसका एक ऐतिहासिक-सामाजिक मूल्य होता है। सामाजिक अध्ययन की दृष्टि से कच्चे माल के रूप में ही उसका कुछ उपयोग रह जाता है। मजे की बात यह है कि ध्रुपद की पूरी भूमिका के श्रद्धा और भक्ति-निवेदन होने के बावजूद उसे सेकुलर मान लिया जाता है। भारत की सभी नृत्य-शैलियाँ शिव, दुर्गा, राम, कृष्ण की भंगिमाओं की प्रस्तुति के बावजूद जैसे-तैसे सेकुलर ही मानी जाती हैं। धार्मिक अनुष्ठानों के अवसर पर लोकचित्त के राम आदि को लेकर बनाए गए चित्र भी लोक-संस्कृति की महनीयता के नाम पर, और यदि गिरिजन या वनवासियों द्वारा उरेहे गए हों, तो फिर भूमि-पुत्री सहानुभूति के नाम पर सेकुलर पवित्र मान लिए जाते हैं। अब पहेली यह है कि जिन मूल अवधारण ाओं की अभिव्यक्ति के नाम पर ये सारे व्यापार संपन्न होते हैं वह तो हिंदू धर्म ही है। जीवन की एकता की, अखंडता की, निरंतरता की तलाश करनेवाला हिंदू धर्म पाखंड और उसी हिंदू धर्म की ये सभी अभिव्यक्तियाँ मनुष्य के सहज सौंदर्य की अभिव्यक्ति सेकुलर, यह विरोध कुछ समझ में नहीं आता।

इसलिए हम साहित्य को ऐसे धर्म से जोड़कर ही रखना चाहते हैं। इस जोड़कर रखने में ही साहित्य का स्वारस्य पाते हैं। साहित्य का स्वारस्य आखिर है क्या? 'उपजहिं अनत अनत छबि लहहीं' 'हम सब में, सब हम में, हम फिर बहुरि अकेला।' निर्वासन के बाद सीता के करुण क्रंदन से सारे वन का रो पड़ना (तस्याः प्रपन्ने समुदुःखभावमत्यत्तमासीद रुदितं वनेपि।)–यह सब धर्म के सिवा और किसके निदर्शन हैं? आवश्यक नहीं है कि धर्म का नाम लें, अध्यात्म का नाम लें। बल्कि न लें तभी बात अच्छी तरह कही जाती है। पर साहित्य का निहितार्थ एक ऐसा सहज, मानवीय आचरण का सौंदर्य है, जो सृष्टि के संयोजन में प्रकृष्ट साधन है। जो बात योग की साधना से सिद्ध नहीं होगी, जो बात कठिन अनुष्ठान से नहीं सिद्ध होगी, वह साहित्य की एक पंक्ति से सिद्ध हो जाती है। यह इसलिए संभव होता है कि साहित्य रचनेवाला भोक्ता के रूप में उस क्षण स्वयं कहीं गायब हो जाता है। रचना के रूप में एक कोने ठिठककर खड़ा हो जाता है, छिपकर देखने के लिए कि रचना का सूर्योदय कैसा होता है। धर्म का अंतिम लक्ष्य यही है–छोटे अहंकार का लय। विंदु का सिंधु में समाना। साहित्य का भी यही लक्ष्य है, लेकिन साहित्य में ही यह अचरज भी संपन्न होता है–'विंदु में सिंधु समान, यह अचरज कासों कहें।' श्रीकृष्ण कभी रास के एक पदक्षेप में समा जाते हैं, राम कभी कथा में समा जाते हैं, कथा के एक छोटे से क्षण में समा जाते हैं, मनुष्य-देह में उठे हुए पुलक में समा जाते हैं। यह साहित्य

का वास्तव में धर्म के रूप में रूपांतरण ही तो है।

हम आज इस रूपांतर की बात करते हैं तो चारों ओर देखते हैं कि अकेले पड़ गए हैं। मैं इस अकेलेपन को वरदान मानता हूँ। यह अकेलापन किसी मरुभूमि में खोना नहीं है। इसी छोटी-सी टेकरी से अपने पूरे परिवेश को देखकर बिना किसी अंतराल के उससे संबंध बनाए रखना और उसकी दृष्टि से ओझल रहना—अपने आप में बहुत ही रोमांचकारी है। इस टेकरी पर दीया रखने कोई आए न आए; इस टेकरी में गूँजों-अनुगूँजों की अनेक सीढ़ियाँ जो चढ़ती-उतरती रहती हैं, उनके बीच अपने को पाना जीवन की छोटी उपलब्धि नहीं है।

आधुनिक साहित्य का आस्वाद

आधुनिक साहित्य का आस्वाद मध्यकालीन साहित्य के आस्वाद से बिलकुल अलग है या कुछ समानताएँ भी हैं, इसका विवेचन शुरू करें, इसके पहले एक बात जान लेना आवश्यक है। आधुनिक साहित्य शुरू होता है गद्य से। पद्य आधुनिक भाषा में बाद में ढलता है। गद्य से शुरुआत होने के कारण पूरे आधुनिक साहित्य में विचार तत्त्व अधिक मुखर हुआ है। दूसरी बात यह भी घटित हुई है कि नए विचार के साथ नई भाषा का भी आयाम प्रसूत हुआ है। यह भाषा नए ज्ञान की संवाहिका है। इसका परिणाम यह है कि साहित्य की भाषा दो दिशाओं में जाती है—एक तो सपाट बयानी की है, दूसरी वक्रोक्ति और रंगामेजी की है। यह रंगामेजी विक्टोरियन अंग्रेजी की दरबारदारी फारसी कसीदाकारी के अधिक समीप है, वह हिंदी के अनुकूल नहीं। उसका परिणाम यह होता है कि इस अंग्रेजी के साथ जो घनिष्ठ संपर्क होता है, वह हिंदी भाषा को प्रतिक्रिया में अधिक उच्छल और आक्षेप-प्रवण बना देता है।

चर्चा शुरू करना चाहते हैं भारतेंदु की रचना से। उस रचना को पूरा उद्धृत करना आवश्यक न होगा। वह रचना है—'अद्भुत अपूर्व स्वप्न'। जब आप इस रचना से भारतेंदु की काव्य रचना की तुलना करेंगे तो आपको तत्काल लगेगा कि यह दो युगों की रचना है; केवल भाषा की दृष्टि से ही नहीं, बुनावट की दृष्टि से भी पृथक् है—

1. 'देखो समय-सागर में एक दिन सब संसार अवश्य मग्न हो जाएगा। कालवश शशि-सूर्य भी नष्ट हो जाएँगे। आकाश में तारे भी कुछ काल पीछे दृष्टि में न आवेंगे। केवल कीर्ति-कमल संसार सरोवर में रहे वा न रहे, और सब तो एक-न-एक दिन तप्त तवे की बूँद हुए बैठे हैं।'

2. 'स्वप्न ही में प्रभात होते ही पाठशाला बनाने का विचार दृढ़ किया। परंतु जब बड़ी थैली में हाथ डाला तो केवल ग्यारह गाड़ी ही मुहरें निकलीं। आप जानते हैं, इतने में मेरी अपूर्व पाठशाला का एक कोना भी नहीं बन सकता था। निदान अपने इष्ट मित्रों की सहायता लेनी पड़ी। ईश्वर को कोटि धन्यवाद

देता हूँ, जिसने हमारी ऐसी सुनी। यदि ईंटों के और मुहर चिनवा लेते तब भी तो दस-पाँच रेल रुपए और खर्च पड़ते। होते-होते सब हरिकृपा से बनकर ठीक हुआ। इसमें जितना समस्त व्यय हुआ वह तो मुझे स्मरण नहीं है। परंतु इतना अपने मुंशी से मैंने सुना था कि एक का अंक और तीन सौ सत्तासी शून्य अकेले पानी में पड़े थे। बनने को तो एक क्षण में सब बन गया था, परंतु उसके काम जोड़ने में पूरे पैंतीस वर्ष लगे। जब हमारी अपूर्व पाठशाला बनकर ठीक हुई, उसी दिन हमने हिमालय की कंदराओं में से खोज-खोजकर अनेक उद्दंड पंडित बुलवाए, जिनकी संख्या पौन दशमलव से अधिक नहीं है। इस पाठशाला में अगणित अध्यापक नियत किए गए, परंतु मुख्य केवल ये हैं—पंडित मुग्धमणि शास्त्री, तर्कवाचस्पति प्रथम अध्यापक; पाखंडप्रिय धर्माधिकारी, अध्यापक धर्मशास्त्र; प्राणांतक प्रसाद वैद्यराज, अध्यापक वैद्यकशास्त्र लुप्तलोचन ज्योतिषाभरण, अध्यापक ज्योतिषशास्त्र; शीलदावानल नीतिदर्पण, अध्यापक आत्मविद्या।'

'अद्‌भुत अपूर्व स्वप्न' की भाषा गहरी चुहलबाजी ही नहीं, बहुत ही पैनी धारदार आक्षेप भाषा भी है। इसका आरंभ होता है रूपक रंजित भाषा से और यह तत्काल ऐसी तीखी हो जाती है कि शब्द-शब्द से गहरा आक्षेप निकलने लगता है। आप अवतरण एक की तुलना अवतरण दो से करेंगे तो पाएँगे कि अवतरण एक में मध्ययुगीन भाषा नए रूप में सँवरकर आई है; जबकि अवतरण दो में आदि से अंत तक अपने समय के नकलीपन की बखिया उधेड़ी गई है। हिसाब-किताब के जाल बट्टे से लेकर शिक्षा के पाखंड पर कई युक्तियों से टिप्पणी की गई है। एक युक्ति है अतिरंजना की—'जब बड़ी थैली में हाथ डाला तो केवल ग्यारह गाड़ी ही मुहरें निकलीं,' अथवा 'बनने को तो एक क्षण में सब बन गया था, परंतु उसके काम जोड़ने में पूरे पैंतीस वर्ष लगे।' दूसरी युक्ति है संस्कृत की, अर्थगर्भ समस्त पदावली का उपयोग प्रकट अर्थ की भंडता को पारदर्शी आवरण देना। जैसे ये नाम 'मुग्धमणि, पाखंडप्रिय, प्राणांतक प्रसाद, लुप्तलोचन, शीलदावानल'—ये सभी शब्द कल्पित पाठशाला के अध्यापकों के नाम हैं। इस पूरे अवतरण को पढ़ने पर लगता है कि यह निर्मल हास्य का उदाहरण है। जबकि इसके अर्थ की गहराई में जाएँ तो पद-पद पर गहरा व्यंग्य है। शिक्षा के व्यवसायीकरण पर भारतेंदु की यह टिप्पणी कितनी सीधी और कितनी अर्थपूर्ण है—

'हम अपने इष्ट मित्रों की सहायता को कभी न भूलेंगे कि जिनकी कृपा से इतना द्रव्य आया कि पाठशाला का सब खर्च चल गया और दस-पाँच पीढ़ी तक हमारी संतान के लिए बच रहा। हमारे पुत्र-परिवार के लोग चैन से हाथ-पर-हाथ धरे बैठे रहें। हे सज्जनो! यह तुम्हारी कृपा का विस्तार है कि तन-मन से आप इस धर्मकार्य में प्रवृत्त हुए। नहीं तो मैं दो हाथ-पैरवाला बेचारा मनुष्य आपके आगे कौन दौड़ा था, जो ऐसे दुष्कर कर्म को कर लेता, यहाँ तो केवल घर की

मूँछें ही मूँछें थीं। कुछ मेह, कुछ गंगाजल, काम आपकी कृपा से भलोभाँति हो गया। मैं आज के दिन को नित्यता का प्रथम दिन मानता हूँ, जो औरों को अनेक साधन से भी मिलना दुर्लभ है। धन्य है उस परमात्मा को, जिसने आज हमारे यश के डहडहे अंकुर फिर हरे किए। हे सुजन शुभचिंतकों! संसार में पाठशाला अनेक हुई होंगी, परंतु हरिकृपा से जो आप लोगों की सकल-पूर्ण कामधेनु यह पाठशाला है वैसी अचरज नहीं कि अपने इस जन्म में न देखी हो।'

सबसे अधिक मार्मिक पंक्ति है 'कुछ मेह, कुछ गंगाजल, काम आपकी कृपा से भलीभाँति हो गया।' आजकल भी जो कागजी भवन बनता है और उनका सारा रुपया निकाल लिया जाता है, वह भी भारतेंदु बाबू की कामधेनु ही है।

भारतेंदु के इस निबंध में एकालाप की भाषा है, जिसमें बात ऐसे कही गई है कि आसपास सुननेवाले हैं और वे सभी बातचीत के सहभागी हैं। इसलिए संबोधन कहीं 'हे मित्र' है, 'हे सुजन शुभचिंतकों' है कहीं 'हे सज्जनो' है, कहीं केवल 'आप' है। इन संबोधनों में अपने आप नाटकीयता है और यह नाटकीयता आधुनिक भाषा का प्रथम अभिलक्षण है। अंतिम अवतरण पर आएँ, जिसमें अध्यापकों के गुणों का वर्णन है। सबसे अधिक सटीक वर्णन है शीलदावानलजी का—

'रहे पं. शीलदावानल नीतिदर्पण! इनके गुण अपार हैं। समय थोड़ा है, इस हेतु थोड़ा सा आप लोगों के आगे इनका वर्णन किया जाता है। ये महाशय बालब्रह्मचारी हैं। अपनी आयु भर नीतिशास्त्र पढ़ते-पढ़ाते रहे हैं। इनसे नीति तो बहुत से महात्माओं ने पढ़ी थी परंतु वेणु, बाणासुर, रावण, दुर्योधन, शिशुपाल, कंस आदि इनके मुख्य शिष्य थे। और अब भी कोई कठिन काम आकर पड़ता है तो अंग्रेजी न्यायकर्ता भी इनकी अनुमति लेकर आगे बढ़ते हैं। हम अपने भाग्य की कहाँ तक सराहना करें। ऐसा तो संयोग इस संसार में परम दुर्लभ है।'

इसमें टीप का बंद है। 'अब भी कोई कठिन काम आकर पड़ता है तो अंग्रेजी न्यायकर्ता भी इनकी अनुमति लेकर आगे बढ़ते हैं।' अंग्रेजी न्याय व्यवस्था पर, जिसने निर्दोष नंद कुमार को फाँसी दी थी, इससे तीखी टिप्पणी नहीं की जा सकती। विद्यालय को व्यवस्था पर भी उन्होंने टिप्पणी की है—'प्रथम तो हम किसी अध्यापक को मासिक देंगे नहीं और दिया भी तो अभी दस-पाँच वर्ष पीछे देखा जाएगा। यदि हमको भोजन की श्रद्धा हुई तो भोजन का बंधान बाँध देंगे, नहीं यह नियत कर देंगे कि जो पाठशाला संबंधी द्रव्य हो उसका वे सब मिलकर नाम लिया करें।'

इस लेख के अंत में पाठ्यक्रम में निर्धारित पुस्तकों का नाम है। इस नामावली में भी तत्सम शब्दों का प्रयोग आडंबर डालने के लिए है—

व्याकरण—मुग्धमंजरी, शब्दसंहार, अज्ञानचंद्रिका।

धर्मशास्त्र—वंचकवृत्तिरत्नाकर, पाखंड-विडंबन, अधर्मसेतु।

वैद्यक–मृत्युचिंतामणि, मनुष्यधनहरण, कालकुठार।

ज्योतिष–मुहूर्तमिथ्यावली, मूर्खाभरण, गणितगर्वांकुर।

नीतिशास्त्र–नष्टनीतिदीप, अनीतिशतक, धूर्तपंचाशिका, इन दिनों की सभ्यता के मूल ग्रंथ असत्यसंहिता, दुष्टचरितामृत, भ्रष्टभास्कर।

कोश–कुलशब्दकल्पतरु, शून्यसागर।

नवीन नाटक–स्वार्थसंग्रह, कृतघ्नकुलमंडन।

लेख की समाप्ति है 'अब जिस किसी को हमारी पाठशाला में पढ़ना अंगीकार हो, वह समाचार सुनने के प्रथम तार में खबर दें। नाम उसका किताब में लिख लेंगे पढ़ने आओ चाहे मत आओ।' निबंध यहीं समाप्त हो जाता है।

इस निबंध का पूरा गठन अत्यंत तर्कपूर्ण और व्यवस्थित है। इसमें केवल स्वप्न की बात है, स्वप्न भंग की नहीं। अपने आप में एक संकेत है कि शिक्षा के सही उपाय कितने अधिक वांछनीय हैं और कितने उपेक्षित। भारतेंदु के इस निबंध के सही अर्थ को ग्रहण करने के लिए भीतर से ऐसी तैयारी की जरूरत है जो केवल स्वीकारी ही न हो, कुछ प्रश्न करनेवाली भी हो, कुछ संदेह करनेवाली भी हो। उसे अपनी शब्द संपदा के सामर्थ्य का ज्ञान हो और साथ-ही-साथ रोजमर्रा की भाषा में अंतर्निहित अर्थवत्ता की भी पहचान हो।

इस उदाहरण से आधुनिक साहित्य के आस्वाद की चर्चा हमने इसलिए आरंभ करना उचित समझा कि हिंदी की आधुनिकता की अपनी पहचान बने। भारतेंदु की आधुनिकता बंकिमचंद्र और माइकेल मधुसूदन दत्त दोनों की आधुनिकता से अधिक मुखर है। यद्यपि दोनों के साहित्य से वे भलीभाँति परिचित थे और दोनों के साहित्य का गहरा प्रभाव भी उन पर पड़ा था (इस निबंध की भाषा पर भी 'कमलाकांतेर दफ्तर' की भाषा का प्रभाव है) परंतु जितने प्रश्नों को छेड़ने की क्षमता भारतेंदु में है उतनी वहाँ नहीं। दूसरी बात यह भी है कि भारतेंदु में ठेठ देसीपन अधिक है और इसीलिए उनकी भाषा में सीधी मार करने की क्षमता अधिक है। भारतेंदु से जिस नई चाल की शुरुआत होती है वह अपनी परिस्थितियों से उपजी हुई आधुनिकता की चाल है। वे अपनी जमीन छोड़े बिना आधुनिक हैं। यह आधुनिक हिंदी की पृष्ठभूमि है। उदाहरण के लिए हम प्रेमघन को भी ले सकते थे, जो उनके समकालीन हैं। पर प्रेमघन में आभिजात्य का स्वर और अपने समय के सही आभिजात्य का स्वर अधिक मुखर है और वह हिंदी का मुख्य स्वर नहीं है। हिंदी का मुख्य स्वर बहुत संतुलित है–विचार की दृष्टि से भी और भाव की दृष्टि से भी। जिस प्रकार की फैंटेसीरंजित उत्प्रेक्षा भारतेंदु ने इस निबंध में दी है वह फैंटेसी लोककथाओं में ढली हुई फैंटेसी है। इसलिए वह अपनी फैंटेसी लगती है। शीर्षक जरूर अपूर्व है पर उसमें अभिव्यक्ति के स्तर पर विलक्षण साधारणीकरण है।

हिंदी भाषा और साहित्य : बदलते परिदृश्य

हिंदी एक संयोजक-सूत्र के रूप में भारतीय भाषा-परिवार में उस न्यासधारी के रूप रही है, जिसके ऊपर समस्त भाषाओं और उनके साहित्यों की अभिव्यक्ति और उनके संदेश का सम्मान करना उसका कर्तव्य लगभग हजार वर्षों से रहा है। यही नहीं, वह लौकिक और अलौकिक सभी प्रकार के संबंधों के निर्वाह में सक्रिय भूमिका निभाती रही है। लौकिक क्षेत्र में चाहे वाणिज्य हो, चाहे लोक-संचालन की राजनीति-जैसे अन्य क्षेत्र हों, पीठों और मंदिरों के प्रबंधन का लेखा-जोखा हो, हिंदी की भूमिका संयोजक की थी। सुदूर बापू के क्षेत्र तक मठों में हिंदी भाषा के व्यवहार के प्रमाण मिले। टंडन जी इस बात पर बल देते थे कि हिंदी को अंग्रेजी की प्रभुता का स्थान नहीं देना है। वह अंग्रेजी की उत्तराधिकारिणी होगी, ऐसी कल्पना करना भी एक अंग्रेजी दिमाग के सोचने की बात होगी। वह केवल प्रादेशिक भाषाओं की अस्मिता के लिए सजग रहे और उनके बीच में बंधुभाव की स्थापना करे—यही हिंदी का सहज संस्कार है। 1937-38 में मद्रास प्रेसीडेंसी में हिंदी के अनिवार्य होने पर जिन्होंने विरोध किया, उनको तत्कालीन मुख्यमंत्री ने जेल भेजा। टंडन जी ने उस पर अपना विरोध महात्मा गाँधी के सामने व्यक्त किया कि यह हिंदी की प्रकृति के अनुकूल नहीं हुआ। यह अत्यंत दुर्भाग्यपूर्ण बात है कि उनके मनोभाव को एक बड़ी साजिश में लोगों ने गलत समझा और हिंदी की तानाशाही मान लिया। इसका प्रभाव कुछ-न-कुछ ऐसे हिंदी-लेखकों पर भी पड़ा, जो हिंदी की सूत्रात्मक भूमिका का महत्त्व नहीं समझते थे। टंडन जी ने हिंदी की प्रकृति के बारे में इसी से जुड़ती हुई एक दूसरी बात कही थी कि यह प्रकृति फक्कड़पन के स्वाभिमान की और सबके आगे प्यार का हाथ बढ़ाने की प्रकृति है। हिंदी को सांप्रदायिक कहने वालों को उन्होंने ललकारा था और कहा था कि यह कोई सिद्ध कर दे कि जायसी, रहीम, रसखान के रहते हुए हिंदी सांप्रदायिक है, तो मैं अपने हाथ से हिंदी साहित्य सम्मेलन में आग लगा दूँगा। वे हिंदी को मजहब से नहीं जोड़ते थे। वे हिंदी को देश के भाव से जोड़ते थे। उनका पुण्यस्मरण करते हुए मेरे मन

में बड़ी ग्लानि होती है कि स्वाधीनता की प्राप्ति के बाद हिंदी के इस स्वाभिमान का इतना क्षरण क्यों। और हिंदी क्यों इतनी अधिक व्यवसाय-बुद्धि से पीड़ित है? हिंदी की बात आज देश की भाषा के रूप में हाशिये में चली गई है। स्कूली शिक्षा की विफलता का यह श्रेय है कि भारत के अधिकांश लोग शिक्षित होकर भी अंग्रेजी का व्यवहार नहीं कर सकते। थोड़े से तोते जो संपन्न शिक्षा-मंदिरों में पाले जा रहे हैं, उनको छोड़ दें, तो अंग्रेजी-व्यवहार की क्षमता इतनी कम हो गयी है कि अंग्रेजी कितनी भी प्रतिष्ठा क्यों न प्राप्त करे, वह व्यवहार-भाषा के रूप में लौट नहीं सकती। आर्थिक उपनिवेश बनने पर भी नहीं। सारी बाधाओं और सारे प्रश्नचिह्नों के बावजूद हिंदी ही अकेली भाषा है, जिसके माध्यम से विभिन्न भारतीय भाषाओं का साहित्य व्यापक रूप से प्रसारित होता है। हिंदी के गीत उत्तर से दक्षिण और पूर्व से पश्चिम तक लोगों के कण्ठ में अभी, बसे हुए हैं। राजनैतिक आवश्यकता के रूप में हिंदी की बात ऐसी जगहों से जुड़ी है, जहाँ अंग्रेजी का आधिपत्य है। पिछले लोकसभा अध्यक्ष श्री संगमा ने 1997 में यह कहा था कि यदि पूर्वोत्तर के राज्य हिंदुस्तान की राजनीति में अपना स्थान बनाना चाहते हैं, तो उन्हें हिंदी सीखना है। आश्चर्य यह है कि इस वास्तविकता का ज्ञान हिंदीभाषी कहे जानेवाले प्रदेशों की सरकारों को क्यों नहीं है। वे हिंदी के लिए पुरस्कार देकर ही क्यों आत्मसंतुष्ट हैं। उन्हें यह क्यों नहीं दिखता कि हिंदी के बिना इन क्षेत्रों का मानसिक विकास नहीं होगा। और मानसिक विकास के बिना कोई भी विकास नहीं हो सकता। हिंदीभाषी क्षेत्र में कुछ अपने को समझदार कहनेवाले लोग हिंदी को पिछड़ेपन की भाषा कहते हैं। इसलिए वे अपने बच्चों को अंग्रेजी भाषा के माध्यम से ही प्राइमरी कक्षा से शिक्षा देना चाहते हैं। इसलिए जहाँ पर भाषा संस्कार का पवित्र मूल्य था, वहाँ भाषा के प्रति उदासीनता इस हद तक बढ़ गयी है कि हिंदी में उच्च-से-उच्च शिक्षा प्राप्त करनेवाले भाषा के बारे में एकदम परमहंस स्थिति में जा पहुँचे हुए हैं—सब चलता है। जो हम शुद्ध-अशुद्ध बोलेंगे, लिखेंगे वह सब हिंदी ही तो है। हिंदी तो खैर, उसे कोई नहीं कहेगा, पर हिंदी के प्रति यह लापरवाही उनके लिए बहुत क्षतिकारक है; क्योंकि उस लापरवाही के कारण उनकी पूरी जीवन-दृष्टि लापरवाह हो जाती है।

विचित्र विडंबना की बात यह है कि हिंदी दैनिक समाचार-पत्रों की प्रसार-संख्या बढ़ रही है। हिंदी भाषा की पुस्तकों का प्रकाशन भी दूसरी भाषाओं की तुलना में प्रति वर्ष बढ़ रहा है। पर हिंदी की साहित्यिक पत्रिकाओं की प्रसार-संख्या कम हो रही है और हर साल किसी-न-किसी पत्रिका के लुप्त हो जाने का समाचार मिलता है। इसके कारणों की गहराई में जाएँ, तो लगेगा कि हिंदी के पाठक पुस्तक-संस्कृति से और विशेष रूप से साहित्य-संस्कृति से विमुख होते जा रहे हैं। लोग दोष संचार-माध्यमों को देते हैं; पर वास्तविक दोष प्राइमरी स्कूल से लेकर

उच्चतम कक्षा तक के अध्यापकों का है, जो हिंदी-साहित्य में रुचि पैदा करने के बजाय उपेक्षा पैदा कराते हैं। इसका सीधा प्रभाव साहित्य की प्रेषणीयता पर पड़ता है। आज लेखक-पाठक के बीच में संवाद की स्थिति नहीं रह गई है और यह उस संवाद की स्थिति नहीं रह गई है, जो स्वाधीनता प्राप्ति के पहले थी। जब उत्सुकता से लोग डाकिए की प्रतीक्षा करते थे कि आज 'सरस्वती' आनी चाहिए। प्रसिद्ध लेखक की नई पुस्तक के बारे में लोग उदग्र रहते थे। मुझे स्मरण है कि पूरी पुस्तक 'कामायनी' नहीं छपी थी और कामायनी का प्रथम सर्ग इण्टरमीडिएट की कक्षा में पढ़ाया जाता था। स्वतंत्र देश में यह क्या हुआ कि पाठ्यक्रम की इतनी समितियाँ बनती हैं और उन पाठ्यक्रमों में चयन के नाम पर केवल एक सुचिंतित बहिष्कार का ही संकल्प दिखता है। कहीं प्राचीन साहित्य के बहिष्कार की बात करते हैं, कहीं किसी विचारधारा के बहिष्कार की बात करते हैं। साहित्य प्राचीनता-नवीनता से अलग और विचारधाराओं से अलग भी कुछ है, इसका विचार नहीं करते। आज पाठक और लेखक के बीच में कोई सेतु नहीं है। जो होने का दावा करते हैं, वे वस्तुतः विभाजक दीवालें हैं; क्योंकि वे पाठक के पास साहित्य नहीं पहुँचाते, केवल अपनी कसौटी पहुँचाते हैं। इस कसौटी पर मुलम्मा चढ़ा लोहा भी सुनहला दिखता है और सोना भी काला दिखता है। इसीलिए साहित्य अब लोगों की चर्चा में नहीं है। केवल अपने गुट के लोगों का साहित्य पढ़नेवालों की चर्चा में है।

ऐसी शोचनीय स्थिति में हिंदी साहित्य सम्मेलन-जैसी संस्था का कर्तव्य बड़ा गंभीर हो उठता है। ऐसी संस्था का कार्य साहित्य की निरंतरता को रेखांकित करते हुए नए साहित्य का स्वागत करना होता है। हिंदी साहित्य सम्मेलन के बारे में यह प्रवाद था कि रचनाकार इससे नहीं जुड़ते। भारतेंदु जन्मशती के अवसर पर सम्मेलन-पत्रिका का विशेषांक निकालने के लिए जब मैंने स्व. अज्ञेय जी से अनुरोध किया था, तो यह बात सामने आयी थी। पर मैंने उन्हें बतलाया कि बालकृष्ण शर्मा 'नवीन', माखनलाल चतुर्वेदी-जैसे लोगों के बिना हिंदी साहित्य सम्मेलन की कोई अवधारणा ही नहीं; तो उन्होंने स्वीकार कर लिया था। पर इस बात की अनदेखी नहीं की जा सकती कि रचनाकार इस संस्था के प्रति कम आकृष्ट हुए। पर इस संस्था का ही दोष नहीं है। यह रचनाकार के स्वभाव में ही निहित है कि वह संस्था से अपेक्षा न करे। इसलिए रचनाकार भी सन्निबद्ध नहीं होता है। यदि होता है, तो संस्था चौपट हो जाती है। संस्था भी जड़ हो जाती है और रचनाकार भी जड़ हो जाता है। संस्था का कर्तव्य तब यह होता है कि वह रचनाकारों की पहचान कराए, उन्हें मानदेय की बात न करे। राजस्थान हिंदी अकादेमी जैसी राजसंस्थाओं ने उदीयमान कवियों की रचनाओं का प्रकाशन करके बहुत सही काम किया है। मध्यप्रदेश शासन साहित्य-परिषद् ने लेखकों के

साक्षात्कारों का अंकन कराकर भी इस दिशा में श्लाघनीय काम किया है। मैं सम्मेलन को भी यह परामर्श दूँगा कि वह वर्ष में कुछ ऐसे कार्य करे, जिससे लेखक और पाठक के बीच में सार्थक संवाद कराए तथा नए रचनाकारों की रचनाओं के प्रकाशन के बारे में उच्च-स्तरीय परामर्शसमिति के सहयोग से संकलन छपवाए। इसके साथ ही नए-पुराने लेखकों को जोड़नेवाले लेखक-शिविरों का भी संचालन करे। कुछ वत्सल निधि द्वारा चलाए गए शिविरों का मेरा अनुभव यही बतलाता है कि जीवन के महत्त्वपूर्ण प्रश्नों पर और साहित्य की विशेष चिंताओं पर यदि युवतर लेखकों के साथ बड़े लेखकों का संवाद होता है, तो दोनों एक-दूसरे से कुछ सीखते हैं और दोनों की रचना आलोचना के इस आदान-प्रदान से कुछ अधिक सक्रिय होती है।

आज यह नहीं है कि अच्छा साहित्य लिखा नहीं जा रहा है; पर उसमें धार चढ़ाने पर कुछ कम ध्यान है और वह धार चढ़ती है सहृदय संवाद से ही। इसी संवाद से जुड़ी हुई है भाषा की संवेदना। हर भाषा की अपने परिवेश और अपने बोलनेवाले के पुरस्कार से प्राप्त विशिष्ट संवेदना होती है। किसी भी युग के इतिहास को संस्कृति की दृष्टि से यदि देखना है, तो उसके सबसे प्रामाणिक संकेत भाषा-संवेदना से मिलेंगे। संस्कृत भाषा का जो सबसे अधिक रचनात्मक युग था, उसमें भाषा चलनी से छानकर तत्त्व निकालने वाली वृत्ति का पर्याय थी। उस भाषा में इसलिए अपने-आप कसाव है और संश्लिष्ट अर्थगर्भिता है। साथ-ही-साथ उसमें तर्क की परिशुद्धि पर बल है। वह विश्वहित की बात तो सोचती ही है, मनुष्य को व्यापक दृष्टि भी देती है। वह सत् के खोज के नए-नए पंथों का आविष्कार करती है। प्रकृति और मनुष्य के बीच में बिम्ब-प्रतिबिम्ब भाव दिखाती चलती है। यह एक ओर, और दूसरी ओर वह परिमार्जन की अतिरिक्त चिंता में धीरे-धीरे साधारण जन की पहुँच के बाहर होने लगती है। इन दोनों के बीच में आदान-प्रदान भी चलता है। इस आदान-प्रदान ने आधुनिक भाषाओं के विकास में महत्त्वपूर्ण भूमिका निभायी, जिसके कारण आधुनिक भाषाओं में विस्मयकारी संतुलन है संस्कृत और प्राकृत भाषाओं से प्राप्त शब्दावली का, वाक्य-विन्यास का, लय-विन्यास का और भावविन्यास का। विद्यापति ने संस्कृत, अवहठ (अपभ्रंश) और मैथिली तीनों में रचनाएँ कीं और उन्हें 'देसिल बयना सब जन मिट्ठा' का बोध हुआ और अपने हृदय की बात उन्होंने मैथिली में रचित पदावली के द्वारा की। पारिवारिक दृष्टि से विदेशी संस्कृति में पले हुए, पर भारत के गाँव भटियारी में जन्मे अमीर खुसरो को अपने को तूतिये हिंद (हिंद तूती) कहलाना अधिक रुचिकर लगा और वे देशी बोलों के द्वारा भारतीय संगीत के नए अध्याय के प्रवर्तक तो हुए ही, जन-जन में प्रचलित मुकरियों और पहेलियों की रचनाओं के कारण अधिक प्रसिद्ध हुए। उनकी फारसी रचनाएँ पोथिसानों में

हैं और उनकी मुकरियाँ लोगों के कंठ में। कबीर ने लोक भाषा को बहता नीर कहा और संस्कृत को कूप जल कहा। तुलसीदास ने 'भनिति भदेस' को महिमा बड़े सहज ढंग से प्रमाणित की और ऐसी भाषा दी, जिसमें तत्सम और तद्भव दोनों खुल करके एक हो गए हैं। दोनों हिंदी की रचना में आत्मसात् हो गए हैं। कहीं वचन चातुरी का आयास नहीं है। तुलसी का ही प्रभाव था कि मध्य युग की भाषा न केवल जनरंजक बनी, वरन् सांस्कृतिक चेतना की वाहिका भी बनी। उसने संस्कृति को हिमालय के शिखर से लाकर मैदान में चौड़ी रसधार के रूप में प्रवाहित किया। स्पष्ट है, उस युग की भाषा-संवेदना दूब की अप्रतिहत जिजीविषा की संवेदना है, जो कुचली जाती है, खाई जाती है, पर भीतर में जरा सा भी रस मिल जाए, तो फिर फैल जाती है। वह एक से सहस्र हो जाती है। उसकी वह अदम्य प्रसार-शक्ति भाषा के बोलनेवाले के धैर्य और तितिक्षा की शक्ति है। वह दूब की ही तरह किसी स्थान-विशेष की तलाश नहीं करके केवल भीतर के रस की तलाश करती है। कहीं भी उसे रस मिलता है, वह छछन उठती है। उमग उठती है। मध्य युग की भाषा में आगे चलकर स्निग्धता भी आती है और लुनाई भी। उत्तर-मध्य युग के भाषा-संवेदना की विशेषता यह है कि ऐश्वर्य की छाया में भी फक्कड़ अपनेपन की वह तलाश करती रहती है। ऐश्वर्य को नकारने के लिए उसके पास यह सबसे बड़ा सम्बल है कि वह गहन मानवीय आकांक्षा को भाषा के तह पर तह बनाए। उसमें पूर्व-मध्य युग की अपेक्षा अधिक अलौकिकता है। वह अलौकिकता निरी आसक्ति नहीं, और है भी, तो वह इतनी गहरी है कि वह बाह्य से अंतर्मुख होने के लिए व्याकुल है। वस्तुतः उत्तर-मध्य युग अपने पूर्ववर्ती युग की निरंतरता लिए हुए है। इसीलिए उसमें सगुण, निर्गुण, सूफी सभी प्रकार के प्रेम-मार्ग की गहरी छाप है और इसी छाप के कारण उसमें लौकिक प्रेम की सार्थकता की नई पहचान है। इस भाषा को संकीर्ण दृष्टि से एक छोटे-से दायरे की भाषा मानना भूल है।

आधुनिक काल में जब हम आते हैं, तो हमें भाषा की नई संवेदना दिखाई पड़ती है। यह संवेदना विभिन्न संप्रदायों के एक होकर अपनी अस्मिता को पहचानने की संवेदना है। इस पहचान में राजनैतिक और आर्थिक कारण ही प्रेरक हो जाते हैं। इसका एक सुखद परिणाम होता है कि भाषा का स्वाभिमान जाग्रत होता है और उसके कारण देश का भी स्वाभिमान जाग्रत होता है। लेकिन इसका दुर्भाग्यपूर्ण पक्ष यह है कि तात्कालिक व्यवहार की दृष्टि कुछ प्रमुख हो जाती हैं। अंग्रेजी दरबार की भाषा बनने के लिए एक ही प्रकृति के दो शैलियों के बीच सही माना जाए, तो दो लिपियों के बीच द्वंद्व छिड़ जाता है। इस द्वंद्व से देशज शब्दों को स्वीकार करने वाली भाषा दरबार में दोयम हो जाती है; क्योंकि वह उस भूमिका का निर्वाह नहीं करती, जिसकी आकांक्षा होती है। साम्राज्यवाद सरकारी

भाषा को लोगों से दूर रखना चाहता है, ताकि राजा-प्रजा के बीच में निकट का रिश्ता न होने पावे और इसीलिए अंग्रेजों का झुकाव एक ऐसी भाषा के प्रश्रय देने को हुआ, जिसने हिंदुस्तान में ही जन्मी भाषा से मिठास की रवानगी ली और धीरे-धीरे नाम के लिए छाँवनी बाजार की भाषा थी, पर हो गयी कानूनी दाँवपेंच की भाषा, ख्याली दाँवपेंच की भाषा। यह उस भाषा के लिए दुर्भाग्यपूर्ण था। हिंदी भाषा की नियति दरबारी होना नहीं है। यह उसकी शक्ति है, दुर्बलता नहीं। हिंदी-उर्दू का विवाद एक दुर्भाग्यपूर्ण विवाद रहा है और उस विवाद को शह जिन राजनैतिक कारणों ने दिया है, वे सभी लोगों को विदित हैं। मैं सिर्फ यही कहना चाहता हूँ कि हिंदी का हित इसी में है कि वह स्वाधीनताप्राप्ति के बाद जैसा भी माहौल बना है, उसमें अधिकार की माँग से पराङ्मुख हो जाए और केवल यह माँग करे कि सबको जोड़ने का अधिकार मेरा न छीनो। सब तक बिना सरकारी मदद के पहुँचने का अधिकार न छीनो। सम्मेलन के सभापति के पद से यह बात शायद कुछ अटपटी लगेगी, पर आप सभी से यह बात गंभीरतापूर्वक आत्मलोचन करने के लिए निवेदन करूँगा कि हिंदी की मान्यता को लेकर, हिंदी के प्रयोग को लेकर हम लोग पचास वर्षों से माँग करते आए हैं और यह होता आया है कि हिंदी के अधिकारी अधिक नियुक्त होते रहे हैं, हिंदी के सप्ताह और पखवाड़े साल में एक बार मनाए जाते हैं, हिंदी के कई टुकड़े हो रहे हैं—साहित्यिक हिंदी, प्रयोजन मूलक हिंदी, राजभाषा हिंदी। और उस हिंदी का कोई नामलेवा नहीं है, जिसके माध्यम से आज भी तमिलभाषी तेलुगुभाषी से बात कर लेता है। उस सार्वदेशिक हिंदी का कोई नामलेवा नहीं है, जो बिना किसी प्रयत्न के, बिना किसी मुनादी के भारत के तीर्थों व बाजारों की सड़कों पर निःसंकोच रूप से एक-दूसरे के साथ बात करने का सबसे सुगम साधन है। सामान्य जन के नाम पर हम सामान्य जन की भाषा की अनदेखी कर रहे हैं। महात्मा गाँधी ने हिंदी का काम देश का काम माना और इसीलिए चर्खे और खादी के प्रचार के साथ हिंदी का प्रचार अनिवार्य माना था। हिंदी इसी प्रकार की सेवा-भावना से भारत की प्राण-शक्ति बनेगी। हिंदी का उत्थान कोई सरकार नहीं कर पाएगी। भले ही उसको चलानेवाले हिंदीभाषी हों या अहिंदीभाषी हों, या हिंदी समझने वाले हों। हिंदी भाषा के आंदोलन को भारत के स्वाधीनता के मूल्यों के आंदोलन के साथ जोड़ना होगा। वे मूल्य हैं साधारण जन की आकांक्षा को तटस्थ दृष्टि से नहीं, सम्पृक्त दृष्टि से समझना, उस आकांक्षा में निहित एक साथ सबके मंगल की बात सोचना, उधार को देने की विवशता से मुक्ति पाना, न्यूनतम आवश्यकताओं को सबके लिए पूरा करना, आवश्यकता से अधिक की माँग को देश के स्वभाव के विपरीत मानना, एककेंद्रिता की अपेक्षा बहुकेंद्रिता को महत्त्व देना, भारत की समस्त भाषाओं और बोलियों को व्यवहार में आने का अवसर देना, एक से

अधिक भाषाओं और बोलियों में व्यवहार-कुशलता प्राप्त कराना, ताकि संवाद एकतरफा न हो तथा देश के भौगोलिक नाम जैसे अभी जो उच्चरित होते हैं, उसे उस रूप में ही स्वीकार करना और एक विदेशी उच्चारण जो उन पर लादा गया है, उससे उनको मुक्त करना, देश के पेड़-पौधों, पशु-पक्षियों के स्वभाव की जानकारी के लिए उत्सुकता पैदा करना—इसी उद्देश्य से देश के लोकसाहित्य को केवल संरक्षण न देना, बल्कि उसका शिक्षा के क्षेत्र में भरपूर उपयोग करके उसमें अंतर्निहित मांगलिक दृष्टि का विस्तार करना, देश में ज्ञान की श्रुति की परंपराओं के उपयोग की इजारादारी कहीं दूसरे के हाथों न पड़ जाए, इसके लिए जागरूक होना, इतनी सहस्राब्दियों की समझ को बिकाऊ न बनाना, श्रुत साहित्य और कंठ में रहनेवाले साहित्य के आस्वाद के लिए अवसर पैदा करना, जिससे देश के साहित्य की लोगों के चित्त की परिष्कार में भूमिका बनी रहे और इनसे जुड़ी हुई और भी बहुत-सी बातें हो सकती हैं। हिंदी की देशप्रियता वसुधैव कुटुंबकम् का सोपान है। उसके विरोध में नहीं है। जिसको अपने घर से और देश से गहरा लगाव होता है, वही दूसरों के अपने घर की लगाव की बात को समझ सकता है। जड़ से उच्छिन्न कभी लगाव समझ ही नहीं सकते, और नहीं समझ सकने के कारण ही विश्वबंधुता की बात तो वे समझ ही नहीं सकते, विश्वयारी चर्चाओं में केवल है। विश्वबंधुता के मर्म तक वे पहुँच ही नहीं सकते। हिंदी का अभियान ही आवश्यकता पर संयम का अभियान हो, दूसरों की आवश्यकता की पूर्ति के लिए संयम का अभियान हो, अपनी अलग विशिष्टता प्रदर्शित करने के लिए न हो। जो लोग तमाम संकीर्णताओं के कारण एक-दूसरे से बिछुड़ रहे हैं, भय की दृष्टि से देख रहे हैं, उनको जोड़ने का अभियान हो—यही आप सबसे करबद्ध प्रार्थना है।

भाषा की बात को समेट कर अब मैं साहित्य के बारे में कुछ कहना चाहूँगा। इतना तो मैं पहले ही निवेदन कर चुका हूँ कि साहित्य कोई खंडित पदार्थ नहीं होता है। वह चेतना में पुश्त-दर-पुश्त से पड़ा हुआ सक्रिय संस्कार होता है। हम साहित्यिक युगों की समझाने की दृष्टि से अवधारणा करते हैं। वैसे साहित्य है तो केवल नया है। इसी क्रम में पुराना साहित्य भी जब पढ़ने पर नया अर्थ देता है, तो वह भी उतना ही नया है, जितना आज लिखा जानेवाला साहित्य, और आज लिखा जानेवाला साहित्य पुराना है, यदि वह सक्रियता प्रकट करने में अक्षम है। साहित्य की तीसरी आँख कभी नहीं मुँदती और खुली भी रहती है, तो वह काम को भस्म नहीं करती। भस्म हुए काम में संजीवन लाती है। भस्म हुई उत्तेजना को दूसरे को सुख देने की क्षमता के रूप में आलोकित करती है। इसलिए मैं दससाला पैमाइशों को कोई विशेष महत्त्व नहीं देता। जो जैसा है, उसे वैसा रहने दें। हल जोतते समय नीचे की मिट्टी ऊपर आती है, ऊपर की मिट्टी नीचे जाती है। ऊँच-नीच का भेद नए समीकरण स्थापित करने के लिए

नहीं, बल्कि इस दृष्टि से कि सुषुप्त उर्वरता क्षीयमान उर्वरता के साथ जुड़कर सजग उर्वरता में परिवर्तित हो। उसी प्रकार साहित्य में माने हुए कुछ मानदंडों की जाँच होती रहती है। उलट-पुलट होती है, पर दृष्टि हमेशा यही रहती है कि एक संकीर्णता में जो पड़ा हुआ है, उसे खुले आकाश में लाया जाए। हद को बेहद बनाया जाए। इसका उद्देश्य मूर्ति-भंजन नहीं है, पर सृष्टि के उद्देश्य की पूर्ति है। यह बात अगर हम अच्छी तरह समझ लें, तो अपने समय के साहित्य की प्रवृत्तियों को समझने में कुछ आसानी होगी। हमारे समय के साहित्य की मुख्य रूप से तीन प्रवृत्तियाँ हैं—एक तो प्रवृत्ति है भृंगी कीट की, जो किसी दूसरे कीड़े को कैद करता है और भय से वह कीड़ा भी भृंगी बन जाता है। वह भृंगी बन जाने पर भी रूप-रंग-सहवास में चाहे एकरसा हो जाए, भीतर से डरा ही रहता है कि कहीं कैद करनेवाला मालिक नाराज न हो जाए, इस प्रवृत्ति वाले साहित्य के भी कई प्रस्थान हैं। सब अपने को एक-दूसरे से अधिक सक्रिय और सतेज मानते हैं। एक दूसरी प्रवृत्ति है, जो पंक्तिबद्धता के विरुद्ध में खड़ी है। वह कभी क्षमायाची है, कभी आक्रामक। पर वह पंक्तिबद्धता की बात करने वालों में उलझी रहती है। एक तीसरी प्रवृत्ति है, जो इन दोनों से अलग है। वह न पंक्ति बनाना जानती है, न पंक्ति में जो लोग आ जाते हैं, उन्हें पंक्ति से बाहर करती है। तीनों प्रवृत्तियों के साहित्य में वैचारिक टकराव से कभी-कभी धारकीय तीक्ष्णता भी आई है। साथ ही साहित्य के स्वभाव में अभय निहित है, इसलिए भय से भी रचनाकार (यदि वह रचनाकार है तो) उत्तम रचना किए बिना नहीं रहता। तलवार की छाया में भी साहित्य रचा गया। यहाँ तो तलवार भी नहीं है। केवल एक संघर्ष का घटाटोप है। साहित्य इन सबके बीच अपना द्वार निकाल लेता है। केवल इतना ही होता है कि साहित्य की पहचान के बारे में पाठकों के मन में कुछ सम्भ्रम पैदा हो जाते हैं। कभी-कभी उत्तम साहित्य भी अपने समय में अनदेखा रह जाता है।

जिस तीसरी प्रवृत्ति की चर्चा मैंने की है, उसमें अधिकतर ऐसे ही लोग हैं, जिन्हें किसी के सनद की आवश्यकता नहीं है। हिंदी में प्रवृत्ति भले ही तत्काल रेखांकित नहीं होती है, परन्तु उसका पाठकवर्ग ऐसा है कि वह मुरझाने नहीं पाती। आधुनिकता और उत्तर-आधुनिकता की चर्चा तो साहित्य में लिखी जाती है, पर उससे कोई रचना में विशेष चमत्कार नहीं आता है। अपने समय और देश के प्रति सजग होना हर जीवंत साहित्य की विवशता होती है। उसके साथ-ही-साथ उसकी यह भी विवशता होती है कि वह अपने देश-काल को समझते हुए ऐसी रूढ़ियों का अतिक्रमण कर सके, जो प्रतिष्ठा पाने के कारण भाषा और भाव दोनों में किसी-न-किसी रूप में जड़ता ला रहे हैं। आधुनिकता की बँधी हुई परिभाषाएँ बराबर साहित्य के पास आते-आते टूटती जाती हैं। नयापन कहने के ढंग से नहीं

होता, जितना कहने वाले के मन में होता है। कहने का मन उसी का होता है, जो अपने समय से आगे जाने का जोखिम उठाने के लिए तैयार रहते हैं; यह अत्यन्त परितोष की बात है कि हिंदी में ऐसे जोखिम उठानेवालों को संख्या या कबीर के शब्दों में अपना घर फूँककर सबका घर बसाने का संकल्प लेनेवालों की संख्या आज भी कम नहीं है। विषय-चयन की दृष्टि से हो, शब्द-चयन की दृष्टि से हो, मनुष्य के भीतर आलोकित होनेवाली चित्तवृत्तियों की चर्या की दृष्टि से हो—हिंदी-साहित्य उद्भावना का साहित्य आज भी है। वर्तमान साहित्य विधाओं और भंगिमाओं की विविधता का साहित्य है। उसमें चौंकानेवाली, उलटवासियाँ भी मिल जाएँगी और निर्व्याज आत्मकथन भी। उसमें अतिरेकी यथार्थ का आग्रह भी मिलेगा और उत्प्रेक्षाओं का खेल भी। इन अतिरेकों के बीच में साहित्य की सीधी-सहज धार भी मिलेगी। विधा अपने-आप में कोई जीवंत नहीं होती। प्रबंध-काव्य चाहे आकार में पहले की अपेक्षा छोटे हों, आज भी रचे जा रहे हैं। कहानी घटना के केंद्र से हटकर घटना के प्रभाव की कहानी बनी हुई है। और बदलते हुए परिवेश में मार्मिक समस्याओं के अंकन में सफल है। हिंदी की नाट्य विधा पर अवश्य समूह संचार-साधनों की गहरी छाया पड़ी है और हिंदी का रघुवंश प्रयोगशील होते हुए भी आज भी अच्छे हिंदी नाटक को उकसाने में समर्थ नहीं है। इसका सबसे बड़ा कारण यह है कि रघुवंश अपनी सतह नहीं पा रहा है। भरत के नाट्यशास्त्र का रघुवंश कहीं-न-कहीं कल्पना में जरूर रहता है; पर उसका सारतत्त्व रंगमंच की पकड़ में आ नहीं रहा है। हिंदी का कथेतर गद्य व्यंजना की दृष्टि से, भाषा के निखार की दृष्टि से, संवादमयता के पुनरुत्पादन की दृष्टि से नया आयाम पा रहा है, बावजूद इसके कि कुछ आलोचकों ने चाहे इस खेमे में हों या उस खेमे में, इसे विचारकोटि से बाहर कर दिया है। आलोचना के क्षेत्र में हिंदी भारतीय भाषाओं में अग्रणी कही जाएगी। हिंदी-आलोचना की विशेषता यह है कि कोई भी स्थापना ऐसी नहीं होती, जिसकी प्रतिस्थापना में आगे लोग न आते हों। इस चुनौती के कारण आलोचना अपने-आप में सक्रिय बनी रहती है। यहाँ जब हम आलोचना की बात करते हैं, तो हम उसमें चलताऊ समीक्षाओं को शामिल नहीं करते। वे तो केवल वैयक्तिक संबंधों के निर्वाह की विशेषताएँ होती हैं। आलोचना से मेरा अभिप्राय सैद्धांतिक व शास्त्रीय मंथन से है। इसमें कोई संदेह नहीं कि हिंदी ने पूर्व-पश्चिम की आलोचनाओं को अच्छी तरह पचाया है और कुछ ऐसी आलोचना-पद्धतियाँ विकसित की हैं, जो इन दोनों को समेट करके भी दोनों से अलग हैं।

मैं आज के साहित्य के बारे में अपना मंतव्य समेटते हुए पुनः रेखांकित करना चाहूँगा कि साहित्य की यात्रा निर्बाध है, पर साहित्य का संवाद अपेक्षित मात्रा में नहीं है और वही हिंदी साहित्य सम्मेलन-जैसी संस्थाओं की सार्थक भूमिका

हो सकती है। आज से 40 वर्ष पूर्व तक जो साहित्य-गोष्ठियों का आत्मीय और सजीव रूप था, उसे पुनः प्रवर्तित करने का कार्य सम्मेलन को हाथ में लेना होगा। इन गोष्ठियों में विगत दशकों में औपचारिकता बढ़ती गई है और प्रत्येक गोष्ठी दस्तावेज हो, इस कोशिश में गोष्ठियों में निर्जीवता आती गई। इसमें प्राण-प्रतिष्ठा तभी होगी, जब बातचीत अनौपचारिक व सहज हो। चेहरे पर से नकाब उतरी हुई हो। एक बात और, हिंदी की सरकारी संस्थाओं के बारे में। हिंदी की अधिकतर संस्थाएँ सरकारीकरण के कारण और सरकारों के निरंतर बदलने के कारण कोई आकार ग्रहण नहीं कर पा रही हैं। संस्थाओं का नाम लेना अप्रासंगिक होगा, पर इन संस्थाओं में एक व्यवस्था दूसरी व्यवस्था पर ऐसे उलटती चलती है कि उनके कार्य में कोई निरंतरता नहीं रहती। इन संस्थाओं के अधिकारी अपने को सबसे अधिक सुरक्षित इसलिए मानते हैं कि वे जयन्तियाँ मनाकर और कुछ ऐसे अनुष्ठानिक कार्यक्रम के द्वारा अपने कर्तव्य की इति मान लेते हैं। स्व. राहुल सांकृत्यायन ने जिस योजनाबद्ध तरीके से हिंदी-वाङ्मय के विकास के लिए संकल्प लिया था और जिनकी प्रेरणा से ही हिंदी अकादेमी की स्थापना हुई थी, वह सब किस प्रकार विगत बीस वर्षों में बिखर गया है, यह आप सभी जानते हैं। इन संस्थाओं को स्थिरता प्रदान करने के लिए हिंदी साहित्य सम्मेलन को संकल्प लेना चाहिए। अकेले हिंदी साहित्य सम्मेलन सब कार्य नहीं करेगा, यह सही है, पर अपनी ओर से परामर्श दे सकता है। उसका सबसे पहला परामर्श यह होगा कि हिंदी को अनुवाद की भाषा मात्र न बनाकर हिंदी को मौलिक विचार की भाषा बनाई जाए। हिंदी में चिंतन करने वाले लोगों की पहचान कराए। दूसरा यह हो सकता है कि हिंदीभाषी सरकारों से अनुरोध करें कि एक बार अकादेमी स्थापित कर दें। उसके बाद इस रूप में स्वायत्त कर दें कि वह अपने उत्तराधिकारी की व्यवस्था स्वयं एक विश्वसनीय पद्धति के तहत करे, जिससे सभी प्रकार के लोगों का उसमें प्रतिनिधित्व हो और अधिक-से-अधिक लोगों का सहयोग प्राप्त हो।

कविता का देश

पहले तो लोग कविता का ज़माना नहीं रहा, यह कहकर कविता को काल से खारिज कर रहे थे। अब कविता के लिए कहीं जगह नहीं, न भौतिक, न वाचिक, न मानस न बौद्धिक। पत्रिकाएँ कविता बहुत कम छापती हैं, लोग कविता कम दूसरे की सुनाते हैं, कंठ में कविता को स्थान नहीं। कविता को मन ही मन गुनगुनाना कम हो गया है, फिल्मी गीतों ने वहाँ जगह छिंका ली है। जहाँ तक बुद्धि-विलास का प्रश्न है वहाँ अपेक्षाकृत कविता अभी साँस लेने भर को जगह पाए हुए है, पर कब तक? वहाँ भी दूसरे दावेदार दरवाज़े खटखटा रहे हैं, क्या घुसफुस हो रही है। वैसे कविता पर कोई प्रतिबंध नहीं लगा है, कविता कोई रैली तो है नहीं, न कविता की गणना अपराध में किसी कानून के तहत हुई है, अकेले कविता करने से कोई आवारागर्दी वाली धारा के शिकंजे में नहीं आएगा। यह दूसरी बात है, शक्ल सूरत से कभी पुलिस धोखा खा जाए और उस कानून में किसी कवि को पकड़ ले जाए और कविता सुन सुन कर रास्ते भर बोर हो, अपनी किस्मत को कोसे, ऐसा पागल ही आज (शिकार) मिलने को था। कुल ले-देकर न कविता का मौसम है, न कविता का कोई स्थान, कुछ सरकारी गैरसरकारी पुरस्कार और कुछ प्रदर्शनियों या कुछ ऐसे ही अमीरों के ऐश के मौके रह गए हैं जहाँ कविता को जगह मिली हुई है, कहने को सम्मानजनक, पर है वस्तुतः दयनीय, बिल्कुल आदिवासी नृत्य की तरह। ऐसी देशहीन कविता देश की बात क्या करेगी? कालिदास की कविता का देश कितना मनोहर था, भारत का समुद्रतट, फेनों के उजले हाशिये वाला पीला-नीला जल, और उसके बाजू की धरती पर ताल-तमालों की काली कतार, यह सब ऊपर से देखते हैं तो लगता है बड़ा-सा पहिया घूम रहा है पानी में काला-काला पंक एक तरफ छाँट रहा है और उसकी सान पर चढ़ी हुई मुंदरी चमक रही है, पानी अलग झलमला रहा है। या हिमालय की गोद में बसी हुई नगरी की सारी की किनारी की तरह गंगा दिखती है। या पृथिवी की गरिमा और ऊँचाई का पैमाना बना दिखता है

हिमालय, जिसकी दोनों भुजाएँ पूर्व-पश्चिम समुद्र तट तक पसरी हुई हैं, उसने पूरे भारत की धरती अपनी गोद में भर कर बड़े दुलार से रखी है। या फिर गोद में बैठी हुई इसी सुंदर बालिका की करधनी बनी विंध्य पर्वतमाला बीच-बीच में नर्मदा और उसकी सहायक नदियों की मणियों से गुँथी हुई। या पूरा भारतवर्ष एक डोरी खिंचे धनुष वाले योद्धा के रूप में दिखाई पड़ता है, लगता है वह पश्चिम की ओर मुँह करके अंधकार को निशाना बना रहा हो संध्या के समय।

कविता का एक अलग देश भवभूति में है जहाँ मानव-साहचर्य देश को कुछ विशेष बना देता है। सीता के साथ की स्मृति से जुड़े हुए झरने, पहाड़, जंगल, पशु-पक्षी सभी ऐसे सगे लगते हैं कि उनकी तुलना में अपनी अयोध्या के पुरजन बिल्कुल ही बेगाने हो जाते हैं। पंचवटी प्रवास का एक छोटा-सा लताकुंज जो लंबे अंतराल के बाद झंखाड़ बन गया है; अत्यंत कोमल क्षण को अभी तक सहेजे हुए है। वन देवता विह्वल राम का मन बहलाना चाहती है और यकायक वह इस झुरमुट को पहचानती है, यहीं राम बैठे-बैठे सीता की बाट जोह रहे थे, सीता गोदावरी तट पर विहार करते हंसों के जोड़े के किलोल में कुछ समय उलझ गयी, लौटी तो देखा कि प्रिय असह्य देर के कारण अनखनाए हुए हैं, सीता पुरुष का यह मान देखती है, सहम जाती है, हाथ अपने मुकुलित कमल बना लेती है।

उत्तर मध्ययुग की हिंदी कविता

यों तो साहित्य के इतिहास में कोई राजवंश का प्रारंभ और अंत महत्त्व नहीं रखता। एक साथ उसमें कई प्रवृत्तियाँ चलती रहती हैं। उसमें से कोई प्रवृत्ति अधिक जोर पकड़ती है, उसी का नाम युग का नाम हो जाता है, इसी प्रकार का नाम है रीतिकाल। जबकि सच्चाई यह है कि जिसे हम मुक्तक ब्रजभाषा काव्य या मुक्तक शृंगारिक काव्य कहते हैं, उसी के समानांतर कृष्ण-भक्ति, राम-भक्ति-परक साहित्य लिखा जाता रहा।

यही नहीं किसी न किसी रूप में वीर-गाथा-काव्य रूप भी पार्श्व परिदृश्य के रूप में उपस्थित रहे। दूसरी ओर सूफी रंग के काव्य भी 19वीं शताब्दी के आरंभ तक रचे जाते रहे। सबसे अंतिम नाम प्रतापगढ़ के ख्वाज़ा अहमद का है। निर्गुण संत काव्यों की परंपरा भी इसी अवधि में अविच्छिन्न रही। अनेक नए संप्रदायों का आविर्भाव हुआ और हर मायने में काव्य सौंदर्य की दृष्टि से अनुपेक्षणीय कविता रची जाती रही। इन रचनाकारों में यारी साहब, दरिया साहब, पलटू साहब, शिवनारायण के नाम उल्लेखनीय हैं। एक ओर इस प्रकार की विविधता का परिदृश्य है, दूसरी ओर तथाकथित रीति-काव्य के भीतर ही भक्ति रस, शांत रस और वीर रस की कविता भी मिलती है और वह महत्त्वपूर्ण है। जिन कवियों को हम रीतिबद्ध कहते हैं उन्होंने रीतिमुक्त कविताएँ भी लिखी हैं। जिन्हें हम शुद्ध रूप से रीतिमुक्त कहते हैं वे भी अपने विन्यास रूप में किसी निश्चित रूप से बँधी हुई परिपाटी से अपने को मुक्त नहीं कर सकते। इन सब बातों को देखते हुए उचित यही लगता है इस पूरे कालखंड को उत्तर मध्यकाल कहा जाए। मोटे तौर से इसका आरंभ मुगल साम्राज्य के बिखराव के साथ होता है। इसका प्रारंभ औरंगजेब के शासन काल से होता है क्योंकि बिखराव उसके उत्कर्ष के साथ ही शुरू होता है। इसलिए 18वीं शताब्दी के प्रारम्भ से ही या अधिक से अधिक उसके उत्तरार्द्ध से 19वीं शताब्दी के पूरे पूर्वार्द्ध तक तथा उत्तरार्द्ध के भी कुछ वर्षों तक की अवधि को हम उत्तर मध्यकाल कह सकते हैं। संदर्भ की दृष्टि से इस अवधि की चार मुख्य विशेषताएँ हैं—

एक तो इस युग की कविता को प्रोत्साहन देने वाले कोई शाहंशाह नहीं हैं, छोटे राजा हैं जो अपने को खुदसर बनाने में लगे हैं। ये राजा भी कहने के लिए आश्रयदाता हैं, वस्तुतः इनके यहाँ रहने वाले कवि उनके दरबार की प्रतिष्ठा हैं। कवि ही नहीं, कलावन्त भी। छोटे-से राजा संसारचंद ने कांगड़ा की कलम को प्रोत्साहित किया। गढ़वाल के मोलाराम ने जो कवि और चित्रकार दोनों थे, छोटी-सी रियासत में सम्मान दिया। सनी के ठाकुर ने न जाने कितने कवियों को सम्मान दिया। इसी प्रकार पन्ना, अजयगढ़, दतिया, चरखारी, ओरछा, छतरपुर, रीवा के नाम कवियों के कारण उजागर हुए। भूषण ने शिवाजी तथा ओरछा नरेश को अपनी उपस्थिति से सम्मानित किया। पद्‌माकर को अनेक राजदरबारों ने सम्मान दिया। महाकवि देव को समुचित सम्मान देने में कोई समर्थ नहीं हुआ, इसलिए वे यहाँ से वहाँ बुलाए जाते रहे। ठाकुर, बोधा और बख़्शी हंसराज को पन्ना ने सम्मानित किया। अनेक ऐसे भी कवि थे जो सम्मान की कुछ अपेक्षा नहीं रखते थे। घनानंद, रसखान और कुछ ऐसे भी कवि थे, जो स्वयं बड़े ज़मींदार या ठिकानेदार थे और कविता के मर्मज्ञ थे। पृथ्वीसिंह, रसनिधि, जसवंत सिंह, छत्रसाल और काशी के ईश्वरी प्रसाद नारायण सिंह जैसे कई नाम दिए जा सकते हैं। कविता के साथ संगीत को भी जोड़ दिया जाए तो वाज़िद अली शाह का भी नाम दिया जा सकता है। इसलिए यह कहना सरलीकरण होगा कि इस युग के कवि दरबारी थे। बल्कि यह कहना ठीक होगा कि वे दरबार की शोभा थे। वे संत और विरक्त नहीं थे। पर उनमें भी जैसा कि आगे हम रेखांकित करेंगे कि विषयों से विराग होता है और वह विराग नक़ली नहीं होता। वे दुनियादारी के कवि थे पर दुनियादारी में भरपूर रस लेते हुए भी वे लोकोत्तर प्यार और लोकोत्तर सौंदर्य के आकर्षणों से भी आबद्ध कवि थे। उनमें से अधिकांश के ऊपर श्रीकृष्ण का रंग साफ दिखाई पड़ता है।

दूसरी विशेषता है कि प्रत्येक कवि अपने कवि कर्म के प्रति बहुत सचेत होता था। वे अपनी रचना में ऐसे डूबे हुए थे कि वे ये कहते थे—''मोकों तो मेरो कवित्त बनावत' 'मुझे तो मेरे कवित्त रचते, मैं उन्हें नहीं रचता।' भिखारीदास ने तुक जोड़ने वाले कवियों को उदार कवीन्द्रों से अलग करते हुए कहा है कि यदि इन दोनों को बराबर परखा जाएगा तो बड़ा संकट आएगा। जुगनू सूर्य के सामने अपने प्रकाश के यश गाएगा। मक्खी भी खगाधिप गरुड़ से होड़ करने की ललक पर जाएगी, मिट्टी के बर्तन गढ़ने वाला कुम्हार प्रजापति से लड़ने पर उतारू हो जाएगा।

जूगनू भानु-प्रभानु के सामु हैं, आपुने जोतिन को जस गहिहैं।
माखिहुँ जाई खगाधिप सूँ उड़बे की बड़ी-बड़ी बात सुनैहैं।

दास जू जो तुक जोरिनिहार कविन्द उदारन की सरि पैहैं।
तो करतार सों और कुम्हार सों एक दिन झगरो बड़ी जैहैं।

केवल थोड़े से उपमानों को जान लेने से कवित्त नहीं बनता। कवित्त बनाना खेल नहीं है। कवित्त अद्भुत संयोजन होता है, यह बात ये कवि अच्छी तरह पहचानते थे—'कवित बनावनो सु खेल करि जान्यौ है'।

तीसरी विशेषता यह है कि इन कवियों ने काव्य भाषा को निखार दिया। उसे लचीलापन दिया और उसे प्रवाहमयता दी। इस प्रवाहमयता ने उर्दू काव्य को अधिक प्रभावित किया जिसे उर्दू कवियों ने स्वीकार भी किया। इनकी ब्रजभाषा अपने साथ बहा ले जाती है। छंद कंठ में बस जाते हैं। मेरी छात्रावस्था तक ब्रजभाषा के छंद सुनाने की होड़ लगती थी, हमें हज़ारों छंद कंठस्थ रहते थे। ये स्मृति में बस जाते थे। कुछ ध्वनि मैत्री के कारण, सबसे अधिक मुक्तक के क्रमिक उत्कर्ष के कारण। अंतिम पंक्ति तक ऐसा लगता था कि जैसे दीये की बाती आगे उकसायी जाती है, उसके आलोक में पूरा छंद दीपित हो गया है।

अंतिम विशेषता है कि ऊपर से देखने में विषय वैविध्य नहीं है। केवल ऐंद्रिय विलास के भिन्न-भिन्न रूप हैं। पर यह ध्यातव्य है कि ऐंद्रिय रूप संभार, ऐंद्रिय स्वर संभार, गंध संभार, स्पर्श संभार इनमें भरपूर है, पर वही अंत नहीं है। इस कविता में वैविध्य संचारियों की अभिव्यक्ति भी है। दांपत्य प्यार कोई जड़ व्यापार नहीं है, निरंतर उद्वेलन है। इसलिए एक से एक संश्लिष्ट बिंब इसमें है पर बिंबों के द्वारा जो बात बिना किसी आयास के निकलती है, वह बहुत ही मर्मस्पर्शी है। एक ही उदाहरण पर्याप्त होगा—देव का एक राग-परक छंद है जिसकी अंतिम पंक्ति है—

देव दिखैयन दाग बने रहे, बाग बने ते बरोठहिं लूटे।

बारात आई है, आतिशबाजी छूटी है, सुबह होते-होते बारात विदा हो गयी है, उस आतिशबाजी के दाग रह गए हैं। उस आतिशबाजी से जो बाग़-बग़ीचे बने थे वे सब बारात की अगवानी में ही लुट गए। जीवन के निस्सार वैभव का प्रदर्शन बस दाग छोड़ जाता है, विषाद छोड़ जाता है।

एक दूसरा उदाहरण—यह बहुत प्रसिद्ध नहीं, पर उल्लेखनीय है जिसे आचार्य रामचंद्र शुक्ल ने भी उद्धृत किया है, उसकी एक पंक्ति है—

सुरभी-सी सुकवि की सुमति खुलन लागी।
चिरई-सी चिंता जागी जनक के हिय रे।।

जब राम ने धनुष तोड़ा है तो कवियों की सुमति ऐसे जागी जैसे सुबह की बयार

में आसपास का परिमल खुल करके लगता है। इस उल्लास में अकेले जनक को यह आशंका होती है कि कहीं इसमें विघ्न नहीं आ जाए। उसकी उपमा कवि ने दी है कि सबसे पहले जगने वाली चिड़िया कहीं बोल उठी। चिड़िया का जगना चिंता का उठना, सुरभि का फैलना, सुमति का विकसित होना—ये सारे सादृश्य कोई परंपरागत सादृश्य नहीं हैं, इनकी उद्‌भावना चामत्कारिक नहीं है, कहीं गहरी है।

पहले इस संक्षिप्त भूमिका के बाद संदर्भ की चर्चा करूँ। इस युग के अधिकांश कवि दरबार के अलंकार तो जरूर थे पर इनका परिवेश अधिकतर गाँव का था, शहर का नहीं, इसीलिए इनके द्वारा वर्णित परिवेश खुले आकाश, निकुंज और वन के हैं। कुछ इसलिए भी हैं कि वर्ण्य विषय ब्रजमंडल में श्रीकृष्ण की किशोर लीला है। यही नहीं इनके मुहावरे अधिकतर लोक जीवन के ही मुहावरे हैं। जैसे—

''ऊधो जू वे अखियाँ जरि जाँए जो साँवरो छाड़ि निहारति गोरो''

□

''घूँघट कौन को, लाज कहाँ की''

इस प्रकार भाषा का भी परिवेश लोक है, सामान्य व्यवहार है, सम्प्रेष्य संदर्भ है, सम्बोध्य समाज सामान्य है। जिसको यह कविता संबोधित है, वह सहृदय श्रोता है—जैसा कि भिखारीदास ने कहा—

आगे के कवि रीझिहैं, तौ कविताई न तो
राधिका कन्हाई के सुमिरन कौ बहानो है।

यह कविता इसलिए हाट-बाजार तक में लोगों के कंठ चढ़ जाती थी। मैंने केन के कछार में निपट देहाती लोगों से ठाकुर के छंद सुने थे। इनकी कविताएँ इतनी लोक-प्रचलित थीं कि अनपढ़ आदमी भी इन्हें सुन-सुन कर याद करता था और इनके अर्थ की चर्चा करता था। कुछ कविताएँ अवश्य बहुत मर्मज्ञ लोगों को ही संबोधित हैं। कुछ सादृश्य विधान की दृष्टि से बड़ी ऊँची उड़ान लेने वाली हैं और ऐसे संश्लिष्ट सादृश्य विधान भी बहुत सहज लगते हैं जैसे—

कंजन कलिनमई कुंजन अलिनमई गोकुल की गलिन अलिनमई कै गयी।

जहाँ-जहाँ श्रीराधा जाती है, वहाँ कमल मारे लाज के कली बन जाते हैं और कुंज उनके सहज मुखर सौंदर्य से भ्रमरों से भर जाते हैं। गोकुल की गलियाँ कमलमय हो जाती हैं। इसमें रूपकातिशयोक्ति है, अन्त्यानुप्रास है, पर रूप संभार का अपूर्व चित्र बिना आयास के प्रस्तुत हो जाता है। चैत की चाँदनी के वर्णन के प्रसंग में द्विजदेव की एक कविता है—

चाँदनी के भारन सौं दिखात उनयो सौं चंद
गंध के भारन सौं बहत मंद-मंद पौन

अपनी ही चाँदनी का बोझ चंद्रमा नहीं सँभाल पाता, कुछ झुका-झुका लगता है। गंध का भार वसंत की हवा नहीं सँभाल पाती—मंद-मंद डोलती है। इसमें उत्प्रेक्षा अत्यंत सहजगम्य है और वसंत के अलस मदभाव की व्यंजना इससे होती है। इन कवियों के क्षेत्र ब्रज भूमि तक सीमित नहीं हैं वे एक व्यापक प्रदेश में विस्तृत हैं इनमें अवधी, ब्रज, बुन्देली, राजस्थानी और कहीं-कहीं गुजराती, पंजाबी के शब्द भी जड़े हुए हैं जैसे ये पंक्ति लीजिए—

रावरे रंग रंगी अखियान में ऐ बलबीर अबीर न मेलो।

मेरी आँखों में वैसे ही तुम्हारा रंग चढ़ा है हे बलदेव के भैया इनमें क्यों अबीर डालते हो? यहाँ **रावरे** का प्रयोग निश्चित रूप से अवधी प्रभावित है।

एक और संदर्भ है ललित कलाओं का और संगीत नृत्य का। कवित्त छंद का जन्म ध्रुपद के टुकड़ों से हुआ और यही ध्रुपद कत्थक का आलंब बना। इसलिए बहुत से छंदों को हम कत्थक ध्रुपद से एक ओर से दूसरी ओर लघुचित्र से जोड़ सकते हैं। ऐसी अनेक पांडुलिपियाँ मिलती हैं जिनमें ब्रजभाषा के इन कवियों के छंदों के साथ सरल छंदों पर ही लघुचित्र बना है। जैसे एक छोटे से छंद में समूचा वातावरण आ जाता है एक हलके से इशारे से एक-दूसरे में प्यार का पूरा संसार आ जाता है, उसी प्रकार इन कवियों की रचना में, एक-एक छंद में, अपनी एक विशेष कांति आती है। संक्षेप में यह बहुत कुछ कहने की प्रवृत्ति, दो अभिप्रेरणाओं के कारण है।

एक तो वाचिक रूप में इसे लोगों तक पहुँचाने के कारण और दूसरे राजनीति और समाज की दृष्टि से बिखरी हुई परिस्थिति के कारण और सामाजिक व्यवस्था के नए-नए प्रकार के बचाव के रूप में अपनाए गए उपायों के कारण। उन्हीं रूढ़ियों में एक रूढ़ि है कवि समय या कभी-कभी मिथक। इन अभिप्रेरणाओं के कारण कम से कम शब्दों में पूरा संदेश देने का प्रयास होता है। यह सही है कि कथन की दृष्टि से बहुत सारी कविताएँ एकदम पुनरावृत्ति जान पड़ती हैं परंतु क्योंकि बहुत कुछ लिखित या अलिखित रूप में दिया हुआ है चाहे संस्कृत का हो, प्राकृत का हो, स्वयं ब्रजभाषा का हो, उस साँचे में नवीनता लाना सबका काम नहीं है। पर उस साँचे में रहते हुए उसको तोड़ सकना भी उत्तम कवि के लिए सम्भव होता है। उस साँचे में दिया हुआ है कि कोमल कवि की व्यंजना में मूर्धन्य स्पर्श (ट ठ ड ढ ण) का उपयोग अनुचित है। परंतु इसके ठीक विरोध में पद्‌माकर का छंद है—

आगे नंदरानी के तनक पय पीवे काज तीन,
लोक ठाकुर सो ठुनकत ठाड़ो है।

इसमें ठ-कार की इतनी पुनरावृत्ति है पर उन्हें ऐसा रखा गया है कि पहले चरण के मृदुल व्यंजन के विन्यास में ठकार घुल गया है कि उसकी परुषता नष्ट हो गई है, वात्सल्य की पुकार में ऐश्वर्य बहुत ही छोटा पड़ गया है। इन दृष्टियों से जो समीक्षा होनी चाहिए थी, वह हुई नहीं है। इन कवियों की प्रतिभा का सबसे अधिक प्रमाण इनके विरह वर्णन में मिलता है। वह विरह वर्णन सूफी कवियों के विरह वर्णन से बिलकुल अलग है। उसमें आलंबन एकदम सामने पहचानी हुई सूरत किशोर कन्हैया के रूप में है। उस कन्हैया का जो आलंबन किया जाता है वह आलंबन ऐसे प्रस्तुत किया जाता है, जो इतना अपना हो चुका हो कि उसके अलावा कोई अपना नहीं रह जाता। यहाँ तक कि अपना बनाने वाली गोपी अपने लिए अपनी नहीं रह जाती। विरह का पालन बड़ा तीखा होता है। प्रसिद्ध छंद है—

का कहिये कहिबे की नहीं मग जोवत-जोवत ज्वै गयो है।
उन तोरत बार तालाई कहूँ तन तै बृथा जोवन च्वै गयो है।
कवि ठाकुर कूबरी के बस में रस यौं विष बावरो ब्वै गयो है।
मन मोहन सौं हिलबों मिलिबो दिन चारिक चैत सौं स्वै गयो है।

क्या कहें कहने की बात नहीं, कहने में बात आती नहीं। बाट जोहते-जोहते प्रतीक्षा ही बाट बन गयी है। उन्हें सनेह संबंध तोड़ते हुए तनिक भी देरी नहीं हुई। उनके विरह में यौवन ढुलक गया। उसका सारा रस रीत गया। ऐसे वे उस कुबड़ी के बस में हुए कि उन्होंने ऐसे अद्भुत प्यार के रस में विष बो दिया। उनसे हिलने-मिलने की बात बीते हुए चैत के चार दिन की बात हो गयी है। इसमें संक्षिप्तता है, सहजता है और पीड़ा की दुरन्त विरह व्यथा की अभिव्यक्ति भी है। अंत में एक और संदर्भ की बात इसके बावजूद कि दांपत्य संबंध के अतिरिक्त संबंधों की भी चर्चा कम नहीं है परंतु इन कवियों के लिए श्रेष्ठ संबंध दांपत्य संबंध ही है। जहाँ कहीं इन्होंने स्वकीया का वर्णन किया है इनका हृदय अधिक उच्छल दिखता है—

तुम नीके रहो, उनहीं के रहो, हम हाथ में चाहतीं चार ये चूरी।

तुम उन्हीं के होकर रहो पर कुशलपूर्वक रहो, हमें हाथों में चार चूड़ियों का सौभाग्य चिह्न बना रहे, यही हमारी दरकार है। तभी पता चलता है कि इन कवियों के ऊपर सामंती प्रभाव के बीच में भी किसी गृहस्थ जीवन के वास्तविक सुख का ध्यान था। जैसा कि पहले कहा जा चुका है ये लोकव्यवहार के मर्मज्ञ

थे इसलिए इन्होंने जहाँ शृंगारिक कविताएँ लिखी हैं वहाँ लोक-व्यवहार की भी कविताएँ लिखी हैं। व्यंग्य भी लिखा है। सहज भक्ति भावना से भी लिखा है। जीवन जीने का उपाय भी बतलाया है। जैसे–

रे मन साहसी साहस राखु सुसाहस तैं सब जेर फिरैंगे।
यों पदमाकर या सुख में दुख त्यौं दुख में सुख सैर फिरैंगे।
जमुना तट बेनु बजावत श्याम सुनाम हमारो हमारोऊ टेरि फिरैंगे।
एक दिना नहीं एक दिना कबहू दिन वे फिर फेरि फिरैंगे।

ऐसे लोक-व्यवहार वाले छंदों की चर्चा हम आगे विस्तार से करेंगे। ठाकुर का छंद है जो–

सीख लीन्हों मीन मृग खंजन कमल नैन
सीख लीन्हों जस और प्रताप को कहानो है।
सीख लीन्हों कल्पवृक्ष कामधेनु चिन्तामनि
सीख लीन्हों मेर और कुबेर गिरआनो है।
ठाकुर कहत याकी बड़ी है कठिन बात
वामो नहीं भूलि कहूँ बाँधियत बानो है।
डेल सो बनाय आय मेलत सभा सभा के बीच
लोगन कवित्त कीबो खेल कर जानो है॥

यह छंद उन तथाकथित कवियों पर हैं जो थोड़े से चालू मुहावरों को याद कर छंद रचते चले जाते हैं और समझते हैं यह छंद रचना कोई खेल है थोड़े से उपमानों को याद कर लिया, कुछ कवि समयों को याद कर लिया, कुछ और उन्होंने ढेर सारी रचना कर डाली। ठाकुर का ही दूसरा छंद है जो संकल्प के सामर्थ्य का चित्रण करता है। इसमें कई असंभवों को संभव कराने की विधि दी गयी है। जो व्यक्ति कथा में शामिल होता है शरीर में भेद नहीं रखता वह सारे आवरण उघाड़ देता है। वह व्यक्ति बिना जंत्र-तंत्र के साँप का भी जहर उतार देता है। कहते हुए तो कठिन लगता है पर विचार करके देखें हिम्मत करें तो काम सुधर जाता है चार आदमी चार कोनों से मेरु पर्वत को हिलावें तो वह उखड़ जाता है–

'सामिल हो वीर मैं सरीर मैं न राखै भेद,
अंतर कपन जौन होई सो उघरि जाइ।
ऐसो ठान ठानै तौ बिनाहू जंत्र-मंत्रन सौं,
साँपहूँ को जहर उतारै तौ उतरि जाइ।

ठाकुर कहत कछू कठिन बिचारि देखो,
हिम्मति करे ते कौन काम न सुघरि जाइ।
चारि जने चारिहू दिसा तें चारि कोने गहि,
मेरु को हिलाइ कैं उखारें तो उखरि जाइ॥'

यह सही है कि इस युग के कवियों ने रूपकातिशयोक्ति, लाक्षणिकता से बहुत काम लिया है और कहीं-कहीं ये दोनों असहज होने के कारण दोष बन गयी हैं। पर यह भी सही है कि जहाँ वे बिना किसी साज बाज के कुछ कहना चाहते हैं वहाँ उनकी भाषा अपने आप बहुत छूती है जैसे द्विजदेव का यह छंद लें–

डारे कहूँ मथनि बिसारैं कहूँ घी कौ भाँड,
विकल बगारै कहूँ माखन मठा यही।
भ्रमि भ्रमि अखति चहूँधा तैं सु याही मग,
प्रेम पय पूरि के प्रबाहन मनौ बही
मुरझि गई धौं कहूँ काहू की वियोग मार,
बार बार विकल बिसूरित जहीं
एहो ब्रजराज! एक ग्वालिन कहूँ की आज,
भोर ही तैं द्वार पे पुकारति दही दही।

प्रेमोन्माद की दशा का चित्र खींचते हुए कवि ने कहा है गोपी घर में पानी फेंक दी, कहीं घी का भाँडा लुढ़का दिया, कहीं मट्ठा-मक्खन और दही गिरा दिया और बाहर निकली है तो बार-बार चक्कर लगाकर इसी घर के रास्ते की ओर आती है जैसे प्रेम की बाढ़ में बही हुई आती है। ऐसा लगता है कहीं किसी के वियोग की लपट में झुलस गयी है। हे ब्रजराज न जाने कहाँ से ये ग्वालिन सवेरे से ही तुम्हारे द्वार पर दही-दही पुकार रही है। तुम्हारे पास कभी दही बेचने आती थी और तुम्हारी सुधि में ऐसी लीन हो जाती थी दही लो दही लो की जगह कोई गोपाल लेगा, गोपाल लेगा कहती थी। वही अब तुम्हीं को वास्तविक दही मानती है और तुम्हारे लिए तुम्हारे द्वार पर आती है।

ऐसा ही दूसरा छंद भिखारीदास का है–

जेहि मोहिबे काज साज सिंगार सज्यो तेहि देखतै मोह में आय गई।
न चितौनि चलाय सकी, उन्हीं की चितौनि के धाइ अघाइ गई।
वृषभानुलली की दसा यह 'दास' जु देत ठगौरी ठगाइ गई।
बरसाने गई दधि बेचन को तहँ आपुही आपु विकाय गई।

'जिसे मोहने के लिए मैंने इतना साज सिंगार किया उसे देखते ही मैं स्वयं

मोहित हो गयी। उनकी ओर मैं तिरछी नज़र से देख भी न सकी। स्वयं ही उनकी तिरछी नज़र से ठगी गयी। ऐसी ठगौरी वृषभानुलली पर पड़ी है, गयी थी दही बेचने और स्वयं आप ही आपको बिका आयी।' इसमें बिना किसी सादृश्यमूलक अलंकार के प्रेम को बेखुदी और बेसुधी का अंतर किया गया है। एक ही छंद में इस प्रकार राजपूत कलम के लघु चित्र की तरह स्वप्न और जागरण के दो क्षण एक छोटे से शब्द (बूँदें) से विभक्त भी हो जाते हैं और संयुक्त भी हो जाते हैं। स्वप्न का क्षण है झीनी झीनी बूँदें झहर-झहर कर पड़ रही हैं। ऐसा लगता है कि आकाश में घहर-घहर घटा छाई हुई है किसी ने इस बीच में कहा कि श्याम ने झूला झूलने के लिए बुलाया है इतनी उमंगित हुई कि फूली न समायी। उठना चाहा, इतने में ही ये सब स्वप्न टूट गया और ये क्षण तिरोहित हो गया निगोड़ी नींद उठ गयी और इस जग में जागते ही मेरे भाग सो गये। आँख खोल देखती हूँ तो न घन है न घनश्याम। जो झहर-झहर बूँदें झहरा रही थीं। मेरी आँखों में आँसू बनकर छा गयी हैं। ध्वनि-मैत्री रचना-मैत्री के द्वारा दो क्षणों साम्य-वैषम्य के हृदय-स्पर्श को इसमें रेखांकित किया गया है।

झहरि झहरि झीनी बूँद है परति मानौ,
घहरि-घहरि घटा घेरी है गगन मैं।
आनि कहौ स्याम मोसों, चलौ झूलिबे को आजु
फूली न समानी, भयी ऐसी हौं मगन मैं।
चाहति उठ्योई उठि गयी सो निगोड़ी नींद,
सोय गये भाग मेरे जागि व जगन मैं।
आँखि खोलि देखौं तौ न घन है न घनस्याम,
बेई छायी बूँदें मेरे आँसू हैं दृगन मैं।

इसी प्रकार का आलम का बहुउद्धृत छंद है जिसमें कवि संयोग और विरह के वैषम्य को बड़ी सादगी के साथ रेखांकित करता है। जिस स्थल पर अनेक विहार किए वहाँ अब बैठकर कंकण चुनना शेष रह गया है। जिस रसना से रसमयी बातें आमने- सामने कीं उसी रसना से उनकी कहानी कहने को रह गयी है। जिस कुंज में इतनी रसकेलि की वहाँ अब सिर धुनने को रह गया है। आँखों में जो सदा छाये रहते हैं उनकी अब कान से कहानी सुननी रह गयी है।

जा थल कीन्हें बिहार अनेकन, ता थल काँकरी बैठि चुन्यौं करें।
जा रसना सौ करीं बात सु, ता रसना सों चरित्र गुन्यौं करें।
'आलम' जौन से कुंजन में करी, केलि तहाँ अब सीस धुन्यौं करें।
नैनन में जो सदा रहते, तिनकी अब कान कहानी सुन्यौं करें।

इस छंद की व्याख्या करने की आवश्यकता नहीं है कि पढ़ते-पढ़ते ही अर्थ घर कर जाता है। और जितनी ही बार यह छंद दोहराया जाता है उतनी ही बार अधिक मर्म भेदता चला जाता है। भाषा इन कवियों के हाथों में ऐसी निखारी गयी है कि वह शब्द नहीं रह गयी है केवल अर्थ ही उसका दीपित हो रहा है।

इस अवधि की कविताओं में कितना वैविध्य है यह ठीक तरह से मूल्यांकित नहीं हुआ है। इसको शृंगारी कविता मान लिया गया है। यह नहीं देखा गया कि इसमें कोरे प्रेम की अभिव्यंजना नहीं प्रेम की क्षण-क्षण बदलती मनोदशाओं का अंकन है उसी के कारण इसमें वैविध्य है इसमें रूपासक्ति भी है कामासक्ति भी है पर इसमें प्रेमासक्ति कम नहीं है। और यह प्रेमासक्ति सभी से अधिक दुचित्तेपन में दिखायी पड़ती है। चित्त के दो भागों में बँटे जाने में दिखायी पड़ती है। एक क्षण में चित्त अपने प्रिय को देखता है दूसरे क्षण चित्त अपना प्रिय होकर अपने को देखता है। केवल शृंगार की मनोदशा की विविधता यहाँ नहीं है संसार से विषाद का भी वर्णन है; संसार में रहते हुए किन नैतिक मूल्यों का पालन करना चाहिए इसका भी विशद वर्णन है। उन्हें नीतिपरक कहकर उनको उपेक्षणीय नहीं मानना चाहिए। वे दीर्घ जीवन अनुभव के परिणाम हैं।

निष्कर्ष के रूप में कहा जा सकता है कि उत्तर मध्ययुग की समग्रता को समझने के लिए कुछ संकेत मात्र यहाँ दिए गए हैं। विस्तार में जाएँगे तो हमें आधुनिक हिंदी कविता की इस पिछवाई पर गर्व होगा और हम देखेंगे कि हमारी काव्य भाषा को बहुत कुछ उससे मिलता है और हमारी कविता की लोक-दृष्टि भी इस कविता से यदि नकारात्मक प्रतिक्रिया के रूप में कुछ विकसी है तो सकारात्मक प्यार की व्यापकता के रंग में भी रँगी है।

ब्रजभाषा साहित्य

ब्रज संस्कृति कहने को एक क्षेत्र की है, पर वह क्षेत्रीय न होकर अपने स्वभाव में और अपने प्रभाव में सार्वभौम है, बहुत व्यापक है। पुराणों में कथा आती है कि भक्ति का जन्म कावेरी के तट पर हुआ, वह उत्तर की ओर चली, गुजरात पहुँचते-पहुँचते वह एकदम जरा-जर्जर हो गयी, बूढ़ी हो गयी। फिर कोई उसे वृंदावन ले आया और वह फिर एक कुतूहल भरी बालिका बन गयी। वह कौन है जिसे लोग कन्हैया कहते हैं? मैंने उसे अभी तक देखा ही नहीं और कन्हैया सामने आ गए तो फिर देखना पूरा ही नहीं हुआ। कहाँ मैं तो ऐसी अभागी रही कि उन्हें पूरा देख भी नहीं पायी? किसी ने उन्हें पूरा देखा भी है क्या? जहाँ दृष्टि गयी, वहीं रह गयी, वहीं गड़ गयी, उन्हें पूरा देखने की ललक बनी ही रह गयी।

ब्रज संस्कृति और कुछ नहीं वह दक्षिण से उत्तर, उत्तर से दक्षिण, पश्चिम से पूर्व और पूर्व से पश्चिम प्रव्रजन है। केवल श्री वल्लभाचार्य का, श्री मीराबाई का, श्री चैतन्य महाप्रभु का या श्री मध्व का नहीं पूरी भारतीय प्रबुद्ध चेतना का प्रव्रजन है। प्रव्रजन इस अर्थ में कि जो जहाँ हो, वहाँ से उसे कोई एक भाव पुकारे, समय बहुत कम, जाना बहुत दूर है, बर्तन भाँड़े छोड़ो, निकल पड़ो अपने घर के बाहर, अपनी सुरक्षा की दीवारों के बाहर, अपनी जाति, अपने कुल, अपनी हैसियत, अपनी आन की परिखाओं के बाहर, छोटे दायरों से निकलो, हद से गुज़रो। यह संस्कृति नारद है, इसे कहीं एक जगह रहने में चैन नहीं है, जिस विश्वात्मा की पुकार पर यह निकली, वह स्वयं एक जगह नहीं रहता, यह सनातन यात्रा है और सनातन यात्रा से सनातन अतृप्ति भी है। कहाँ पूरा देखना हो पाता है, कहाँ मंजिल मिलती है, देखना-होना-पाना, पाने का लक्ष्य, पाने का प्रयत्न गति की तीव्रता में एक हो जाते हैं।

इस संस्कृति का प्रभाव ऐसा पड़ा कि लोग निकले जाने किस काम से और वह काम भूल गया। बेचने चले दही तो दही भूल गया, दही श्यामसुन्दर का रस बनकर याद रहा। कोई हड़बड़ी में है, जाने कितने बासन (बर्तन) माँजने को पड़े हैं, जूठे हैं, जल गए हैं, काले पड़ गए हैं और बर्तन-भाँडे भूल गए, उन वासनाओं

की ओर ध्यान चला गया है जिनकी कलौंस और बढ़ी कि चुनौती हो गयी।

ब्रज की संस्कृति मनुष्य का, मनुष्य के चित्र का रूपांतरण तो करती ही है, वह मनुष्य के वस्तु संसार को भी एकदम रूपांतरित कर देती है। धूलि का कण धूलि का कण नहीं रह जाता, करील करील नहीं रह जाता, बादल बादल नहीं रह जाते और हवा हवा नहीं रह जाती धूलि का कण ब्रजरज बन कर इसका प्रवाह बन जाता है। जमुना तरसती है कि हम बालू क्यों न हुए? करील ध्यानस्थ बोगी बन जाता है, उसकी समाधि के भीतर श्रीकृष्ण पैठे हैं, कैसे आँख खोले? बादल स्वयं घनश्याम बन जाता है, तड़पाने वाला और सरसाने वाला और हवा बन जाती है प्राणों की सिहरन जो एक दिव्य मादन स्पर्श से आती है।

इस संस्कृति का सबसे बड़ा अवदान है, सबके भीतर यह भरने का भाव कि हम ग्वाल-बालों की तरह सामान्य और सहज हो जाएँ, हम ब्रज की रज हो जाएँ, हम करील के कुंज हो जाएँ, यह आमंत्रण कि विशिष्ट न रहो, सामान्य बनो तभी विराट को अपने पास पा सकोगे, सबसे बड़ा आकर्षण है। इससे लोग कहाँ-कहाँ से नहीं खिंचे। हिंदू हिंदू नहीं रहा, मुसलमान मुसलमान नहीं रहा, गुजराती गुजराती नहीं रहा, बंगाली बंगाली नहीं रहा, तेलगू तेलगू नहीं रहा, पंजाबी पंजाबी नहीं रहा सब लाला के और लाड़ली के सगे रिश्तेदार इस संस्कृति का यह भाव दही की तरह अपने परिणत रूप में साहित्य में आया। हरिदास, हितहरिवंश और सूरदास लगभग एक समय पैदा हुए, इन्होंने एक क्षेत्रीय भाषा को ब्रज के व्यापक भाव में ऐसे ढाला कि वह भाषा से ऊपर उठ गयी, वह एक आप्लावन बन गयी और फिर वह ब्रज की वीथियों तक सीमित नहीं रही, वह अकुलाहट बनकर दूर असम तक, केरल तक, सौराष्ट्र तक, पश्चिमोत्तर प्रांत तक गयी। जिसे अपने मन की बात करनी हो वह ब्रजभाषा में करे, ब्रजभाषा में करने पर ही वह बात अपनों तक पहुँचती है, अपनों के अपनों तक पहुँचती है, अपनेपन के केंद्र तक पहुँचती है जिसको पाकर अपनापन अनुभव होता है, उन तक पहुँचती है।

सारे देश का कंठ संगीत, चाहे शास्त्रीय हो, चाहे सुगम, मार्गी हो या देशी, एक आधार पा गया। इन तीन महात्माओं ने भाषा को संगीत से ऐसा जोड़ा कि ब्रज भाषा के शब्द देश की आंतरिक लय बन गए। आज भी जो ब्रजभाषा साहित्य नहीं पढ़ते हैं, पढ़ते भी हैं तो पूरी तरह नहीं समझते हैं, कहीं अपने से बहुत दूर चले गए हैं, बहुत दूर अंतरिक्ष युग में चले गये हैं, वे भी जिस संगीत से बरबस खिंचते हैं उसके बोल ब्रजभाषा में हैं, वह संगीत चाहे ध्रुपद धम्मार हो, ख्याल हो, टप्पा हो, ठुमरी हो, दादरा हो, उसकी लचक ब्रजभाषा पर जी रही है। लोगों ने जिस ऐतिहासिक आवश्यकता से मध्य-देश की एक दूसरी बोली को पूरे देश के संचार के माध्यम से ढाला, वह आवश्यकता एक सीमित आवश्यकता

है, जीवन के व्यवहार के क्षेत्र की अधूरी आवश्यकता है, जीवन केवल व्यवसाय, खरीद-फरोख्त, लेन-देन ही नहीं है, केवल प्रसारण-सेवा या रिले सर्विस नहीं है, किसी का संदेश किसी दूसरे तक पहुँचा दिया, केवल यहीं तक सीमित नहीं है, कुछ अपनी भी जरूरत है वह है सूर, मीरा, कबीर, तुलसी का काव्य, उनके भजन ही उस जगह को भरते हैं, जिसे समृद्ध से समृद्ध विकसित से विकसित संसार नहीं भर पाता।

यह सही है कि बेमानी आपा-धापी और भागदौड़ में लोगों को अपनी सुधि कम रह गयी है, पर उससे ज़्यादा गड़बड़ी नहीं हुई, जितनी इससे हुई कि ब्रजभाषा के साहित्य के बारे में बिना पढ़े, बिना समझे एक गलत धारणा बना लेने से हुई। अधपढ़ लोगों ने मान लिया कि ब्रजभाषा में क्या है। वही रोना-धोना, चार डग पर कृष्ण और उनसे ऐसा बिछोह, वह भी उन लोगों को जो बरसात में चढ़ी हुई नदी तो तैर जाएँ, कोसों तक गाय चराएँ, दही बेचें, बिल्कुल अर्थहीन नाटक है या फिर सामंती विलास है, गुल है, गलीचे हैं बड़ी फुरसत है। तो इसे पढ़ें या फिर इसमें ऐसी दीनता है कि कुत्ते की तरह दरवाज़े पर रिरियाया करो। ये सब चीज़ें आधुनिक मन को अपील नहीं करतीं। कभी मन बहलाव के लिए कर्ण-सुख के लिए सुन लें, वह अलग बात है। ब्रजभाषा साहित्य का संसार इतना छोटा नहीं है, न उस संसार में विचरण करने वाले मनुष्य का मन इतना सँकरा है। तुलसीदास विनयपत्रिका में जब दीनता की बात करते हैं तो वह उनकी अपने अकेले की दीनता नहीं होती वह आसपास के लोगों की दीनता की साझेदारी है, वह पूरे देश के शोषण की पीड़ा है।

तुलसी ने दरिद्रता के दशानन का अत्याचार देखा है। राम को बुलाने का अर्थ ही है सामंतों पर, राजाओं-महाराजाओं पर गहरा अविश्वास। सूरदास के लिए तो ऐश्वर्य और थोथा है, उनके ठाकुर तो अपनी ठकुराई मथुरा में छोड़कर निपट अहीर बने ठाकुर हैं। ऊपर देखने में जो एक मधुर रूप का आकर्षण लगता है, एक सौंदर्य की लालसा लगती है, वह सूर ने जिस रूप-संसार की सृष्टि की है, वह दूसरी आँखों से देखा गया संसार, वह आँखें बाल हैं या किशोर, उस आँख में सब नया लगता है। बार-बार नया लगता है, कुछ पुराना लगता ही नहीं। वहाँ क्षण युग में, युग क्षण में बदल जाता है, आँख रूप की हो जाती है। रूप भी नहीं रहती रूपरस की लालसा हो जाती है, श्रवण नाद हो जाते हैं, नाद भी ऐसा है जो आकाश को भेद कर जाने कहाँ तक पहुँचे। शरीर आत्मा हो जाता है, और आत्मा हो जाता है शरीर, एक ऐसा शरीर जो अंग अंग शरीर हो। जो नेह नाते इस अवस्था में जुड़ते हैं वे कभी टूटते नहीं—'लरिकाई को प्रीति कहाँ अलि कैसे छूटत।' सब कुछ बिसर जाए यह कैसे बिसरे कि साथ-साथ बन में गए, बादल आ गए और कन्हैया से भीगने से ऐसा बचाया कि जैसे अपनी देह

बचा रहे हों, फिर चिंता हुई वे भीग रहे हैं मैं बचा लूँ और फिर दोनों भीग जाते हैं, एक दूसरे को भीगने से बचाने की चिंता में, कुंजन तें दोऊ भींजत आबत। श्रीकृष्ण की बाल लीला और किशोर लीला कोई एक काल और एक स्थान में घटित लीला नहीं है, वह सनातन काल और सनातन देश में घटित होती रहती है, इसकी प्रतीति कराना ही सूर का, सूर के समवर्ती संत कवियों का और सूर के अनुवर्ती कवियों का मुख्य लक्ष्य है।

यह पलायन नहीं है, यह एक वरण है, बड़े ही कठिन पथ का, जहाँ सब कुछ लुट जाता है संचित कुछ रह नहीं जाता और लुट जाना तब भी अच्छा लगता है, उसके अलावा कुछ अच्छा नहीं लगता। सूर ने एक पद में कहा है कि पूरा जंगल जलाकर राख में मिला दिया, तब इसमें अंकुर बोए, पूरी तरह बर्तन को ता कर उसमें रंग पकाया और तब एक रंग उभरा, आँवा में देह के भाजन को डाल दिया, पक कर निकला तब उसमें अमिय भरा, ऐसी स्थिति में पहुँच कर दुख को सुख से कोई भय नहीं रहता, क्योंकि तब दुख ही सुख बन जाता है, बेचैनी ही परितृप्ति बन जाती है। विधि का दिया हुआ ओछा भाजन इस सिंधु को भर नहीं पाता तो अपने को उलटा करके रससिंधु में डुबो देते हैं, लो अब निकालो इसे रससिंधु से, कैसे निकालते हो? बेचैनी को आस्वाद्य बनाने वाली इस कविता की धारा को कोई अनाड़ी ही उपेक्षणीय मानेगा।

यह बेचैनी केवल जीव की नहीं है, यह बेचैनी परात्पर परब्रह्म की भी है। श्रीकृष्ण द्वारका जाता है, बहुत बड़ा विरुद नाम के आगे जुड़ जाता जादौ राइ, यादवराज, पर उन्हें जब तब लगता रहता है, व्यर्थ है यह विरुद, यह ऐश्वर्य का मंदिर, कोई कन्हैया कहकर पुकार रही है और उधर झाँकता हूँ तो गरदन मोड़ कर दूसरी ओर देखने लगती है। कन्हैया ने देख लिया, इस लाज में धँसी जाती है। जिसे हम बड़ी सच्चाई कहते हैं वह बड़ी होकर झूठी है, वह छोटी हो जाती है, छोटों का मन रखने के लिए ही नहीं, छोटी हो जाती है छोटे में बड़े की पहचान करने के लिए, तभी वह सच्चाई सच होकर उतरती है, यह अवतरण विपुल की, विराट की, अपनी लाचारी है। सहज रूप में जीते हुए उस विराट को छुआ जा सकता है, उससे खेला जा सकता है यह संभावना मानव जीवन के लिए कभी भी छोटी संभावना नहीं रहेगी। यही संभावना ब्रज भाषा के काव्य ने जगायी है। यह संभवतः उस रीतिकाल में भी नहीं चुकती, जिसे शुद्ध दरबारी कविता कहा जाता है। उस धारा में भी जो उत्कृष्ट कवि हैं वे यह देख सकते हैं–

पारावार पूरन अपार परब्रह्म रासि जसुदा के कोरैं एक बालक कुरै परी

जसोदा की छोटी-सी गोद में विपुल का विपुल एक बार में भर जाती है। वे तीन लोक के ठाकुर को 'तनक पय पीवे काज' ठुमका सकते हैं–

आगे नंदरानी के पयपीवे काज।
तीन लोक ठाकुर सो ठुनकत ठाढ़ो है।

वे संसारी हैं सही, पर यह पहचान भी उन्हें है कि जैसे बारात आती है, आतिशबाज़ी छूटती हैं तमाशे होते हैं और बारात विदा हो जाती है, सब खाली सा हो जाता है।

उन्हें भी यह अनुभव बीच-बीच में होता रहता है कि कभी चाह पूरी नहीं होती, जैसे जंगल में चरने गये पशु अपनी गोल से बिछुड़कर खो जाते हैं और वो वो करने लगते हैं वैसे ही रोज़ होता है, चरवाहे की सुधि ऐसे खो जाने में ही आती है और वह आता नहीं और दुख अपने में ही सिमट जाता है।

कवि बोधा न चाव सरी कबहूँ नितही हरवा सों हिरैवो करैं
सहते ही बनै कहत न बनै मन की मन मोहि सिरैवो करैं।

यह भाव कभी चुकता नहीं कि हम किसी के हैं। यही भाव अनीस से कहलवाता है—

देस में रहैंगे परदेस में रहैंगे काहू बेस में रहैंगे तऊ रावरो कहाएँगे।

इसीलिए इसने सारी सीमाएँ तोड़ दीं, रहीम, रसखान, मुबारक, रसलीन, ताज, अनीस, मीरन जैसे अनगिन मुसलमान कवि इसकी ओर खिंचे, दूर सौराष्ट्र में ब्रजभाषा कविता की पाठशाला खुली, केरल के राजा स्वाति तिरुनाल ने, तंजउर के नायकों ने ब्रजभाषा में कविताएँ रचीं। असमिया में आंकिया नाट में ब्रजबुलि का भरपूर उपयोग हुआ। यही नहीं ब्रजभाषा ने फारसी कविता को और उर्दू कविता को प्रभावित किया, काफिए की सफाई और मुहाविरों की लुनाई और शब्दों की तरलता ब्रजभाषा ने ही ग़ालिब को दी। ब्रजभाषा जनजीवन से इतनी जुड़ गयी कि जिन क्षेत्रों में दूसरी बोलियाँ बोली जाती थीं, वहाँ भी बहुत से लोकगीत ब्रजभाषा के रंग में ही लोक-कंठ से फूटे—बनारस के चैते में ब्रजभाषा ही दर्द बनकर उभरी।

और दिना बोलै कोइली दिनदुपहरिया हो आजु बोलै अधिरतिया हो रामा

और दिन तो दिन-दोपहर बोलती है कलूटी और आज क्यों आधी रात इसने कूक लगायी क्यों इसने सोया हुआ दर्द जगाया?

इस साहित्य से जो लोग अज्ञान या एक दयावश कट गए हैं, उन्होंने जीवन का आस्वाद खो दिया है और इसीलिए खाली बोतल की आत्मा होने में ही वे जीवन का चरम पुरुषार्थ ढूँढ़ने लगे हैं, वे भाषा और विशेष रूप से लोचदार

भाषा से कट गए हैं, उनकी भाषा बराबर तनी रहती है, मालिकों की भौंह की तरह, न उसमें वह खुलापन आता है कि डंके की चोट पर कहें–

हम एक कुराह चलीं तो चलीं झटको इन्हें ये ना कुराह चलें
हमैं नीकी लगी सो करी हमने तुम्हें नीकी लगे तो भले न भलैं

न यह अनन्य विश्वास आता है–

संकर साखि जो राखि कहौं कछु तौ जरि जीह गरौ
अपनौ भलौ रामनामहिं तें तुलसिहिं समुझि परौ

न यह मांगलिकता आती है कि सीयराम के विवाह में सखियों की दृष्टि वन्दनबार बनकर लग जाय।

सखियानि के आनन इनुन पै आँखियानि की वंदनबार तनी।

और न वह आविद्ध भाव भरता है जो मिलन को बिछुड़न और बिछुड़न को मिलन बना देता है।

गुन मुखचंद चकोरी तेरे नयना अखरात निसिदिन
मिलिबे को मिलेइ रहत मनों कबहुँ मिले ना

या

देखै बनै न देखते, बिनु देखे अकुलाहिं।
इन दुखिया अँखियानि को सुख सिरजोई नाहिं।

ब्रज संस्कृति का रस जिस साहित्य में उफने हुए दूध से दही बन रहा है, श्रीकृष्ण प्रेम के ज्ञापन से वह साहित्य एक सनातन आमंत्रण है प्रत्येक संवेदनशील मनुष्य के लिए। आवश्यकता है उसको उसके समूचेपन में नयी दृष्टि से, नए जमाने की नई अपेक्षाओं से अध्ययन करने की और यह पहचानने की कि हमारे सांस्कृतिक जीवन में जो रीतापन और खोखलापन आया है, उसका एक ही कारण है कि उसमें विपुल की उपस्थिति का, आत्मीय की उपस्थिति का बोध खो गया है। वह उपस्थिति ही हरि हैं और तुलसीदास के शब्दों में–

को भरिहैं हरि के रितये
रितवै पुनि को हरि जो भरिहैं।

हरि ने जिसे खाली किया, ऐसे कोई कभी भर पाएगा और हरि जिसे भरेंगे उसे फिर कोई कभी खाली कर पाएगा?

ब्रजभाषा के सलोने कवि द्विजदेव

ब्रजभाषा मुक्तक परंपरा के देदीप्यमान नक्षत्र द्विजदेव का आविर्भाव उन्नीसवीं शताब्दी के प्रथम चरण में हुआ और लगभग 50 वर्ष की उम्र पाकर इन्होंने जो रचना की नई भंगिमा दी, वह अपूर्व है। रचनाएँ तो अनेक राजाओं ने कीं। महाराज छत्रसाल, महाराज रसनिधि, महाराज जसवंत सिंह जैसे यशस्वी राजाओं ने द्विजदेव के पहले यह यश पाया, पर द्विजदेव का स्थान कई दृष्टियों से अद्वितीय है।

भाषा का प्रसाद गुण, चित्रण की सजीवता और भाव-व्यंजना की सूक्ष्मता—ये तीनों गुण एकत्र द्विजदेव की कविता में मिलते हैं। इनकी ब्रजभाषा भी अवधी के बीच-बीच में पुट में ऐसी सलोनी बनी है कि आचार्य रामचंद्र शुक्ल तक रीतिकाल के प्रति कुछ निर्मम होते हुए भी प्रशंसा में मुक्त भाव से कहते हैं—"ब्रजभाषा के शृंगारी कवियों की परंपरा में इन्हें अंतिम प्रसिद्ध कवि समझना चाहिए। जिस प्रकार लक्षण ग्रंथ लिखनेवाले कवियों में पद्‌माकर अंतिम प्रसिद्ध कवि हैं उसी प्रकार समूची शृंगार परंपरा में ये। इनकी सी सरस और भावमयी फुटकल शृंगारी कविता फिर दुर्लभ हो गई है। इनमें बड़ा भारी गुण है भाषा की स्वच्छता। अनुप्रास आदि चमत्कारों के लिए इन्होंने भाषा भद्दी कहीं नहीं होने दी है। ऋतु वर्णनों में इनके हृदय का उल्लास उमड़ पड़ता है। बहुत से कवियों के ऋतु वर्णन हृदय की सच्ची उमंग का पता नहीं देते, रस्म सी अदा करते जान पड़ते हैं। पर इनके चकोरों की चहक के भीतर इनके मन की चहक भी साफ झलकती है। एक ऋतु के उपरांत दूसरी ऋतु के आगमन पर इनका हृदय अगवानी के लिए मानो आप-से-आप आगे बढ़ता था।"

उदाहरण के रूप में निम्नलिखित तीन छंद दिए हैं। यह शुक्लजी के चयन की ही विशेषता है। पहला छंद है—'सुर ही के भार सूधे सबद सुकीरन के।' इस छंद के विन्यास में जो अलसता और मस्ती है वह चैत की चाँदनी रात की ठिठककर ठहरी हुई सुषमा की अत्यंत संक्षिप्त और ढलावदार भंगिमा है।

चाँदनी के भारन दिखात उनयो सो चंद,
गंध ही के भारन बहत मंद-मद पौन।

इन अंतिम दो पंक्तियों में बहुत ही सहज भाव से गंध से लदी हुई और शिथिल पड़ी मलय बयार की प्रभाती में कैसे चंद्रमा धीरे-धीरे नीचे झुका जा रहा है, उसका संयोजन अनायास हो गया है। शुक्लजी ने दूसरा उदाहरण दिया है—

बोलि हारे कोकिल, बुलाय हारे केकीगन,
सिखै हारी सखी सब जुगुति नई-नई।

इसकी विशेषता यह है कि इसमें बिंब-विधान के माध्यम से यह संकेत किया गया है कि कोयल का कूकना व्यर्थ गया, लाज की गाँठ नहीं खुली। दूसरे शब्दों में वसंत का उद्दीपन ही प्रिय की ओर उमंगित होकर अभिमुख होने का साहस नहीं दे सका। इसके बाद वर्षा ऋतु में मोर भी अपनी केका से, विह्वल पुकार से विह्वलता नहीं भर सके कि लाज की बाधा हट जाए। वर्षा ऋतु का उद्दीपन भी व्यर्थ गया, लाज घेरे रही और प्रिय (श्याम) कुंज में आए और लौट गए। लौटने लगे तो लाज खुली, भर आँखें देखना चाह रही हैं, पर भर आँख देखने की उमंग में ही कुछ ऐसा घटित हुआ कि पलकें झुक गईं क्योंकि भीतर से आँसू उमड़ रहे थे, अपने ही अंग ऐसे बैरी हो जाते हैं। अंतिम चरण का ध्वनि-संयोजन—'अन' के आंतरिक तुक-विधान से निषेध का सहज भाव से अभिव्यंजन करता है। द्वि जदेव के ऊपर आचार्य शुक्ल इतने रीझे हैं, इसका कारण द्विजदेव की भाषा की प्रसन्नता है और साथ-साथ उक्ति की नई भंगिमा है।

यद्यपि द्विजदेव उत्तरवर्ती रीतिकालीन परंपरा का पूरा निर्वाह करते हैं, जिसमें 'राधिका-कन्हाई' के व्याज से प्यार की अननापी गहराइयों की खोज की गई है, पर उनकी अपनी विशेषता कुछ अलग है। एक तो वे ब्रज क्षेत्र के नहीं हैं, दूसरे वे ऐसी ब्रजभाषा में लिखते हैं जो ब्रज के बाहर ढली है और जिसके कारण ब्रज पूरे देश की साहित्यिक भाषा के रूप में उन्नीसवीं शताब्दी में स्थापित हो गई थी। केरल, तमिलनाडु, बंगाल, असम, पंजाब, हिमाचल, गुजरात इन सब क्षेत्रों में ब्रजभाषा दो स्तरों पर सर्वमान्य हुई थी। एक तो काव्य रचना के स्तर पर, दूसरे संगीत की बंदिशों के स्तर पर। भारतीय संगीत की अधिकतर बंदिशें ब्रजभाषा में हैं। ब्रजभाषा के बाद यदि कहीं हैं तो हिंदुस्तानी संगीत में और भोजपुरी में हैं। विशेष करके उत्तरवर्ती काल में भी ठुमरी और टप्पा की बंदिशें। इनमें दोनों भाषाओं का मिश्रण हुआ है। इस ढली हुई भाषा को द्विजदेव ने अपनाया और शब्दों में तरोड़-मरोड़ किए बिना जैसे (दिवस की जगह द्यौस) ऐसी काव्य भाषा दी जो सर्वग्राह्य होने के साथ-साथ एक सलोनापन लिए हुए है। द्विजदेव की पंक्ति है—

तू जो कही, सखि! लोनो सरूप सो मो अँखियन को लोनो गई लगि॥

लावण्य के ब्रजरूप लोनाई या लोनो पर ऐसे सहज ढंग से श्लेष करते हुए द्विजदेव यह प्रतिपादित कर रहे हैं कि नमक आँखों में लगे तो आँखों में पानी आ जाता है और श्यामसुंदर का सलोना स्वरूप यदि आँखों में उतरता है तो आँखें आनंदाश्रु से भर जाती हैं। उनकी काव्य भाषा की विशेषता है कि अर्थ ग्रहण करने में कुछ भी कठिनाई नहीं होती। द्विजदेव की दूसरी विलक्षणता यह है कि वे मुक्तकों को माला में पिरो रहे हैं और अपने काव्य की पूरी योजना प्रबंध के रूप में प्रस्तुत कर रहे हैं, जिसमें राधा-माधव के प्रेम का वृत्तांत दो वसंत के आगम के बीच यात्रा करता है। पहले वसंत का आगम माधव का आगम होता है। वसंत को माधव भी कहते हैं, उसके आने के बाद क्या-क्या घटित होता है और क्या-क्या विघटित होता है, ये सब इनके काव्य 'शृंगारलतिकासौरभ' के पहले सुमन में हैं। यह घटना प्रकृति के ही सौंदर्य को मथित नहीं करती, मनुष्य के सौंदर्य को भी मथित करती है और सौंदर्य की अधिष्ठात्री राधा को भी मथित करती है। इतना वह मथित करती है कि राधा दुचित्ती हो जाती हैं। उनका चित्त अपना नहीं रहता और पूरी तरह दूसरे का भी नहीं रहता। न वे राधा रहती हैं, न ही पूरी तरह माधव हो पाती हैं। इस स्थिति में मिलन भी विरह होता है और विरह भी मिलन। ऋतुओं का चक्र घूमता है, मनःस्थितियों का चक्र घूमता है और फिर दूसरा वसंत आ जाता है और यह वसंत राधामय है। हम इस प्रबंध-योजना की तुलना यदि जयदेव के 'गीतगोविंद' से करें तो लगेगा कि दोनों के पीछे कोई गहरा अभिप्राय है। 'गीतगोविंद' की कथा की भूमि वसंत है, वसंत का रास है। द्विजदेव के काव्य की भूमि भी वसंत है। वसंत का कुछ नया होने का, नया करने का दुरंत अभियान है। दोनों काव्यों में मनःस्थितियों के वर्णन अलग-अलग प्रकार के छंद में हैं (जयदेव के काव्य में अष्टपदी के द्वारा और द्विजदेव के काव्य में कवित्त, सवैया के द्वारा)। दोनों में संयोजन-सूत्र दूसरे छंदों में है (जयदेव के काव्य में विभिन्न श्लोकों में है और द्विजदेव के काव्य में दोहा, मौक्तिकदाम, रोला आदि में है।) दोनों काव्य श्रीकृष्ण के रूप के जादू से शुरू होते हैं और राधा के रूप के पूनों में पर्यवसित होते हैं।

दोनों काव्यों में केलि-कला और भक्ति का समन्वय नहीं, अतिक्रमण है। जयदेव भी राधा-माधव के अनन्य भक्त हैं और महाराज मानसिंह द्विजदेव भी। महाराज मानसिंह द्विजदेव ने राधा-माधव का मंदिर भी बनवाया था, वह मंदिर आज भी अयोध्या के उनके राजमहल में है। उनमें नियमित पूजा-अर्चना होती है। दोनों के काव्य में यद्यपि प्रकृति उद्दीपन विभाव के रूप में ही अधिक दिखती है और उसके चित्र संश्लिष्ट और पारंपरिक ही अधिक मिलते हैं पर दोनों कवियों ने

इतना तो किया है कि प्रकृति का तादात्म्य परमपुरुष से कराया है। 'गीतगोविंद' में अंधकार ही श्रीकृष्ण मान लिया जाता है और राधा यही मानकर अंधकार को बाँहों में भरने चलती हैं। 'शृंगारलतिकासौरभ' में ऋतुराज ही ब्रजराज हो जाते हैं और द्विजदेव की 'शृंगारलतिका' ही स्वयं राधा है।

इन समानताओं के साथ-साथ दोनों काव्यों की अलग पहचान है। जयदेव की रचना गीति नाट्य प्रबंध है। वह लीलानृत्य के लिए बोलों का संग्रह है, जबकि 'शृंगारलतिकासौरभ' मुख्य रूप से श्रव्य काव्य है, सहृदयों के बीच में वह पढ़ा गया, सुना गया। द्विजदेव कवियों के बहुत बड़े आश्रयदाता थे। जहाँ जयदेव श्रीजगन्नाथजी मंदिर में ही अपना प्रबंध गाते थे और उसके बोल पर नृत्य प्रस्तुत होते थे। वहाँ द्विजदेव दूसरे कवियों की रचना सुन-सुनकर अपनी रचना भी पढ़ते थे और उनकी रचनाएँ इतनी चर्चित हुईं कि उनके समय के आसपास और बाद में जो भी संग्रह ग्रंथ तैयार हुए उनमें द्विजदेव के छंद प्रचुर संख्या में मिलते हैं। अपने ही समय में, इतनी बड़ी ख्याति बहुत कम को ही मिलती है। दोनों काव्यों में दूसरा अंतर यह है कि जयदेव तो नई लीक बना रहे थे। उनके पहले अष्टपदी गीत जैसी कोई परंपरा संस्कृत में थी नहीं, थोड़ी बहुत अपभ्रंश में थी पर वह इतनी सुगठित और ललित नहीं थी। द्विजदेव ने कोई लीक नहीं बनाई, पुरानी लीक पर चले, पर चलने के ढंग में वे पुरानी लीक में कुछ नवीनता लाने में समर्थ हुए। उनकी कविता में अपने पूर्ववर्ती कवियों के बहुत से अभिप्राय, बहुत सी उक्ति-भंगिमाएँ गूँज-अनुगूँज के रूप में मिलती हैं। दो उदाहरण पर्याप्त होंगे। सपने में मिलने और जागने के विरह की दुरंतता के चित्र ब्रजभाषा काव्य में बहुत सारे हैं। पुराने छंद की पंक्ति है—

और सबै सखि सोय के खोवत,
मैं सखि पीतम जागि गँवायौ।

देव का प्रसिद्ध छंद है—

झहरि झहरि झीनी बूँद हैं परति मानो घहरि-घहरि घटा घेरी है गगन में।
आनि कह्यौ स्याम मोसों चलौं झूलिबे को आजु फली न समानी भई ऐसी हौं मगन में।
चाहति उठ्यौई उठि गई सो निगोड़ी नींद सोय गए भाग मेरे जानि वा जगन में।
आँखि खोलि देखौ तौ न घन हैं न घनस्याम, वेई बूँदें छोईं मेरे आँसु हैं दृगन में॥

इन सब अभिप्रायों को नए ढंग से द्विजदेव ने प्रस्तुत किया है—

सोवत आज सखी सपने 'द्विजदेव' जू, आइ मिले बनमाली।
जौ लौं उठी मिलबे कहँ धाय, सुहाइ भुजान-भुजान पैं घाली।

बोलि उठे ये पपीगन तौं लगि, पीव कहाँ? कहि कूर कुचाली।
संपति सी सपने की भई मिलबो बृजराज को आज को आली॥

द्विजदेव की नई उद्भावना यह है कि मिलन का उछाह जब अपने शिखर पर होता है तब एकाएक पहीहे की पी कहाँ, पी कहाँ ध्वनि ऐसे सुनाई पड़ती है कि नींद खुल जाती है और सपने का मिलन विरह में रूपांतरित हो जाता है। पी कहाँ ध्वनि यह व्यंजित करती है कि वस्तुतः विरह ही यथार्थ है, मिलन तो सपने की संपत्ति है। एक दूसरा उदाहरण है। मतिराम का छंद है–

कोऊ नहीं बरजै 'मतिराम' रहौ तित हीं जित हीं मन भायो।
काहे को सौंहैं हजार करौ, तुम तो कबहूँ अपराध न ठायो।
सोवन दीजै, न दीजै हमै दुख, योंहीं कहा रसबाद बढ़ायो?
मान रह्योई नहीं मनमोहन! मानिनी होय सो मानै मनायो॥

इसी अभिप्राय का द्विजदेव का छंद है–

आँखिन के जल की जु है रीति, सदा तुम साँझ हू भोर निहारत।
तैं 'द्विजदेव' जू क्यों कहि जाँइ, परे छत जे हिय को करैं आरत।
बात बिचारिबे की यह लाल! कहा बकवाद कै मो तन जारत।
मान रहैगो कितै बलि जाऊँ, सो मानिनी! मानिनी!! काहि पुकारत॥

दोनों में मान है, उसके साथ अधीरता भी है। एक चित्र के भीतर द्वंद्व है। द्विजदेव ने इस द्वंद्व को आँसुओं की बात शुरू करके अधिक मुखर बना दिया है। 'तुम्हारी आँखें जिसकी प्रतीक्षा बड़ी आशा से करती हैं–उन आँखों में भी तो पानी होता है। वह पानी मान को कब तक बरदाश्त करेगा।'

इस प्रकार इन उदाहरणों से हम केवल यही दिखलाना चाहते हैं कि द्विजदेव भाव को आगे बढ़ाते हैं, उसी रूप में दोहराते नहीं। एकाध शब्दों की गूँज आ जाए तो आ जाए पर सदैव उक्ति में एक नई तरलता का दिग्दर्शन होता है। जिस काव्य-परंपरा में वे जी रहे हैं, उसका निर्वाह करते हैं और साथ-ही-साथ उसका अतिक्रमण भी कर रहे हैं। घनानंद ने यदि लाक्षणिकता के द्वारा ब्रजभाषा कविता में एक नई राह बनाई तो ठाकुर, बोधा, पद्माकर और द्विजदेव ने अभिधा के माध्यम से व्यंजना की नई राह बनाई। इन तीनों की भाषा देखने में बड़ी सीधी और सहजगम्य लगती है; परंतु उसमें व्यंग्य के पर्त पर पर्त खुलते चले जाते हैं। बोधा के एक छंद का उत्तरार्ध है–

कवि बोधा न चाव सरी कबहूँ, नितही हरवा सों हिरइबो करैं।
सहते हि बनै कहते न बनै, मन ही मन पीर पिरइबो करैं॥

इसमें बहुत सीधे तरीके से एक गूढ़ प्रेम की अभिव्यक्ति है, जिसे कहा नहीं जा सकता, इसे मन-ही-मन केवल अनुभव किया जा सकता है। इसी प्रकार द्विजदेव का छंद है—

बाँचति न कोऊ अब बैसियै रहति खाम, जुवती सकल जानिगईं गति याकी है।
झूठ लिखिबे की उन्है उपजै न लाज कहूँ, जाए कुबजा के बसे, निलज तियाकी है।
दूसरी अवधि 'द्विजदेव' राधिका के आगे बाँचै कौन नारि जौन पोढ़ छतिया की है।
ऐसही मुखाखर कहो सो कहो, ऊधौ! इहाँ उठि गई बृज तैं प्रतीत पतिया की है॥

इसका अंतिम खंड है—उठि गइ ब्रज तें प्रतीति पतिया की है। इसमें गोपियाँ उलाहना दे रही हैं—तुम्हें मुँह से कहना हो, कहो, हम श्रीकृष्ण की लिखी हुई पाती का लिफाफा भी नहीं खोलेंगे। वह पाती बंद-की-बंद रहने दें। उस पाती की ब्रज में कोई साख नहीं रह गई है। श्रीकृष्ण ने अपनी साख खो दी है। हमको वैराग्य का उपदेश भिजवा रहे हैं एवं स्वयं कुब्जा के साथ मथुरा में रम रहे हैं। ऐसे व्यक्ति के संदेश में कितना भी प्यार का बखान क्यों न हो, रखा क्या है। उसे पढ़ करके जी और क्यों जलाएँ।

इन्हीं सब विलक्षणताओं के कारण बहुत दिनों से मेरे मन में इच्छा थी कि द्विजदेव रचनावली फिर से सामने लाई जाए। 1937 में द्विजदेव की दौहित्र-वधू महारानी जगदंबा देवी ने 'शृंगारलतिकासौरभ' बड़े सजधज के साथ छपवाया था, ग्रंथ की रचना के अनुमानतः नब्बे वर्ष बाद।

यह ग्रंथ पहले भी था, मिलता नहीं था, फिर एक बार महारानी ने छपवाया और वह काफी उलटा-पुलटा छप गया, तब उन्होंने स्वर्गीय जवारहलाल चतुर्वेदी को आमंत्रित किया और इसकी विशद व्याख्या के साथ इसका रूप तैयार करने को कहा। इसमें पं. श्री श्रीनारायण चतुर्वेदी (भैया साहब) ने भी सहायता की। इस ग्रंथ में सम्मिलित द्विजदेव के अनेक ग्रंथ (मान मयंक, शृंगार बत्तीसी, शृंगार चालीसी) अलग से नवलकिशोर प्रेस से छप चुकी थीं। पर महारानी को इनसे संतोष नहीं था, इसलिए उन्होंने अपने ननियाससुर की कीर्ति को सजे-सँवरे रूप में उजागर करने के लिए 'शृंगारलतिकासौरभ' का ऐसा संस्करण छपवाया जो उस समय के सामान्य जन के लिए पहुँच से बाहर हो गया।

द्विजदेव की प्रसिद्धि केवल अनुश्रुति में रही या पुराने काव्य शास्त्र के ग्रंथ के दिए गए उदाहरण में रही। मैंने द्विजदेव के उत्तराधिकारी श्री विमलेंद्र मोहन प्रताप मिश्र से कहा और फिर उनकी बहन सुश्री अपर्णा मिश्र एवं उनके पुत्र यतींद्र मोहन प्रताप मिश्र को प्रेरित किया। उनकी सहायता से यह कृति पुनः प्रकाश में आ सकी है।

द्विजदेव के बारे में कहा जा सकता है कि इन्होंने अपने समय को पीठ

देकर माधुर्य भाव की कविताएँ कीं। यह एक प्रकार से पलायनवाद है, पर इसके दूसरी ओर से भी देखा जा सकता है। कुशल और न्यायप्रिय प्रशासक के रूप में अपनी भूमिका अदा करते हुए, अपनी सीमा में ये सन् 1857 के स्वाधीनता संग्राम में योगदान दे रहे थे, दूसरी ओर संत्रास में घिरे अंग्रेज बच्चों और महिलाओं की शरण की व्यवस्था करा रहे थे। इन्होंने हनुमानगढ़ी में प्रवाद के ऊपर संभावित भयंकर हिंदू-मुसलिम संघर्ष को सुलझाने की कुशलता दिखाई। अपने राज्य में अनेक लोकहित के कार्य किए। इन सब कार्यों के लिए उन्हें कहीं से तो ऊर्जा लेनी थी और उन्होंने ये ऊर्जा राधा-माधव भक्ति से ली, साहित्य-सर्जना से ली, साहित्यिक वातावरण की रचना से ली—यह पलायनवाद है या संतुलित जीवन का प्रमाण है? उनकी कविता की तह में जाएँ तो उसमें मानवीय विह्लता के अनेक मनोहर अंकन मिलेंगे। ये अंकन जीवन के प्रत्यक्ष अनुभव के बिना अकल्पनीय हैं। उन्होंने भरा-पूरा जीवन जीया था और साहित्य को भी जीवन का अंग बनाया था। यह सही है कि वे भारतेंदु नहीं थे, भारतेंदु से पहले उनका आविर्भाव हुआ था। भारतेंदु जब मुश्किल से इक्कीस वर्ष के थे तभी द्विजदेव का महाप्रयाण हुआ। ब्रिटिश शासन के आर्थिक शोषण के छल का रूप जितना बाद में उजागर हुआ उतना 1857 के आसपास नहीं हुआ था, इसलिए भारतेंदु की सजगता की अपेक्षा द्विजदेव से करना ठीक नहीं है। उनकी कविता की योजना रीतिकालीन होते हुए भी कुछ भिन्न धरातल पर है, जिसमें निरहंकार भाव से अपनी रचना वाग्देवता को समर्पित करते रहते हैं। काव्य के आदि और अंत में यही भाव प्रवाहशील दिखाई पड़ता है। इसकी प्रासंगिकता कुछ कम नहीं है। मैं इतना ही कह सकता हूँ, रीतिकालीन काव्य रचना को सजगता की देवी के साथ इस तरह जोड़ना सचेत काव्य कला के युग का समारंभ है। इसका विकास हम हिंदी के उत्तरवर्ती कवियों में पाते हैं, चाहे वे निराला हों, अज्ञेय हों या देवता के नाम से कतरानेवाले शब्द की महासत्ता को प्रतिष्ठित करनेवाले और भी आगे के कवि।

ब्रज के लोकमंगल का संसार

भारतीय समाज वाचिक-परंपरा का समाज रहा है। भारतीय लोगों के कण्ठों में विपुल मात्रा में वाचिक साहित्य सुरक्षित रहा है। सर्वाधिक सुरक्षा महिलाओं ने की है, जिन्होंने वाचिक-परंपरा को जीवन के अंग के रूप में स्वीकार कर रखा है। लोक-जीवन का कोई भी मांगलिक-अनुष्ठान वाचिक-परंपरा के इन गीतों के बिना पूर्ण नहीं होते, किंतु अब ये गीत धीरे-धीरे लुप्त होते जा रहे हैं। आज तो वाचिक-परंपरा ही खतरे में पड़ गयी है। इसका प्रमुख कारण यह है कि वाचिक-परंपरा में जो समर्पण का भाव अपेक्षित है, वह भाव उपभोक्ता संस्कृति के प्रभाव से कम हो रहा है। लोग लोकगीत को वस्तु के रूप में देख रहे हैं, अपने भीतर की व्यंजना के रूप में नहीं। लोग लोकगीत का आनंद लेना चाहते हैं, उसके उद्देश्य को नहीं ग्रहण करना चाहते। लोकगीतों का मुख्य उद्देश्य, विशेष करके संस्कारगीत या पर्वगीत का उद्देश्य स्वयं को ऐसे व्यापक भाव से भरना है, जिसे भरकर हम जीवन को अखण्डित दृष्टि से देखें और मानवीय रिश्ते को विश्वराग की भूमिका के रूप में देखें।

संस्कारगीत और पर्वगीत एक दूसरी भूमिका भी अदा करते हैं, वह यह कि देवी-देवताओं को मानवीय दुःख-सुख से आपूरित करके ये गीत उन्हें मनुष्य का आत्मीय बना देते हैं। इन गीतों में देवी-देवता एक ओर हास-परिहास में सम्मिलित होते हैं और दूसरी ओर मानवीय पीड़ा के उपभोक्ता होते हैं। साथ ही बच्चे के जन्म और दूसरे संस्कारों को गौरवान्वित करने के लिए जन्म-संस्कार, यज्ञोपवीत और विवाह-संस्कार में क्रमशः विशेष गुण का आधान करने के लिए राम या कृष्ण की संभावना की जाती है। हर बच्चे का जन्म राम या कृष्ण का जन्म होता है। हर वर राम होता है और हर वधू सीता होती है। इन लोकगीतों में धर्म की वास्तविक पहचान मिलती है। धर्म का अर्थ है दूसरे की व्यथा समझना, जीवन को दूसरे के सुख के लिए उत्सर्ग करना। धर्म का अर्थ है प्रकृति के परिवर्तन को अपना परिवर्तन मानना। समस्त जीवन को एक जीवन मानना—ये सारी बातें पर्वगीतों या संस्कारगीतों में बहुत कुशलता के साथ रेखांकित मिलती हैं।

ब्रज के संस्कारपरक लोकगीतों की तुलना अन्य क्षेत्रों के लोकगीतों से की जाए, तो लगेगा कि एक अद्भुत समानता इनमें है। सभी में मंगल की आकांक्षा और उल्लास का उत्सर्ग के साथ समन्वय एक ही तरह मुखरित मिलता है। सबमें बिंबविधान और युक्ति विधान भी प्रायः समान ही है। परंतु प्रत्येक क्षेत्र की अपनी एक अलग रंगत भी है। ब्रज क्षेत्र के विशेष गीत हैं 'लाँगुरिया'। जिसमें एक उच्छल प्रेमभाव की अभिव्यक्ति है। कैलामाता के साथ लाँगुरिया का संबंध वैदिक इन्द्राणी और ऋचा का संबंध भी स्मरण दिलाता है।

'रुकूमिनी' के गीत नववधू के गर्भधारण करने पर गाए जाते हैं। उस वधू में श्रीकृष्ण की पटरानी 'रुकमिनी' की भावना की जाती है।

ब्रजक्षेत्र का दूसरा विशेष गीत है—'पीपल' जो संतान-प्रसव के समय में गाया जाता है। इसमें पीपल के दो अर्थ हैं—एक तो पीपल-वृक्ष और दूसरी 'पिपली' औषधि। पीपल-वृक्ष विस्तार का प्रतीक है और पिपली औषधि जीवन की स्निग्धता को स्वीकार करने का प्रतीक है जिसका स्वीकार किए बिना मनुष्य की स्वस्थ दृष्टि संभव नहीं है।

ब्रजक्षेत्र में तुलसी के गीत और तुलसी-श्रीकृष्ण के विवाह के गीत, और गोवर्धन के गीत कुछ विशेष बल के साथ गाए जाते हैं, जो कि स्वाभाविक है। यद्यपि राधाकृष्ण के प्यार के गीत कुछ दूसरे क्षेत्रों में भी गाए जाते हैं, परंतु यात्रागीतों में मथुरा और गोवर्धन-परिक्रमा के गीत विशेष तौर से ब्रजक्षेत्र में ही गाए जाते हैं। दूसरे क्षेत्रों (अवधी और भोजपुरी क्षेत्र) में गंगास्नान और सरजू-स्नान के गीत गाए जाते हैं।

ब्रज के इस लोकमंगल संस्कार का अध्ययन केवल लोकवार्ता साहित्य के अध्ययन के ही लिए महत्त्वपूर्ण नहीं है, प्रत्युत ब्रजभाषा के साहित्य के अध्ययन के लिए यह संसार की नयी दृष्टि देता है। 'सूर' को समझने के लिए इस संसार को समझना आवश्यक है।

गोस्वामी तुलसीदास : संबंधों को नई परिभाषा देने की सामर्थ्य

गोस्वामी तुलसीदास की प्रासंगिकता के बारे में जो लोग संशय की दृष्टि से प्रश्न उठाते हैं, वे संभवतः परिवर्तन की आकुलता पर ध्यान नहीं दे पाते हैं। प्रत्येक परिवर्तन अपने समय के संदर्भ में होता है। समय के संदर्भ में सामाजिक और राजनैतिक अतिक्रमण की संभावना रहती है। तुलसी की परिकल्पना में रामराज्य की स्थापना के लिए जो आवश्यक है, उसमें न जाति की अपेक्षा है और न ही कुल या सामाजिक प्रतिष्ठा से जुड़ना होता है। उसमें केवल भाव से जुड़ना होता है, रामराज्य के भाव से, राम के सहयोग के भाव से जुड़ना होता है। भाव का अर्थ है एक ऐसे विराट प्रवाह से एकमेक होना, जिसमें सब अपनी अलग-अलग पहचान पाते हैं। उस पहचान में राम के प्राकट्य का भाव है, उनकी प्रतिष्ठा का भाव है, उन्हें अपने भीतर धारण करने का भाव है।

तुलसी के राम सहजता के प्रतीक हैं। उनके चरित में पग-पग पर सहजता प्रकट होती है, सीधापन दिखाई देता है। दुराव या छल के भाव लेशमात्र भी कहीं नहीं दिखाई देते। इस युग में सफलता के लिए जिस छल छद्म को आवश्यक समझा जाता है, रामचरित में उसका कहीं भी स्थान नहीं है। राम के माध्यम से तुलसी ने जिस सहजता या सिधाई को प्रतिष्ठा दी है, उसी में आज के युग के लिए शरण की संभावना है। वहीं समाधान भी है। जिस युग में हम रह रहे हैं, तुलसी ने और शास्त्रों ने भी उसे कलियुग कहा है। छल प्रपंच इस युग की पहचान है। वह कलि भी राम के सामने अपने को छुपा नहीं पाता। सहजता के सामने प्रपंच देर तक टिके नहीं रह सकता। चित्रकूट में जाकर कलि को पहचानना और कोई अर्थ नहीं रखता सिवाय इसके कि राम वहाँ अत्यंत सहज हैं। सहज जीवन बिताने वाले वनवासियों के बीच राम जितने सहज और आत्मीय होते हैं उतने अयोध्या में भी नहीं होते।

चित्रकूट में इसीलिए कलि डरता भी है। वह चोर की तरह वहाँ घुसना भी

चाहता है, पर वहाँ का वातावरण ऐसा है कि वह अपने को छुपा नहीं सकता। 'चित्रकूट कलि की कुचालि देखि' इस पहचाने गए चोर से डर लगता है कि अपने को खतरे से बचाने के लिए कहीं यह मेरे ऊपर ही आक्रमण न कर दे। इसलिए वे गुहार लगाते हैं। कैसे कोई कहे कि ऐसे सहज जीवन की आज आवश्यकता नहीं है या वह अब प्रासंगिक नहीं रहा। मनुष्य, पढ़ा-लिखा मनुष्य जो अपने आपको सभ्यता का धनी धरोहरी मान बैठा है, उसके पास सहजता का अभाव है। सीधे सादे वनवासियों से भी वह अपने आप यह दृष्टि ग्रहण नहीं करता। तुलसीदास उसे सहज जीवन की गरिमा से परिचित कराते हैं। सामाजिक परिवर्तन के स्तर पर यह बात हुई।

भाषा और साहित्य के स्तर पर देखें तो वहाँ यह बात और भी खुलती है। तुलसी वहाँ भी सहजता की प्रतिष्ठा करते हैं। उन्होंने बोलचाल की भाषा को मुखरित किया। बोलचाल की भाषा हिंदीभाषी संसार की शब्द संपदा बन गई। हिंदीभाषी संसार में भद्र और इतर का भेद मिट गया। इसके लिए तुलसीदास के साहित्य का, विशेष रूप से मानस का योगदान बहुत महत्त्व रखता है।

तुलसीदास को अपने जातीय या विशाल देशीय संस्कार की गहरी समझ है। इतनी गहरी कि वे संस्कृत, फारसी और देशज शब्दों को एक साथ पिरोकर रखते हैं। इस तरह पिरोकर कि वे भाषा की प्रकृति में ढले हुए लगते हैं। वे कहीं से भी आरोपित नहीं लगते। तुलसीदास को यह भाषा अपनी यात्राओं और विभिन्न प्रकार के लोगों के साथ संवाद से मिली है। उन्हें शास्त्रों का जितना गंभीर ज्ञान है, लोक अनुष्ठान, लोक व्यवहार और लोकरीतियों का उससे कुछ कम ज्ञान नहीं है। लोक की रीतियों और मुहावरों का उपयोग केवल कबीर ने ही नहीं किया, तुलसी ने भी सफलता से किया है। उन्होंने अपने साहित्य में विवाह गीतों का, मंगल गानों का भरपूर प्रयोग किया है। पिछले पाँच सौ वर्षों में तुलसीदास के मानस के माध्यम से हिंदीभाषी जनता अपने भीतरी संसार से जुड़ी है। वह बाहर के संसार से भी जुड़ना चाहती है। तुलसीदास की भाषा ने यह काम भी सफलता से किया है। वह लोगों के जीवन में रच बस गई। उनके लिए मुहावरा बन गई। जीवन में, उसके प्रत्येक क्षेत्र में ऐसे द्रवित हो गई जैसे हर व्यक्ति की निजी संपदा हो। आज के बनावटी बुतों को देखकर कोई कैसे कहेगा कि ऐसी भाषा के शिल्पी तुलसीदास प्रासंगिक नहीं हैं।

साहित्य के स्तर पर देखें तो उस समय की जितनी भी प्रचलित विधाएँ हैं, तुलसीदास ने सभी को समृद्ध किया। उस समय प्रचलित पद, आख्यान, चौपालिका, बरवै, मंगल काव्य आदि को तुलसीदास ने न केवल समृद्ध किया बल्कि उन्हें जीवन में भी प्रकट किया। साथ ही उन्होंने अपने समय की बहुत-सी सीमाओं का अतिक्रमण भी किया। उन्होंने प्रबंध काव्य लिखा। प्रबंध काव्य एक ओर

गीत काव्य है तो दूसरी ओर वहाँ संवाद भी है। उस समय जितने भी प्रचलित आख्यान थे, उन्हें एक सूत्र में बाँधकर ऐसी पद्धति का विकास किया जो सर्वथा उत्तम है, जो पहचानी हुई और अपने ही बीच की लगती है। यह संभव इसलिए हुआ कि तुलसीदास कभी विशिष्ट होने का दावा नहीं करते न विशिष्ट होने का खतरा उठाना चाहते हैं। वे अपने को पूरी तरह सामान्य बनाए रखते हैं। इसके द्वारा सामान्य से सामान्य व्यक्ति का आत्मविश्वास स्थिर और सुदृढ़ रहता है। तुलसीदास जब कहते हैं कि 'अघ अवगुन हि भरौं' तो यह आत्मदया का द्योतक नहीं है बल्कि अपने को लोगों से एकात्म करने की घोषणा है। इससे लोग उन्हें विश्वसनीय मानते हैं।

तुलसीदास ने भरत के चरित्र को इतना महत्त्व भी अपने को लोगों से एकात्म करने के लिए ही दिया है। कहा है कि कलियुग में भरत का चरित लोगों के लिए प्रेरणादीप का काम करेगा। वे अपनी जीवन दिशा को रामोन्मुख करने का श्रेय भरत को ही देते हैं—'कलि का तुलसि से सठनि हठि राम सनमुख करति' अर्थात् भरत न होते तो इस कलियुग में छलप्रपंच से भरे युग में तुलसी को राम के सन्मुख कौन कर सका होता? निर्वासित करने वाली माता के पुत्र भी राम के प्रिय हो जाते हैं तो कोई कारण नहीं कि कोई भी व्यक्ति राम की कृपा से वंचित रह जाए। अगर कोई इस विश्व को राममय नहीं समझ पा रहा है या इसलिए चूक हो रही है कि हम भी राम के पास पहुँचें और हम भी राम का लाभ उठा सकें तो भी हानि नहीं है। तुलसी के राम आवश्वस्त करते हैं कि छोटा होते हुए भी विशाल भाव रखा जा सकता है और राम के सन्मुख हुआ जा सकता है, राम का हुआ जा सकता है।

तुलसी ने जिस प्रकार निषाद, सुमंत, अंगद, सुग्रीव जैसे प्राणियों को संक्षेप में ही सही स्मरणीय बनाया, वह उनकी गहरी सामाजिक समझदारी का परिचायक है। स्मरणीय ही नहीं बनाया बल्कि ऐसी गरिमा भी दी कि बड़े-बड़े ज्ञानी भी उनके भाव के लिए तरसते हैं। तुलसी की सामाजिक समझदारी का ही फल है कि वह भक्ति की सबलतम और कँटीली भूमि पर, बिना छाँव वाले मार्ग की यात्रा हो जाती है। बिना छाँव वाला मार्ग, जिसमें बीच-बीच में एक छाया वाला वृक्ष है और वह इतना सुखद लगता है कि वहाँ पथिक अपना वैर भूलकर सहज भाव से विश्रांति प्राप्त करते हैं।

तुलसीदास की भक्ति मनुष्य की दीनता या हीनता नहीं है। वह मनुष्य के भीतर की ऐसी क्षमता है जो उसके सुख-दुःख में सहभागी बने। वह टूटी हुई आवाज के लिए कंठ बनती है। तुलसीदास का यह मानवीय पक्ष भारतीय काव्य प्रतिभा का ऐसा दुर्लभ गुण है जिसके बिना काल और युगधर्म की समझ नहीं आती। कृत्तिवास रामायण, भावार्थ रामायण और अनेक प्रकार के रामाख्यानों पर

इसका प्रभाव निरंतर पड़ता रहा है। आधुनिक युग में भी यह प्रभाव परिलक्षित होता है। निराला जैसे कवियों, राममनोहर लोहिया जैसे विचारकों और गाँधीजी जैसी विभूतियों से लेकर साधारण जनता तक के लिए रामचरितमानस एक आलोक स्तंभ है। स्वाधीन भारत में जाने कैसी बयार बही कि कुछ लोगों की मति उलटी हुई और लोगों ने तुलसीदास को दरकिनार करना शुरू किया। वे नहीं जानते कि तुलसीदास को दरकिनार करने के बाद हिंदी साहित्य में जो बचा रहेगा वह कितना दीनहीन होगा। वे नहीं जानते कि पिछले पाँच सौ वर्षों से हिंदी साहित्य तुलसी के द्वारा ही अनुप्राणित होता रहा है।

यह भी लगता है कि उपभोग की संस्कृति ने तुलसीदास को भी वस्तु मान लिया। उनके विक्रेता ही उनकी प्रामाणिकता हैं। आज की बाजारू भाषा में कहें तो तुलसीदास बिकते नहीं हैं। कबीर बिकते हैं। यद्यपि दोनों ही राम-नाम जपते हैं, दोनों ही एक पवित्र सदाचार को आवश्यक मानते हैं। दोनों के लिए करुणा और संवेदना भक्तिभाव की ही स्फुरणा है। लेकिन एक बिकता है और दूसरा नहीं बिकता।

स्वाधीनता के बाद यह कैसी बयार बही कि तुलसी पर ब्राह्मणवादी, प्रगति विरोधी और ऊँच-नीच के पोषक होने के आरोप लगाए जाने लगे। यह बयार कुपढ़ चित्त में ही बही। वरना खुली आँख से देखने पर कोई कारण नहीं कि तुलसी समाज के सभी वर्गों के लिए आस्थाओं के द्वार खोलते दिखाई दें। उनके राम सभी जातियों, वर्गों और प्राणियों तक के लिए बाँह फैलाए हुए हैं। कैसे कह दिया जाता है कि तुलसी ब्राह्मणवादी हैं। आरोप लगाने वाले यह क्यों भूल जाते हैं कि तुलसी के सबसे पहले टीकाकार बैजनाथ कुर्मी उच्च जाति के नहीं थे। उनकी टीका आगे के सभी टीकाकारों के लिए आधार बनी है। बैजनाथ कुर्मी की टीका के कुछ अंश नवल किशोर प्रेस (लखनऊ) से छपे भी थे। कुछ भाग अभी उनके वंशजों के पास है। उनके बीच वे संत के रूप में पूज्य हैं। किसी को क्यों नहीं विचार आया कि बैजनाथ कुर्मी की टीका को संपूर्ण रूप में या जो उपलब्ध है, उतने ही अंश में उपलब्ध कराया जाए।

तुलसीदास हमारे लिए या आज के टूटते हुए रिश्तों वाले संसार के लिए आवश्यक हैं क्योंकि तुलसी रिश्तों को सही परिभाषा देने में समर्थ हैं। तुलसीदास का काव्य रिश्तों की दिव्यता प्रकट करने वाला काव्य है। यह बात राष्ट्रीय और अंतर्राष्ट्रीय स्तर पर व्यक्त की जानी चाहिए।

सवैया, कवित्त और रीति काव्य

सवैया और कवित्त मध्य युग के दो प्रसिद्ध छंद हैं, जो मुक्तक के उपयोग में आते हैं। सवैया शुद्ध रूप में वर्णिक छंद है। कवित्त मात्रिक और वर्णिक का अद्‌भुत मेल है। कवित्त छंद के ध्रुपद के चार टुकड़ों का विकसित रूप है। इन दोनों का सदुपयोग और दुरुपयोग दोनों हुआ है। 'सवैया' नाम पड़ने का कारण है चारों चरण पढ़ने के बाद पहला चरण फिर से दोहराया जाता है और जब यह सवाया हो जाए तो छंद सवैया होता है। यहाँ छंद के विन्यास पर चर्चा नहीं करेंगे; क्योंकि यह चर्चा कुछ अधिक विस्तार से हो, तभी ठीक है और वह स्वतंत्र रूप से की जानी चाहिए। यहाँ केवल उन्हीं छंदों के उचित विन्यास पर, किस प्रकार किसी भाव—चाहे वह स्थायी हो—या संचारी हो या किसी अनुभाव की अभिव्यक्ति हुई है, इसी की चर्चा करेंगे। इन छंदों में यति और गति का महत्त्व बहुत विशेष है। यति के नियमन के लिए कभी-कभी भीतरी तुकों का उपयोग किया गया है। गति के निर्वाह के लिए समानांतर उक्ति खंडों का उपयोग किया गया है। इन दोनों छंदों की रचना पूर्ववर्ती संस्कृत और प्राकृत अपभ्रंश की मर्मस्पर्शी मुक्तकों की बनावट से प्रेरित है। इन मुक्तकों की विशेषता यह है कि अंतिम चरण तक आते-आते उत्कर्ष का ऐसा क्षण आता है, जिससे पहले आनेवाला पूरा-पूरा उक्ति खंड फिर से आलोकित हो उठता है—मानो जैसे किसी ने दीये की बाती उकसा दी हो। इन छंदों में कौन किससे कह रहा है, कौन-सा देश-काल है, कौन-सा उपक्रम है—ये सारी बातें सुननेवाले की कल्पना पर छोड़ दी जाती हैं; मानो छंद के अर्थ से ही सारे संदर्भ अपने आप खुल जाएँगे। छंद की गठन ऐसी होती है जिसमें केवल भावों के ऐसे आरोह-अवरोह रहते हैं, जहाँ अंतरालों की अपेक्षा नहीं रहती; जैसे एक लहर दूसरी लहर के ऊपर चढ़ गई हो। इसी कारण इनमें अनावश्यक ब्यौरा नहीं रहता। शब्दों की किफायत रहती है। हलके संकेतों से ही सब काम चल जाता है। इन मुक्तक छंदों में पुनरुक्ति का भी भरपूर प्रयोग हुआ है। यह पुनरुक्ति केवल बल देने के लिए नहीं होती। यह पुनरुक्ति एक ही शब्द के अर्थ को और अधिक दीप्ति देने के लिए होती

है। उदाहरण के लिए, किसी अनाम कवि का छंद है—

मैं मुरली मुरलीधर की लई मेरी लए मुरलीधर माला,
मैं मुरली अधरान धरी अरु मेरी धरे मुरलीधर माला।
मैं मुरली मुरलीधर की दई मेरी हए मुरलीधर माला,
मैं मुरली मुरलीधर की भई मेरी भए मुरलीधर माला॥

इस सवैया में पुनरुक्ति है। मैं, मेरे, मुरली, मुरलीधर की पुनरुक्ति बार-बार होती है—मानो कि मुरली-मुरलीधर का संबंध मैं-मेरे का संबंध है, या संबंधों की सघनता ऐसा क्षण ला देती है कि 'मैं' का रूपांतरण 'मुरली' में और 'मुरलीधर' का रूपांतरण 'मेरे' में हो जाता है। मैं मुरलीधर के होंठों पर बजती हूँ तो मुरलीधर मेरे हृदय के हार हो जाते हैं। एक छोटा-सा विनिमय प्राणों का अर्पण हो जाता है। लेन-देन का सौदा नहीं रह जाता। चार सोपान हैं। मैंने (गोपी ने) मुरलीधर की मुरली ली (जाने चोरी से या बरजोरी से)। मुरलीधर ने मेरा हार लिया (चुराकर या छीनकर)। ढिठाई से मैंने मुरली अधरों पर रखी। मुरलीधर ने उतनी ही ढिठाई से मेरा हार अपने गले में चमकाया (खीजकर या रीझकर)। मैंने मुरली मुरलीधर को वापस कर दी। मुरलीधर ने भी संकोचपूर्वक या प्रदर्शनपूर्वक मुझे वह हार वापस दिया। तब इसी बीच में कुछ अघटित घटित हो गया। मैं मुरलीधर की मुरली बन गई। वे मेरे हाथ बिका गए और मुरलीधर मेरे हृदय के हार बन गए। मैं उन्हें हृदय दे बैठी। कैसे वस्तु भाव बनती है मानवीय संबंधों की गहराई के कारण, इसको निर्देशित करने के लिए उपर्युक्त छंदों में उक्ति खंडों का दोहराया जाना अपने आपमें अनायास युक्ति बन गया।

कवित्त की अपनी एक अलग विशेषता भी होती है। बहुत से ऐरे-गैरे कवित्त बनाने लगे। तुक जोड़ना ही उन्हें कवित्त रचना की इतिश्री जान पड़ी। इस पर दास (भिखारी दास) ने छंद लिखा है। लोगों ने कवित्त करना खेल समझ लिया। कवित्त के चार टुकड़े मनःस्थितियों के चार सोपान हैं। ये तुकों से प्रेरित जोड़ बंदी नहीं हैं। एक टुकड़ा दूसरे टुकड़े का संवादी है। दो टुकड़े मिलकर के तीसरे टुकड़े के संवादी बनते हैं और अंतिम टुकड़ा तीनों का समाधान बनता है। जैसे—

बोलि हारे कोकिल बुलाय हारे केकीगन सिखै हारीं सखियाँ सब जुगति नई-नई,
'द्विजदेव' की सौं लाज बैरिनि कुसंग इन आपने हू अँगनि अनीति अइसी गई।
जब तें इन कुंजन तें पलटि पधारे स्याम देखन न पाई वह मूरति सुधामई,
आवन समै में दुःख दाइनि भई री लाज चलन समै में चल पलन दगा दई॥

पहला सोपान है कोकिल बोल कर हार गए, वसंत का उद्दीपन व्यर्थ गया—बुला-बुला

कर मना-मना कर मयूर हार गए। पावस का उद्दीपन व्यर्थ गया। संकोच नहीं दूर हुआ। सखियाँ भी सिखा-सिखा कर हार गईं पर अभिमुख होने का साहस नहीं जुटा। दूसरा सोपान है, अपनी लाज पर खीझ आती है। कैसी यह मेरी ही शत्रु है और कैसे इसके कुसंग में मेरे अपने ही अंग मेरे ऊपर ऐसी अनीति कर रहे हैं। पहले टुकड़े में लाज के जरा भी कम होने की गुंजाइश नहीं है। दूसरे टुकड़े में लाज के ऊपर खीझ है और लाज अब जाने की तैयारी में है। तीसरी टुकड़ा है जब से श्याम इन कुंजों से लौट कर वापस गए तब से यह पछतावा बना रह गया कि उनकी सुधामयी छवि को आमने-सामने देखना नहीं हो सका। ऐसा अवसर गँवा दिया। सब कुछ अपने ही संकोच के कारण।

अंतिम टुकड़ा है समाधान। जब वे कुंजों में प्रविष्ट हुए तो लाज देखने में बंधक बनी। जब कुंज में चले तो भर आँख जब पहली बार देखा तो पलकें बाधक बनीं, पलकें झिप गईं। भर आँख देखने का अवसर ही हाथ से निकल गया। इस कवित्त का विन्यास अंतिम चरण में जाकर दर्शन अदर्शन के अंतर्द्वंद्वों में परिणत होता है और दर्शन की उत्कंठा अधूरी अतृप्त साध में रूपांतरित हो जाती है। लज्जा तो दूर हो जाती है पर देखने की उमंग ही देखना पूरा नहीं होने देती। ध्यातव्य है कि हर टुकड़ा अपने आप में पूरा अर्थ देता है। दूसरे से मिलकर दूसरा अर्थ। दूसरा अर्थ देता है तीसरे से मिल करके। एक पूरा घटनाक्रम बनता है और चौथे तक पहुँचते-पहुँचते भीतर की अधूरी साध बनकर प्यार की अतृप्त विह्वलता बनकर पहले के तीन टुकड़ों की स्मृति को और अधिक उद्दीप्त कर देता है। अब इसको केवल सुख विलास का छंद कहें, ऐसे छंदों के आकर इस पूरे इतिहास खंड को सँकरी गली कहने वालों को कहें क्या! क्या इसमें सामंती वातावरण है, इसमें महलों का विलास है, इसमें कामुक चेष्टा है, इसमें कोई अनैतिक आग्रह है, कोई समाज के मंगल के विपरीत बात है, इसमें कुछ अस्वाभाविक है, कुछ बनावट है! कोई भी बुद्धिमान ये सब दोष नहीं पाएगा और कोई भी सहृदय इस छंद को दो-तीन बार सुन ले तो यह छंद उसके कंठ में चढ़ जाएगा। कवित्त का एक और उदाहरण देना चाहूँगा। ऊपर वाला कवित्त तो उन्नीसवीं सदी के कवि अयोध्या के मानसिंह द्विजदेव का है। दूसरा कवित्त पद्माकर का है—

खनक चुरीन की त्यों ठनक मृदंगन की, रुनुक झुनुक सुर नूपुर के जाल को,
कहै 'पदमाकर' त्यों बाँसुरी की धुनि सुनि रहयो बंधि सरस सनाको एकताल को।
देखतै बनत, पै न कहत बनै री कछू, बिबिध विलास और हुलास यह ख्याल को,
चंद छवि रास चाँदनी को परकास, राधिका को मंदहास, रासमंडल गोपाल को॥

पद्माकर का यह कवित्त ध्वनि मैत्री और आंतरिक लय गठन का अद्वितीय उदाहरण है। यह शरद् रास का वर्णन है। इसमें नृत्य की गति की लयबद्धता मूर्त रूप में

चित्रित है। चूड़ियाँ खनकती हैं, नूपुर की रुनझुन उसके साथ ताल मिलाती है और इन सबको बाँधती है बाँसुरी। इन सभी भिन्न-भिन्न कामों से एक सबको अभिव्याप्त करने वाली लय रच जाती है। इसे प्रत्यक्ष देखते ही बनता है। इसके बारे में कहते नहीं बनता। इतने विविध विलास और इतने उमंगित उल्लास के लास्य की शोभा और परिपूर्ण होती है पूर्णिमा के चंद्रमा की शोभा से, चाँदनी के छिटकने से और सबसे अधिक श्री राधिका के मंदहास से। गोविंद का रास मंडल परिपूर्ण होता है राधिका के मंदहास से। इस रास की ऋतु शरद् है। परिपूर्णता की ऋतु है। इसका पूरा विन्यास सात्विक है। केवल सत्वगुण दिपता रहता है और इसी सत्वगुण को झंकृत करने में रास संगीत सहायक होता है। संगीत के विविध वितान में बाँसुरी शीर्षस्थ है तो शोभा के प्रसार में राधिका का मंदहास। यह एक-दूसरे का संवादी होना ही इसका मुख्य व्यंग्य है। सारा वातावरण केवल चाँदनी से धुला ही नहीं, प्यार की परिपूर्णता की उज्ज्वल तरंग से धुला हुआ है। पद्माकर के इस छंद के एक-एक टुकड़े में अलग-अलग संकेत है। चूड़ियों की खनक से संकेत है हाथ-का-हाथ से मिलना, मृदंग की खनक से संकेत है नृत्य को गतिमत्ता देना, नूपुर की रुनझुन से संकेत है श्रीकृष्ण की क्षण-क्षण बढ़ती हुई आकांक्षा, यद्यपि वे एकदम सन्निकट हैं। बाँसुरी के बजने से संकेत है सभी आकांक्षाओं की पूर्ति और सभी इच्छाओं का एक धारा के रूप में प्रवाहित होना। इस ध्वनि से ध्वनि संभार का संवादी है रूप संभार जो रूप चंद्रमा से चाँदनी, चाँदनी से राधिका की मंद हास सूक्ष्मतर होते-होते प्रकर्ष के शिखर पर पहुँच जाता है। अब मैं तीन सवैए लूँगा और उनको समझने व समझाने की कोशिश करूँगा। पहला सवैया आलम का है। बड़ा सीधा-सादा, पर ऐसा मर्मस्पर्शी कि वह आलम की पहचान बन गया—

जा थल कीन्हें बिहार अनेकन ता थल काँकरी बैठि चुन्यौ करै,
जा रसना सों करी बहु बातन ता रसना सों चरित्र गुन्यौ करै।
आलम जौन से कुंजन में करी केलि तहाँ अब सीस धुन्यौ करै,
आँखिन में जे सदा रहते तिनकी अब कान कहानी सुन्यौ करै॥

इस छंद में स्मृति की कौंध से जैसे प्यार एकदम तीव्रता के साथ उद्भासित हो जाता है। चित्त स्थूल और सूक्ष्म व्यापार का संयोजन है। एक ही देश-काल में कैसे प्रिय की अनुपस्थिति से भयावह परिवर्तन आ जाता है, इसको चार बिंबों में व्यक्त किया गया है। उत्तरोत्तर यह बिंब सघन होता जाता है। अधिक तीव्र प्रभावकारी हो जाता है। साथ-साथ बिहार का स्थल अब स्मृति संचय का स्थल हो गया है। एक-एक कंकण में प्रिय के स्पर्श की छाप चुनना ही अब कार्य शेष रह गया है। जैसे विहार किए व्यापार छोटी-छोटी कंकणियाँ बन गई हों। उस स्थान में आते ही चुभने लगते हैं। जिस रसना से आस्वाद लेकर प्यार की बातें आमने-सामने की थीं, उस रसना

से अब केवल चरित्र गायन होता है। तब चरित्र पर ध्यान नहीं था। केवल संबोध्य पर ध्यान था। अब संबोध्य नहीं है, चरित्र ही ध्यान और गान का विषय बन गया है। जिन स्थानों में अनेक प्रकार की क्रीड़ाएँ की थीं वहाँ सिवाय सिर पीटने के कुछ और रह नहीं गया है। क्योंकि केलि की स्मृति ही पछतावा बन गई है और सबसे शोचनीय बात तो यह है कि जो सदा आँखों में बसते रहते थे वे इतने परोक्ष हो गए हैं कि कान से उनकी कहानी सुनना ही अब उनके साथ जुड़ने का उपाय रह गया है। इस छंद में केवल एक ही उक्ति है—कैसे रूपांतरण हो जाता है। सब कुछ वही रहता है और सब कुछ बदल जाता है। इसको व्यक्त करने के लिए किसी संश्लिष्ट अलंकार की आवश्यकता नहीं, किसी सादृश्य की आवश्यकता नहीं, किसी और चमत्कार की अपेक्षा नहीं।

दूसरा छंद देव का है। देव का यह छंद वैराग्य का है। देव रूपक बाँधने में बेजोड़ कवि हैं। इस लौकिक जीवन को उन्होंने एक हाट के रूप में देखा है। गाँव के हाट का सजीव चित्र इसमें है ही, उस हाट के उठते ही जो भी बनिया ठीक से सौदा नहीं कर पाता है उसको पछतावा भी इतना मानवीय होता है कि उसके व्याज से पूरे जीवन के लेन-देन की व्यर्थता की बात सटीक ढंग से कही जा सकती है। वह रूपक यों है—जब हाट लगती है तब बड़ी चहल-पहल रहती है। बड़ी व्यस्तता रहती है। तरह-तरह की आवाजें सुनाई पड़ती हैं। बेचने-खरीदने का बड़ा उत्साह रहता है। जितना माल हाट में आता है वह सब बिकता कहाँ है! और बिकता भी है तो सब पर हाट के ठेकेदार की मुहर कहाँ लग पाती है! और उस दशा में आगे पूछताछ होने पर मुसीबत ही मुसीबत होती है। ऐसी ही है इस देह की पुरी की हाट। आयु धीरे-धीरे समाप्त हो जाती है। जीवन का प्रकाश मंद होता जाता है। सूर्य डूबने-डूबने को आता है। आगे केवल अँधेरा-ही-अँधेरा दिखता है। उस समय सुधि नहीं रहती कि क्या खरीदना है और क्या बेचना है। कवि चेतावनी देता है, जो खरा माल है उसे खरा दाम देकर खरीद लो। खरा माल है ज्ञान का गुड़। उसे खरीद लो और जो ऐसा माल है कि न बिकने पर मोह हो जाएगा, उसे औने-पौने दाम में बेच दो। यह जो मोहमाया का बैल की पीठ पर बोझ लादकर लाए हो इसे जैसे-तैसे बेचकर जाओ। अगर नहीं बिका तो फिर कभी नहीं बिकेगा और कुछ भी बेचते हो, खरीदते हो उस रसीद पर राजा की मुहर जरूर लगवा लो। जो कुछ तुम्हारी उपलब्धि है उसपर प्रभु का नाम अंकित करा लो, नहीं तो यमराज के सिपाही बहुत दुःख देंगे। तुम्हारी यह देह की हाट उठने जा रही है। हमेशा तुम्हारा यह ऐश्वर्य, यह वैभव बना नहीं रहेगा। इस लौकिक जीवन में यदि सावधानी नहीं बरती तो जीवन के अंतिम चरण में पछतावा-ही-पछतावा रहेगा। पूरे रीतिकाल में एक यही छंद होता, तो भी यह मानने की लाचारी होती कि उस समय के कवि की दृष्टि केवल ऐश्वर्य, विलास पर नहीं है, जीवन के अर्थ की पहचान पर भी है—

आवतु आयु कौ द्यौस अथ्यौत गए कवि तौ अँधियारिए ऐहै।
दाम खरे दै खरीदु खरो गुरु मोह की गौनी न फेरि बिकै है॥
'देव' छितीस की छाप बिना जमराज जगाती महादुख दैहै।
जात उठी पुर देह की पैंठ अरे बनियै बनियैं नहिं रैहै॥

अब अंत में एक सवैया छंद और लेना है। इसमें उक्ति की विदग्धता के भीतर छिपी हुई पीड़ा की सचित्र अभिव्यक्ति है—

क्यों घनस्याम अबै दुचितै गए यों तन दीठि करौ सुखदाई,
न लाल गुलालहुँ की अरुनाई न कंज गुलाबहुँ की सरसाई।
एतेहु पै एतनो गहिरो रंग धनि है रँगरेजिन की चतुराई,
साँची कहौ इन नैननि रंग की दीन्हीं कहा तुम लाल रँगाई॥

यह किसी अनाम कवि का छंद है। ईर्ष्या भाव को दबा करके मीठा और चुटीला उलाहना है। प्यारे घनश्याम! क्यों ऐसे दुचित्ते हो रहे हो? एक नजर मेरी ओर तो डालो। कहाँ किसके ध्यान में अटके हुए हो? तुम्हारी आँखों में जो लाली है(रतजगा के कारण), उसे भर आँख देखना चाहती हूँ। क्यों मुझे इनके दर्शन से वंचित कर रहे हो? ऐसी लाली तो गुलाल में भी नहीं होगी और इतनी सरस लाली तो कमल और गुलाब में भी नहीं होगी। आँखों को रँगनेवाली उस बड़भागिन रंगसाज की दक्षता कहनी चाहिए कि बिना इन उपादानों के ऐसा गहरे रंग में रंगा है कि और सब रंग इसके आगे फीके पड़ गए हैं। सच-सच बताओ, प्यारे, तुमने इन आँखों की रँगाई क्या दी है? रंगने की कीमत क्या अदा की है? क्या पास से गँवा करके आए हो? कितना अपने को खोकर आए हो और आए हो तो तुम मेरे ही पास। नहीं, तुम्हें भी भीतर-भीतर कुछ पछतावा है। पर इतने संकुचित क्यों हो? इतनी दुविधा में क्यों हो? ऊपर से देखने में यह छंद बहुत गहरा उपालंभ लगता है, पर भीतर से इसमें गहरी व्यथा है कि मेरे रहते कोई दूसरा रंग कैसे चढ़ा! पर इस व्यथा को व्यक्त करने का ढंग बहुत बाँका है। यह छंद कोई बहुत प्रसिद्ध कवि का नहीं है, इतना प्रसिद्ध भी नहीं। पर रीतिकाल कहे जानेवाले समय की उक्ति चातुरी का वैभव कैसे सामान्य कवि तक को भी मिला हुआ है, इसका अच्छा निदर्शन है।

पद्माकर का ऐंद्रिय रागबोध

रीतिकाल के बारे में यह धारणा लगभग बद्धमूल है कि इस काल की कविता सामंती विलासिता और निकृष्ट कामुकता की कविता है, इसलिए उपेक्षणीय है। यह धारणा कालिदास, जयदेव और हाल की कविताओं से अपरिचित लोगों की होती, तो बात समझ में आती, या फिर बीसवीं सदी के पूर्वार्ध के शुचिवादितापूर्ण नैतिक आग्रह वाले आलोचकों की थी, जिन्हें ग्रामगीत विशेषकर होलीगीत अश्लील लगते हैं, तो भी उनके ऊपर तरस करते हुए उनकी राय अनदेखी की जा सकती है, परंतु देह के भूगोल की कविता के प्रशंसकों और कहानियों-उपन्यासों में देहधर्म की बात करने वाले भी क्यों नाक-भौं सिकोड़ते हैं और रीतिकालीन कविता से मुँह फेर लेते हैं यह तर्कातीत है। हर युग में अधिकांश कविता नकल होती है और घटिया होती है, पर हर युग में कविता भी होती है। कविता के इतिहास से पूरे एक युग को अलग कर देना कविता की नासमझी का ही प्रमाण है। रीतिकाल के कवि भी कवि थे, मनुष्य थे, संवेदनशील थे, संत नहीं थे, पर हृदयवान से, साधारण जन के मनोभाव के पारखी थे, साधारण जन की तरह वे लौकिक जीवन जीते थे, पर उस लौकिकता में से ही कहाँ कुछ ऐसे सनातन मानवीय रागबोध के क्षण निथारते थे जैसे पत्थरों से हीरा निथारा जाता है, उस हीरे को तराशते थे, कवि कर्म की कुशलता के संस्कार से और ऐसी पंक्तियाँ निकलती थीं–

1. मान तो छूट्यों मन करिके मन में नहिं छूटत मान की छूटन देव।
2. पग जाउँ तो जात धुपौ रंग, हे रंगु राखो मो जात सबै रंग री

जायसी

3. मान को मिव जगैबे की लाज लगी पग नूपुर पायी बजावन।
   या छवि हेरि हिराय रहे हरि कौन को रूसिवों काको मनावन॥
4. लाजहिं बुलावति सी सखिन रिझावति सी
   नावति सी प्रीति अति प्रीतम के मन में।
   आँखिन असीसति सी दीसति सी मंद मंद

आवति चलीं यो तरुनाई तिय तन में॥

पद्माकर

5. कवि बोध न चाव सरिकवहूँ तितहीं हरवा सोंहिबों
   सस्तेई बनै कहते न बनै मन ही मन पार पिरेबों करैं।
6. एतेहू पै इतनो गहिरो रंग धनि हैं रंगरेजिन की चतुराई
   साँची कहौ इन नैननि रंग की छीन्हीं कहाँ तुम लाल रँगाई।

इन रससिद्ध पंक्तियों में वाग्विदग्धता, मनोभावों की तरलता और देह की नेह के कारण एक अपूर्व दीप्ति इन सबका अंकन जिन कवियों ने किया है वे जीवन से पराङ्मुख थे, वे भोक्ता भाव से देह के सौंदर्य को देखते थे या देह से खेलने वाले कवि थे, यह निर्णय लेना सरासर अन्याय है। यह भले ही कहा जा सकता है कि जीवन का एक परिपार्श्व उन्होंने देखा, गहराई से देखा, पर वह परिपार्श्व छोटा नहीं है, वह पूरे जीवन की परिपूर्ति है। कभी-कभी विपरीत परिस्थितियों में ही प्यार की कविताएँ लिखी जाती हैं। रीतिकाल का आज नयी स्वस्थ दृष्टि से बीमार मन से नहीं पुनर्मूल्यांकन होना चाहिए, इस पर कुछ अधिक बारीकी से विचार होना चाहिए कि समानांतर शहरी और रुस्वाई ज़िंदगी के अलग गाँव के वातावरण से हुलसी हुई कविता का रंग होता है और एकनिष्ठ प्यार का प्रतिबिंबन 'एक हाथ में चाहती चार चुरी ये' के सौभाग्य बिंब में होता है, रत्नजटित कंकण के ऐश्वर्य में नहीं, देह की सार्थकता मन बनने में होती है, मन की सार्थकता, प्यार के लिए लुटे हुए मन की सार्थकता देह का छंद बनने में होती है। ये स्थल कविता के लिए वर्जित स्थल नहीं हैं, ये स्थल सामंतों की संपत्ति नहीं हैं, रहते तो ठेठ किसानी करने वाले खेत खलिहान में ऐसी पंक्तियाँ सुन-सुनकर बहुत चाव के साथ दुहराते नहीं।

यहाँ मैं पद्माकर को केंद्र में रखकर इस प्रकार की कविता की बात करने जा रहा हूँ, इसलिए रीतिकाल की बात भी सीधे पद्माकर के माध्यम से ही आगे करूँगा। पहली बात तो यह है देह, मनोभावों का गहरे निश्छल मनोभावों का तरंगित सागर है, वह उपेक्षणीय नहीं है। देह से अलग अध्यात्म की पहचान एक विदेशी कला है, भारतीय कविता वैदिक युग से ही देह को आनंदधाम मानती आयी है और नारी देह को पराशक्ति के उन्मीलन का दर्पण नहीं लताकुंज मानती आयी है। दूसरी बात यह कि पद्माकर जैसे समर्थ कवियों ने अकेले देह की बात नहीं की, देह में से उठने वाली उन भीतर की लपटों की भी बात की, जिन्हें प्यार कहते हैं। तीसरी बात यह कि इन कवियों ने देह को शब्द ही नहीं छंद में रचते हुए शब्द देने के लिए तपस्या की, भाषा माँजी, लोकजीवन के मुहाविरों

में रमे, सामान्य जन के रागद्वेष की भाषा की पैमाइश की और तब ऐसे लिखा कि–

प्रानन के प्यारे मन ताप के हरन हारे
नंद के दुलारे ब्रजवारे उमहत हैं।
कहै पद्माकर अरूझे उतर अंतर यों
अंतर चहेहूँ जो न अंतर चहत हैं।
नैननि बसे हैं अंग-अंग हुलसे हैं रोम
रोम निरसे हैं, निकसे हैं को कहत है।
ऊधो वेगोकि कोऊ और मथुरा में इहा
मेरे तो गोविन्द मोहि मोही में रहत हैं।

शरीर से शरीर का नाप होते हैं सही, पर वे शरीर से कुछ और हो के भीतर मेरे अंतर में ऐसे गुँथे जाते हैं कि मैं उन्हें अलग करना चाहती हूँ। वे अलग ही नहीं होते। जितना ही इस उलझे हुए सूत्रजाल को सुलझाती हूँ उतना ही यह जाल उलझता चला जाता है। उनकी प्रतीति इन आँखों में है, उनके स्पर्श का पूरा उल्लास इन अंगों में है, रोम-रोम में यह उल्लास अंकुरित है, वे चले गए, कौन ऐसी बात करता है, वे कोई दूसरे गोविन्द होंगे ऊधो, मेरे तो गोविन्द मुझीमें रहते हैं। देह का सबसे स्थूल ऐंद्रियबोध है स्पर्श और वह स्पर्श अंतर तक भिन गया है। आँखों में नाचने वाला ठहर गया है। जिन तरुनाई के सौंदर्य से रीतिकालीन कवि अभिभूत हैं, उसकी मंदगति से देह में अवाई कितनी नाटकीय होती है, इसमें देह और मन दोनों प्रभावित होते हैं, इसका एक चित्र है–

थामति सी चातुरी सरापति सी लंकअस
आयति सी पारति आरी अजसपन में।
कहै पद्माकर सु ओषध रसावति सी
लावति सी नैसुक उचार्य उरजन में
लाजहिं बुलावति सी सखिन रिझावति सी
नावति सी प्रीति अति प्रीतम के मन में
आँखिन असीसति सी दीसति सी मंद-मंद
आवति चलीं यो तरुनाई तिय तन में।

कैसे वयःसंधि में कर्तृत्व आ जाता है और देह अवश हो जाती है, इसका चित्रण एक साथ कई व्यापारों के घटित होने के द्वारा किया गया है।

कमर गरीब अभिशप्त होती है कि घटती है, आशीर्वाद मिलता है आँखों को जो बड़ी होती है जो लज्जा कहीं आस-पास नहीं थी, उसे यह वयःसंधि इशारे

से बुलाती है, यह घर अब तुम्हारा है, यह सब इसलिए कि प्रिय का मन इधर प्रणत हो जाए। सौंदर्य का पल सौभाग्य, प्रिय का वशीकरण, अनुकूलीकरण। देह का दोहन नहीं, मंथन नहीं, देह का तदीय रूप से अर्पण, देह का नेह में रूपांतरण, घट का अमृत में रूपांतरण।

सद्यःस्नाता शुक्ला का एक चित्र है पद्माकर का। शोभा कैसे टरकायी जाती है, रंग कैसे रंग बनते हैं, इसे देह के माध्यम से कहा गया है, पर कहीं भी पढ़ते-पढ़ते मन कामुक नहीं होता, सौंदर्य का उपभोक्ता भी नहीं होता, वह सौंदर्य का दर्शक भी नहीं रहता, वह बस सौंदर्य की दृष्टि बन जाता है—

सजि ब्रजचंद पै चली यों मुखचंद जाको
चल चाँदनी की दुति मंद सी करति जात।
कहै पद्माकर त्यों सहज सुगंध ही के
पुज बन कुंजन के कंज से भरति जात॥
धरति जहाँ है जहाँ पगु है सु प्यारी तहाँ
मंजुल मजीठ ही के पाठ से ढ्रत जात।
हारन ते हेरे सेल सारी की किनारति तें
बासतें मुकता हज़ारन झरत जात॥

ऐसी शोभा जो चंद्र और चंद्रिका की द्युति को फीकी कर दे वैसी अंग-अंग में बसी सुंगध ऐसे फैलाती जैसे रात में वनकुंजों को खिले कमलों से भर दे जहाँ-जहाँ पग रखती है, वहाँ ऐसी प्रतीति होती है कि मजीठ का माठ किसी ने ढुरका दिया है, धरती चरण के स्पर्श से लाल-लाल रंग गई है, कहाँ-कहाँ से पानी की बूँदें क्या झरती हैं जैसे हज़ार-हज़ार मोती के दाने बरसते जा रहे हों।

इस निष्कलुष सौंदर्य में देह की उपस्थिति है, ऐंद्रिय विषयों में रूप, गंध और रस की उपस्थिति भी है, पर सबके भीतर से निर्विषय सम्मोहन की प्रतीति है, शुभ्रता की रसविंदु और रसविंदु की मौक्तिक के रूप में परिणति ऐंद्रिय बोध की तीव्र सघनता में ही श्यामसुंदर से मिलन होता है और मन हाथ से निकल जाता है—

मोहि तजि मोहने मिल्यौ है सब मैरो दौरि
नैनहू मिले हैं देखि देखि साँवरो सरीर
कहै पद्माकर त्यों तानमय कान भये
ह्यो तो रही जकि थकि भूली सी भ्रमी सी बोर
ऐतो निरदई दई इनको दया न दई
ऐसी दसा भई मेरी कैसे धरौ लन्धीर

हो तो मनहू के मन मैनन के नैन वाले
कानन के कान तौ ये जानते पराई पीर।

यह इंद्रियता की तलाश क्या कविता के मर्म की तलाश नहीं है? इसी प्रकार की अभिव्यक्ति खंडिता नायिका के उपालंभ में है—सारी रात जगे कि आँखें सुर्ख लाल हो गयीं, अब आए तो "लाल दृग कोरन में मेरे नैन बोरो लाल के तो इन नैनन निवोरो नैन अपने" आँखें मिलाओ प्यारे, नहीं तो मेरी आँखों में अपनी आँखों की लाली में डुबो दो या फिर अपनी आँखों का लाल रंग मेरी आँखों में निचोड़ दो।

आँखों के रंग के व्याज से नायिका अनुराग का पूरा तालाब पी जाना चाहती है।

तीज त्योहार के झूले के वर्णन के प्रसंग में पद्माकर ने झूलने के ऐंद्रिय व्यापार को कितनी गहराई तक पहुँचा दिया है—

काम झूलै उर में उरोगन में दाम झूलै
स्याम झूलै प्यारी की कन्यारी अँखियान में।

काली पुतली नहीं झूलती ये श्याम ही दोलायमान हैं प्यार की आँखों के झूले पर। विरह के वर्णन में ऐंद्रिकता स्मृति में छनकर अभिलाषा की गहराई में उतर कर विशुद्ध चेतना का ज्वार बन गयी है, होली को विरह से जोड़ने वाला एक छंद है, जिसकी अंतिम दो पंक्तियाँ हैं—

जोरि जो धरी है वेपरद दुआरे होरी
मेरी विरहागि की लूमनि लौ लाइ पाउ
एरी इन नैननि के नीरन अबीर घोर
बोरि पिचकारी चितचोर पै चलाइ आइ।

विरह के एक दूसरे वर्णन में होली के समय ही पाती के द्वारा अपनी देह का हाल लिखती है—

नैनन को ढंग सो अभंग पिचकारिनते
गातन को रंग पीरे पातन से जानिकी।

आँखों का हाल रंग की पिचकारी से और अंगों का हाल पीले पड़ते जाते पतझर के पातों से जानना।

ऐसे कवि को विशाल के भी विशाल के दर्शन लघु से लघु में होते हैं, उसके गोविंद क्षीरसिंधु में नहीं मिलते, देव लोक में नहीं मिलते, कंदरा के मंदिर

में कवि सोचता है दूर से सुना जाता है बहुत आनंद है, पर इस भवछंद की विवशता, कैसे जाय, पर जाने की बात क्यों सोचें गंगा की विंदु-विंदु में गोविंद छलके पड़ते हैं—

इंदिरा के मंदिर हैं सुनियत आनंद भेर
बीचि कवि फंद तहाँ कैसे जाइयतु है
न पैये छीर सिंधु में न पैये देववृंद हूँ में
गंगाजल विंदु में गोविंद पाइयतु है॥

उनके तीन लोक के ठाकुर की ठकुराई कहाँ चली जाती है और इस जगत् के स्नेह के आकांक्षी बनकर मचलने लगते हैं। इस कविता का आस्वाद भाषा की अबूझता के कारण और समग्र कविता की नासमझी के कारण चाहे लोगों को प्राप्य न हो, पर वह आस्वाद चला जाएगा तो जीवन की मनोरम पहचान चली जाएगी, जीने के लिए इसकी आवश्यकता है और रहेगी।

रीतिकाल की एक अन्यतम उपलब्धि : देव का काव्य

रीतिकाल के साथ दुहरा अन्याय हुआ, एक ओर तो उसे घोर सामंती विलासिता का काव्य मानकर तिरस्कृत कर दिया गया, दूसरी ओर उसके कवियों को दरबारी कहकर मनुष्य की कोटि से बाहर कर दिया गया, कभी किसी ने नहीं सोचा कि भक्त-कवि कवि नहीं थे, भक्त थे, और उनके पीछे आने वाले कवि भी भक्त थे, भले ही विरक्त और उस कोटि के पहुँचे हुए न हों, पर पहले और बाद में वे कवि थे। संतों के साथ कवियों को रखकर काव्य को तौलना उचित न्याय तभी है, जब व्यक्ति को हटा दिया जाए। यह भी किसी ने नहीं सोचा कि रीतिकाल के कवि जीविका के लिए दरबारों से संबद्ध रहे तो आत्मसम्मान खोकर नहीं, जहाँ उनको लगा सम्मान कम हो रहा है, वहाँ वे सब ऐश्वर्य छोड़कर चले जाते थे, देव-पद्माकर जैसे कवि जाने कहाँ-कहाँ भटके, परन्तु आत्मसम्मान अपना कभी नहीं गँवाया। यह सही है कि इन्होंने राजाओं, सामंतों को पुस्तकें भेंट कीं, उनकी प्रशंसा में भी कुछ लिखा, यह प्रक्रिया तो आज भी कम नहीं है, पर यह भी देखना चाहिए कि इन कवियों का मुख्य वर्ण्य विषय क्या है, इनकी रचना का परिवेश क्या है? ऐश्वर्य के बीच रहते हुए गाँव के रीतिरिवाज, गाँव की वेशभूषा, गाँव के उल्लास, गाँव के वातावरण और गाँव के सहज प्यार का ही चित्रण इन्होंने किया। इनके लिए श्रीकृष्ण और गोपियों का प्रेम-प्रसंग यदि विषय है और उसमें लौकिक प्यार का आधिक्य है तो यह काव्य की दृष्टि से हेय क्यों है, इस पर विचार नहीं किया गया। एक ओढ़ी हुई छूँछी नैतिकता के घुटे वातावरण के अभ्यस्त लोगों को इन कवियों की रचना की उन्मुक्तता असह्य लगी, उन्होंने एकदम से फतवा दे दिया, रीतिकाल के दरबारी कवियों ने प्रेम को कलुषित किया। उसका परिणाम यह हुआ कि उसके पठन-पाठन की बड़ी उपेक्षा हुई। किसी को यह नहीं सूझता कि रीतिकाल न आया होता तो कवि कर्म के प्रति इतनी सचेतता नहीं आती, न भाषा की इतनी मँजाई होती, न हिंदी को सामान्य जीवन के दुखदर्द पहचानने का सलीका ही आता। रीतिकाल में

सभी प्रकार के कवि हुए, आज भी सभी स्तरों के कवि हैं, रीतिकाल की उत्कृष्ट रचनाओं को आज साहित्य की दृष्टि से पढ़ा जाए तो लगेगा उनमें कितना पानी है। सूर-तुलसी-कबीर-मीरा की तुला पर उन्हें न रखकर शुद्ध सर्जनात्मक उद्भावना की दृष्टि से परखा जाए तो पता चलेगा कि उन्होंने मनुष्य के एक व्यापार को ही सही, बड़ी गहराई में जाकर परखा है, प्यार की एक-एक रंगत पहचानी है, उसकी आकुलता की एक-एक करवट उनकी रचना की सिलवट बनी है। उन्होंने ऐंद्रिय जगत् को पूरी तरह स्वीकारा है, पर उनके काव्य का चरम लक्ष्य ऐंद्रिय भोग नहीं है, चरम लक्ष्य उनका भी एक ऐसे माधुर्य से अपने को भरना है, जो चर-अचर सबमें अभिव्याप्त है और जो भर जाता है तो जीवन सार्थक हो जाता है, क्योंकि तब जीवन और जगत् एक हो जाते हैं। श्रीकृष्ण के साँवले रूप को आँखों का कज्जल बनाना, उस रूप को आँखों का ऐसा रस बनाना कि आँखें पूरा भर नहीं पातीं, इसी से उनमें वह रस आँसू बनकर ढरा करता है, आकाश के आरसी बनाकर चंद्रमा को राधिका का प्रतिबिंब बनाना, गोकुल की गलियों को राधिका के संचरण से कमलमय बनाना जैसी उद्भावनाएँ उसी बड़े लक्ष्य को सामने रखकर की गई हैं। रीतिकाल की परख उसके उत्कर्ष और उस उत्कर्ष के साधक देव, बिहारी, पद्माकर, घनानंद, ठाकुर जैसे कवियों से ही करनी उचित है। वह यदि न करें तो हिंदी साहित्य की पहचान पूरी नहीं होती।

देव कवि का रीतिकाल में एक विशिष्ट स्थान है, वे सबसे अधिक व्यापक अनुभव के कवि हैं। एक ओर वे लौकिक शृंगार में डूबे तो दूसरी ओर घोर विरक्ति में। वैराग्य की जो तीव्रता उनके वैराग्य-शतक में दिखती है, वह तुलसी जैसे संत कवियों की अभिव्यक्ति के समकक्ष है, परंतु उसे केवल उक्ति-वैचित्र्य मान लिया गया है। देव ने राधाकृष्ण के प्यार की बेकली के भी ऐसे अलौकिक चित्र प्रस्तुत किए हैं, जो सूर के काव्य की अगली कड़ी बनाते हैं। यह सही है कि उन्होंने परिपाटी-काव्य भी लिखा, लक्षणग्रंथ लिखे, लक्षण बिठलाने के लिए छंद लिखे, कवियों की शिक्षा के लिए प्रयोग भी किए, पर मूलतः देव एक संपूर्ण कवि थे। उनके काव्य में एक अद्भुत परिपक्वता और माधुर्य है। अलंकारों के प्रयोग में कभी ही कभी वे चमत्कार के चक्कर में पड़ते हैं, अन्यथा उनकी सद्यःस्नात भाषा ही इतनी समर्थ है कि अलंकार उसमें से पानी की बूँद की तरह चुए पड़ते हैं। 'आँखि खोलि देखौं तौ न घन हैं न घनस्याम वेई छाई बूँदें मेरे आँसू है दृगनि मैं' या 'अँखियाँ मधु की मखियाँ भईं मेरी' या 'पारावार पूरन अपार पर ब्रह्मरासि जसुदा के कोरै एक बारक कुरै परी' जैसी पंक्तियाँ इतनी अनायास लगती हैं कि लगता है कवि कहीं गहरे डूबा हुआ है, उसकी भाषा भावनिमग्न भाषा है, उसमें कोरे शब्द नहीं, अर्थ ढरकाने वाले शब्द हैं। संचारियों के वर्णन में देव अमरुक कवि की तरह कुशल हैं, विशेष रूप से विरह के संचारियों के वर्णन में। देव ने

सांग रूपक भी तुलसी के बाद बेजोड़ बाँधे हैं, वसन्त को कामदेव का बालक बनाने वाला रूपक या वियोगिनी को जोगिन बनाने वाला रूपक जिस संपूर्णता के साथ गुहा गया है, वह कवि की अशिथिल समाधि से ही संभव है।

ऐसे रससिद्ध कवि का स्मरण बानी के सार का स्मरण है। उनका जन्म इटावा शहर में हुआ। इटावे में उत्तर प्रदेश हिंदी साहित्य सम्मेलन ने पूज्यवर पं. श्रीनारायण चतुर्वेदी की प्रेरणा और उन्हीं के विकट प्रयत्न से उनका स्मारक निर्मित कराया है। यह स्मारक भी अपने ढंग का पहला है, यह लाल पत्थर का स्तंभ है, ऊपर कमल का शीर्ष है, नीचे छह पहलों में से चार पर देव के सुघड़ छंद टँके हैं, एक पर उनके आराध्य राधाकृष्ण का शिल्प जड़ा हुआ है, एक पर लेख है। देव की सही साकार प्रतिमा तो उनकी रचना है या उनकी रचना के आधार किसोर-किसोरी ही हैं। लाल पत्थर के इस स्मारक की जमीन भी लाल पत्थर की ही है। देव में अनुराग का रंग प्रधान है, यहाँ तक कि उनका वैराग्य भी श्रीकृष्ण के अनुराग से रंजित है, वह कोरा वैराग्य नहीं है। वे राधावरवारिधि में मन को डुबोने का संकल्प लेने वाले कवि हैं।

देव उस अठारहवीं शताब्दी के कवि हैं, जिसमें सब कुछ बिखर रहा था, साम्राज्य टूट रहा था, सामंत उभर रहे थे, भक्ति बाह्याचार में अधिक चली जा रही थी, मनुष्य को कहीं चैन नहीं था (स्वयं देव को कहीं ठीक ठिकाना नहीं मिला), संबंधों में अविश्वास आने लगा था, ऐसे जमाने में भक्तियुग के बाद मानवीय मूल्यों की नई परीक्षा का अवसर जिन्हें मिला, उन्होंने इन्हें कवि होकर परखा, अपने कर्म में पूरी निष्ठा रखी, सजगता बरती, मनुष्य को जोड़ने वाले व्यापार की सूक्ष्म अर्थवत्ता की पहचान कराई और आस्तिक भाव की पूरी सँभाल रखी।

आज हम देव जैसे कवि का आधुनिक दृष्टि से पुनर्मूल्यांकन करेंगे तो हमें स्पष्ट लगेगा कि ये सबसे पहले कवि थे और सबसे अंत में कवि थे, उनका व्यक्तित्व इन दोनों के बीच सम्पुटित था और उनका आचार्यत्व केवल एक बाना था। वे संस्कृत-प्राकृत की युक्तक परंपरा के एक ओर योग्य उत्तराधिकारी थे, दूसरी ओर लोकजीवन में अभिव्याप्त श्रीकृष्ण की लीलाओं की अभिव्यक्तियों से अभिभूत थे और किसी न किसी रूप में अलौकिक प्यार के भी साझीदार थे। देव ने जातिविलास लिखा रहीम के नायिका भेद की परंपरा में, उसमें कोई कामुक दृष्टि नहीं है, उसमें एक तटस्थ कलाकार की दृष्टि है। काम और कामुकता में जो अंतर न कर पाए, वह कहीं न कहीं स्वयं किसी ग्रंथि से कुंठित रहता है। सहज जीवन की अभिव्यक्ति के रूप में काम कभी भी भारतीय साहित्य के लिए हेय नहीं रहा। हाँ, वह चरम पुरुषार्थ नहीं था। देव का भी वह चरम पुरुषार्थ नहीं था, पर वह भी अर्थ रखता है, उसमें से गुजरे बिना, उसको समझे बिना चरम अर्थ नहीं समझ में आता। आज इसी दृष्टि से देव का पुनर्मूल्यांकन अपेक्षित है।

मूल्यों के उद्‌गाता भारतेंदु और उनका मंडल

भारतेंदु विषयक सामान्य चर्चा से हटकर भारतेंदु मंडल के बारे में, मैं बात करना चाहता हूँ। यह कहा गया है कि भारतेंदु की विशेषता है मंडल बनाने की। उन्नायक अपनी-अपनी भाषा के, अग्रदूत आधुनिकता के अनेक हुए हैं। बंकिमचंद्र चट्टोपाध्याय हों, बरुआ हों, चिपलूणकर हों, देशलिंगम हों, नर्मद हों, केरल वर्मा हों—कोई हों, किंतु मंडल बनाने का काम भारतेंदु ने ही किया। और उनके मंडल के सदस्य कैसे-कैसे हैं, यह बड़ी विचित्र बात है कि सभी लोग बनारस के ही नहीं हैं। बनारस में सभी लोग बैठते भी नहीं हैं हमेशा, लेकिन एक भारतेंदु मंडल बन गया है। एक आदमी हैं—संस्कृत के पंडित, गवर्नमेंट संस्कृत कालेज में ज्योतिष के प्रोफेसर महामहोपाध्याय सुधाकर द्विवेदी, वे ज्योतिषशास्त्र के पांडित्य के लिए पुरस्कृत हुए थे। उन्होंने आधुनिक गणित को भी कुछ अवदान दिया। इसीलिए उनकी इतनी प्रतिष्ठा हुई और वे मंडल के विचित्र प्रकार के सदस्य थे। अब उनको पता है कि हरिश्चंद्र को उपाधि देने वाली सरकार नहीं है। जब राजा शिवप्रसाद को 'सितारेहिंद' की उपाधि मिली तो इस मंडली के सदस्य पंडित सुधाकर द्विवेदी ने बाबू हरिश्चंद्र को, भारतेंदु उपाधि से मंडित किया। और जब किसी ने कहा कि चंद्र में तो कलंक होता है और उनके व्यक्तिगत जीवन की ओर इशारा किया, तो सुधाकर द्विवेदी ने कहा, "बाबू साहब, तृतीया के चंद्रमा हैं।" हरिश्चंद्र को 'भारतेंदु' उपाधि जनता के प्रतिनिधि ने दी है, सरकार ने नहीं दी है। दूसरे सदस्य थे जो उम्र में कुछ छोटे थे लेकिन वे भी संस्कृत के थे, अम्बिका दत्त जिन्होंने भारतेंदु के बाद 'पीयूष प्रवाह' नाम से एक पत्रिका निकाली थी, जो आधुनिक युग में संस्कृत के पहले उपन्यास 'शिवराजविजय' के रचयिता हैं। उसके साथ ही जिन्होंने आधुनिक ढंग की पहली हिंदी कहानी लिखी 'आश्चर्य वृत्तांत' और ब्रजभाषा, खड़ी बोली दोनों में कविताएँ कहीं।

तीसरे सदस्य हैं—जो भारतेंदु बाबू के रिश्ते में भतीजे लगते थे—राधाकृष्ण दास, जिन्होंने 'मेवाड़-विजय' नाटक लिखा था—जो एक तरह से इनके वैयक्तिक सहायक थे—नाटक खेलने में। कवि समाज की स्थापना में, पत्रिका चलाने में,

इनके सहायक थे, बाबू राधाकृष्ण दास।

दूसरे सदस्य थे मिर्जापुर के बद्रीनारायण चौधरी प्रेमघन—बड़े रईस, भारतेंदु जी के मरने के बाद का उनका एक लेख है—'बनारस का बुड़वा मंगल' और उस लेख में शुरुआत वहीं से होती है कि बनारस आएँ तो क्यों आएँ? जिससे बनारस बनारस था, उसका रस बँधा हुआ था वह हरिश्चंद्र आज नहीं है, अब उनके बिना 'बुड़वा मंगल' क्या होगा? बनारस के बाहर के दूसरे सदस्य थे, प्रतापनारायण मिश्र, अब यह स्मरण रख लीजिए कि भारतेंदु को छोड़कर और राधाकृष्ण दास को छोड़कर कोई व्यक्ति व्यवसायी परिवार से नहीं आया है।

प्रेमघन जी जमींदार थे; काफी रईस थे, संपन्न थे, लेकिन अधिकतर लोग अपने परिश्रम से आगे बढ़े हुए थे और घर फूँक तो स्वयं भारतेंदु हरिश्चंद्र भी थे। इस मंडली के सदस्य तो नहीं, पर इस मंडली से अपने को जोड़ने वाले थे बनारस के तत्कालीन राजा ईश्वरी प्रताप नारायण सिंह; जिनसे भारतेंदु की कुछ अनबन हो गई थी और अनबन इस बात पर हुई कि उन्होंने कहा कि आप अपने पुरखों की कमाई इस तरह से फूँकते चले जा रहे हैं, अनाप-शनाप कामों में—कभी नाटक में, कभी पत्रिका में, कभी इसमें, कभी उसमें, यह ठीक नहीं कर रहे हैं। यह आपने नहीं कमाया है, आपके पुरखों ने कमाया और आप इसको बरबाद कर रहे हैं। और इसका उन्होंने जवाब दिया था—जो सब जगह प्रचलित है—कि राजा साहब इस धन ने हमारे पुरखों को खाया अब मैं इस धन को खा रहा हूँ अर्थात् इसी धन के कारण सेठ अमीचन्द्र ने विश्वासघात किया था हिंदुस्तान के साथ में प्लासी की लड़ाई के पहले। पूर्वजों की धनाढ्यता के कारण भारतेंदु का परिवार आज भी चौधरी परिवार कहा जाता है, समस्त अग्रवालों में अगुवा परिवार था उसी धन के कारण। लेकिन भारतेंदु जी ने उस धन की कोई परवाह नहीं की। खुला हाथ पंडितों के लिए, कवियों के लिए, मुनियों के लिए, सहायकों के लिए, सबके लिए खुला हुआ। तो उसी बात पर उन्होंने महाराज बनारस के पास संदेश भेजा था। मैं तो चूँकि इसने मेरे पुरखों को खाया था इसलिए इसको खा रहा हूँ।

अजीब यह मंडल था जिसमें राजा रंक सभी तरह के लोग थे। इन सब लोगों को साथ ले करके चलने वाला व्यक्ति था भारतेंदु हरिश्चंद्र, जो अपने बारे में 'प्रेम जोगिनी' में बड़ी गहराई से बातें लिखता है, अधिकतर समझा जाता है—बड़ा हास्य प्रिय, बड़ा विरोधी, फिर लेकिन हा-हा, ठी-ठी वाला रूप बाहरी-भीतरी रूप था कि सारी जिंदगी गम से काम रहा, कभी चैन नहीं रहा है और दोनों जहाँ के ऐश को खाक में मिलाया है, लोक-परलोक नष्ट किया है, किसी की चिंता नहीं की और इस तरह से अपने यार को हमने पाया है। अपने गंतव्य को, अपने लक्ष्य को हमने पाया है।

उनका लक्ष्य? भारतेंदु का क्या लक्ष्य दिखाई पड़ता है? केवल हिंदी-सेवा हिंदू-सेवा, जाति-सेवा, धर्म-सेवा, साहित्य-सेवा, क्या लक्ष्य है? क्या स्पष्ट होता है? समाज सेवा किस प्रकार का लक्ष्य मालूम पड़ता है? श्री विजय राघव रेड्डी ने संकेत किया शिक्षा कमीशन की ओर—उस हंटर कमीशन के समक्ष बयान देते हुए भारतेंदु हरिश्चंद्र ने जिस शिक्षा नीति की स्थापना की बात की थी वह कोठारी कमीशन से अलग नहीं था। वह आदमी इतने हास-परिहास, इतनी उन्मुक्तता, इतनी उच्छलता के बीच काफी गंभीर था, उसे काफी गहरी चिंताएँ थीं और वे चिंताएँ मानवीय चिंताएँ थीं। वह चिंता 'भारत दुर्दशा' में 'भारत जननी' में, 'नील देवी' में बहुत स्पष्ट रूप से उजागर हुई है। उससे भी अधिक स्पष्ट रूप से उनके जो छोटे 'भाँड' हैं या उनकी जो अधूरी 'प्रेम योगिनी' है या 'सत्य हरिश्चंद्र' हैं, उसमें दिखाई पड़ता है। जिस प्रकार का बिखरापन समाज में है, ढोंग समाज में है, कथनी और करनी में भेद है, उसके खिलाफ केवल नारा लगाने से कुछ होगा नहीं—यह भारतेंदु जानते हैं।

समाज में जिस प्रकार की प्रवृत्ति है—एक दूसरे का दोष देखने की उस समाज में समरसता, प्रेम की बात करना, लगता है उन्हें, कोई अर्थ नहीं रखता और इसीलिए वे कितने प्रकार की कोशिश करते हैं। उन कोशिशों से वह चिंता अधिक प्रमाणित जान पड़ती है। शायद अपने जमाने का अकेला व्यक्ति है जिसने संस्कृत, उर्दू, ब्रजभाषा, खड़ीबोली, बंगला, मराठी, पंजाबी, इतनी भाषाओं में रचना की और उन्होंने अकेले नहीं लिखी, उनके साथ के लोगों ने लिखा और आपको विस्मय होगा कि उनके समय के भी गया के एक हरिश्चंद्र हैं वे संस्कृत में कजली और चैती लिखते हैं। उन्हीं के समय में अर्थात् लोक में प्रचलित धुनों का, छंदों का गाथारूपों का उपयोग किया जाए, जिससे लोग साथ हो जाएँ, लोगों का चित्त हमारे चित्त के साथ हो जाए। भारतेंदु जानते हैं कि बिना महात्मा गाँधी हुए, बिना किसान आंदोलन किए, बिना मजदूरों की चेतना का साक्षात्कार किए, ये जानते हैं कि इस देश के असंख्य लोग जिस भाव से अपना दुःख व्यक्त करते हुए भी मन ऊँचा रखते हैं, उल्लसित रखते हैं वही इस देश को जोड़ने वाला है और उन्हीं की भाषा से लिया गया संस्कार, उन्हीं की भाषा से लिया गया, उन्मुक्त व्यवहार-उच्छलता हिंदी को या किसी भी व्यापक भाषा को प्राण ावत्ता दे सकता है। इसलिए भारतेंदु मंडल के लोग एक संयोजक सूत्र का काम करते हैं। एक ओर संस्कृत से संयोजन करते हैं, पर वे संस्कृत के आग्रही नहीं हैं संस्कृत में विनय-पत्रिका का समश्लोकी अनुवाद सुधाकर द्विवेदी ने किया। पर सुधाकर द्विवेदी ने स्वयं ज्योतिष की पुस्तकें हिंदी में लिखीं, वह हिंदी केंद्रीय हिंदी निदेशालय की हिंदी नहीं है जिसके टकसाली शब्द हैं।

स्वयं भारतेंदु का नाट्यशास्त्र के संबंध में निबंध पढ़िए तो आलोचना के

लिए सही भाषा आपको मिलेगी। ऐसी भाषा नहीं मिलेगी जो देवनागरी में लिखी गई होगी, लेकिन अंग्रेजी भाषा होगी। लेकिन सही भाषा वहाँ मिलेगी आपको, जो आदमी अंग्रेजी आलोचना या अंग्रेजी स्टाइलिस्टिक्स की शब्दावली से नहीं परिचित है वह भी उसको समझ सकता है, जो नाट्यशास्त्र नहीं भी पढ़ा हुआ है संस्कृत में, वह भी उसे समझ सकता है। तो संस्कृत का आग्रह नहीं लेकिन संस्कृत को एक संयोजक शक्ति के रूप में देखने का भाव जरूर है। इसलिए इन सभी लोगों ने दोहरा काम किया है। हिंदी से संस्कृत में और संस्कृत से हिंदी में अनुवाद का कार्य किया है और संस्कृत के रचनाकारों को आधुनिक बनाने का काम किया है। यह काशी में रहने का प्रभाव हो, चाहे जो कुछ हो, और हिंदी के लिए मैं तो इसे बड़े सौभाग्य का अवसर मानता हूँ कि उसका विकास काशी में हुआ। दिल्ली में नहीं हुआ, कलकत्ते में नहीं हुआ। राज्याश्रय से बहुत अलग हुआ।

दिल्ली में होता तो भी जाने कैसा रूप होता, यह आज के युग का अनुमान हो सकता है और कलकत्ते में जैसा हुआ, 19वीं सदी के बाद वह नहीं हो पाता यदि भारतेंदु ने एक नींव अलग किस्म की नहीं डाली होती। भारतेंदु के नींव डालने ही से 'भारत मित्र' और 'सुदर्शन' जैसे समाचार-पत्र कलकत्ते से निकले और उन्होंने भारतीय तेजस्विता का स्वर ऊँचा किया। ये प्रभाव भारतेंदु का है और मैं समझता हूँ कि बनारस के वातावरण, बनारस के सर्वग्राही रूप, वहाँ के समस्त भारत के क्षेत्रों के लोगों का प्रतिनिधित्व, सभी भाषाओं का संगम जो आप 'प्रेमजोगिनी' में पाते हैं, मराठी में संवाद हैं, उसमें बंगला मिली हिंदी में संवाद हैं, भोजपुरी में संवाद हैं, गुजराती में संवाद हैं एकाध संवाद मारवाड़ी में भी है, पंजाबी में भी है। तो ये सभी क्षेत्रों के लोग बनारस में बसे हुए हैं उनमें परस्पर संपर्क है। और यह सब मिलकर के बनारस बनता है, विचित्रतः उसका बड़ा गहरा प्रभाव हिंदी के इस प्रारंभिक इतिहास पर पड़ा है और उसी के कारण हिंदी का जो रूप ढला, वह किसी टकसाल में नहीं ढला। वह किसी शासन के प्रयत्न से नहीं ढला, वह जनता के साथ एकचित्त होने के कारण और एकचित्त करने वालों के प्रयत्न के कारण ढला। उसमें जो जनपदीय भाषाओं का रंग आया, जो तद्भव शब्दों के सटीक प्रयोग के कारण सजीवता आयी, और संस्कृत को बीच-बीच में ग्रहण करते रहने से जो देश को एकसूत्र में जोड़ने का भाव आया, वह न आता यदि बनारस इसका केंद्र न हुआ होता।

मैं बनारस से आने के कारण ऐसी बात नहीं कर रहा हूँ पर जब आप ध्यान से देखेंगे, जब आप तुलना करते हैं भारतेंदु युग के गद्य की द्विवेदी युग के गद्य से, तो आपको एक अंतर लक्षित हो जाता है। भारतेंदु ने हिंदी को, हिंदी के मानक रूप को विकसित किया तो किसी शिकंजे में कसकर के नहीं किया। बहुत से प्रयोगों का तिरस्कार करके नहीं किया। और अंग्रेजी वाक्यविन्यास को

ध्यान में रखकर के नहीं किया, जबकि द्विवेदी जी की हिंदी तो ऐसी साँचे की हिंदी थी जिसमें बहुत से कोर-किनार टूट जाते थे और बहुत सी जान निकल जाती थी, द्विवेदी जी ने प्राणहीन भाषा रची। यह तो कुशल की बात है कि चंद्रधर शर्मा गुलेरी, बालमुकुंद गुप्त, माधव प्रसाद मिश्र जैसे लेखक थे जो इसका प्रतिरोध करते रहे, उसके कारण हिंदी का लचीलापन नहीं गया, नहीं तो हिंदी का यह लचीलापन तोड़ने में आचार्य महावीर प्रसाद द्विवेदी ने कोई कोर-कसर बाकी नहीं छोड़ी थी। भारतेंदु हरिश्चंद्र ने हिंदी को माध्यम मात्र माना था। एक व्यापक मानवीय संवेदना के प्रसार के लिए हिंदी में शक्ति उन्होंने देखी थी। उन्हें किसी भी साहित्य से, किसी भी भाषा से द्वेष नहीं था—ग्रहणशील व्यक्ति थे। स्वयं लिखा, लिख करके प्रमाणित किया, सीख करके प्रमाणित किया क्योंकि संकीर्णता से और चाहे वह किसी भी प्रकार की संकीर्णता हो—उन्हें द्वेष था। उनका सनातन धर्म के प्रति भी जो अनुराग था, बल्लभसंप्रदाय की सीमाओं में जकड़ा हुआ नहीं था। उससे बाहर की सोचते थे।

उन्होंने महर्षि दयानंद के ऐतिहासिक राष्ट्रीय कार्य की प्रशंसा की है, पर उनकी संकीर्णता की आलोचना भी की। जहाँ उन्होंने समझा है कि संकीर्णता है उसकी आलोचना करने से वे बाज नहीं आए हैं। उर्दू की आलोचना की तो संकीर्णता के कारण की। उन्होंने उर्दू के उस मिजाज की आलोचना की जिसमें उर्दू अपने को विजेताओं की भाषा के रूप में प्रमाणित करना चाहती थी और विजेताओं की भाषाओं के रूप में प्रमाणित करके, अंग्रेजी शासन की दुलारी होना चाहती थी। यह उन्हें स्वीकार नहीं था। उर्दू साहित्य का रंग स्वीकार था उन्हें, इसको मानकर कि दो रंग हैं—दो रंग साथ चल सकते हैं उनमें सह-अस्तित्व होना चाहिए। भाषा दोनों चल सकती हैं किन्तु कचहरी की भाषा का जब सवाल आया और उसकी लिपि का सवाल आया तो वह भाषा और हिंदी लोगों की पहुँच में न हो यह उन्हें सह्य नहीं था और अकेली वह लिपि हो, यह भी स्वीकार नहीं था। इसलिए उन्होंने इस आंदोलन में भाग लिया, बड़े सक्रिय रूप से भाग लिया।

वे स्वयं अंग्रेजी स्कूल के संस्थापक थे। हरिश्चंद्र स्कूल उन्हीं का स्थापित किया हुआ है। लड़कियों के स्कूल के संस्थापक थे। अंग्रेजी नाटकों में से शेक्सपीयर के 'मर्चेण्ट ऑफ बेनिस' का अनुवाद भी किया उन्होंने किंतु वे अंग्रेजों की दासता, विशेष रूप से वैचारिक दासता के खिलाफ थे। और अंग्रेज-भक्ति तो नहीं, शासक-भक्ति, राजभक्ति है उनमें लेकिन किस प्रकार की है इसका प्रमाण उनकी मुकरियों में मिलता है। अंग्रेज वाली मुकरी, जो व्यंग्य दिया है उससे पता चलता है कि वे इस मनोवृत्ति के खिलाफ हैं कि शासक जैसा चाहे वैसी, बड़ी विचित्र बहुचर्चित घटना कि लार्ड साहब आए, हुकम दिया कि अंग्रेजी पोशाक में यहाँ के रईस लोग मिलने आवें। भारतेंदु जी ने अपने नौकर को अंग्रेजी पोशाक

में सजाकर भेज दिया और वह लार्ड साहब से हाथ भी मिला आया। कलक्टर बहुत बिगड़ा यह क्या किया? आपने उत्तर दिया कि आपका पत्र आया था कि अंग्रेजी पोशाक में मिलेंगे, हमने अंग्रेजी पोशाक भेज दी। भारतेंदु हरिश्चंद्र से मिलना यदि उनको अभीष्ट होता तो हम मिलने आते। उन्हें तो भारतेंदु हरिश्चंद्र की अंग्रेजी पोशाक से मिलना अभिप्रिय था। हमने भेज दी। तो वह इस प्रकार का एक स्वाधीन भाव मन में उपजाते थे और यही स्वाधीन भाव सबसे बड़ा मानवीय मूल्य है, पूरे भारतीय भारतेंदु मंडल का है। चाहे 'आनंद कादंबिनी' पत्रिका हो, चाहे 'ब्राह्मण' पत्र हो, चाहे 'हिंदी प्रदीप' जो बाद में निकला, जो भारतेंदु के प्रभाव से निकला। चाहे उस समय की नाटक मंडलियाँ हों, सबके पीछे मनुष्य की स्वाधीनता और इसका अधिकार प्रत्येक को प्राप्त हो, यही सबसे बड़ा चरममूल उनका रहा है। अन्य जितनी बातें उन्होंने और की हैं इसी की पुष्टि के लिए उन्होंने की हैं।

भाषा की बात, धर्म की बात, समाज के सुधार की बात, आलस्य-त्याग की बात, उद्यम की बात—सब इसीलिए की हैं। भारत की दुर्दशा का कारण आलस्य है तो आलस्य दूर किया जाय। अनुद्यम है तो अनुद्यम दूर किया जाय। अगर इसका कारण अज्ञान है तो अज्ञान दूर किया जाय। किंतु स्वत्व को, अस्मिता को खो करके नहीं, किसी भी कीमत पर नहीं। दूसरी चीज यह भी है कि एक इस प्रकार का बड़ा मानवीय आग्रह होते हुए भी इस मंडल में कहीं भी अभिमान की छाया नहीं है; कहीं भी तनाव नहीं है कि हम इतना बड़ा काम कर रहे हैं, तीर मार रहे हैं। सब समझते हैं कि यह काम तो कुछ है ही नहीं, इस काम को करते हुए, इसके प्रति अर्पित होते हुए भी कोई स्वतंत्रता-सेनानी नहीं है; सब फक्कड़ हैं और फक्कड़ ऐसे हैं कि एक-दूसरे पर फब्तियाँ कसने वाले, हँसी मजाक करने वाले, हा-हा, ठी-ठी करने वाले। ये जो उच्छलता है सबके साथ मिल करके एक होने का भाव है, होली में खुल करके खेलने का भाव है, कजली में मिल-जुलकर गाने का भाव है, गाने वालियों के बीच में जा कर के तबला बजाने का भाव है वह उन्मुक्तता को दिखाती है।

यह उन्मुक्तता बड़ी विचित्र है कि इतने बड़े उपक्रम में से साध लें और साधारण से साधारण परिस्थितियों में अपने को ढाल दें। उनका सा होकर, उनके रंग को समझे; उनके रंग को प्रतिध्वनित करे, यह संयोग इस युग की सबसे दुर्लभ उपलब्धि है। आज भी प्रमाण हैं—आज हम साहित्यकारों में कितने लोग हैं जो इस प्रकार की चीजों में अपने को ढाल सकते हैं अपने को ओढ़ी हुई प्रबुद्धता से दूर कर सकते हैं। ये सभी लोग शहरी हैं। पं. प्रताप नारायण मिश्र को छोड़ दें तो सभी के संस्कार शहरी हैं। गाँव के लोग नहीं हैं लेकिन हमसे अधिक ये अविचलित हैं। इस माने में कि ये साधारण आदमी की भाषा समेटे हैं,

उनके साथ सम्मिलित हो सकते हैं और कभी भी अभिमान नहीं करते कि हम समाज-सुधारक हैं। वे यह अभिमान कहीं भी नहीं करते, बल्कि कहते हैं—हम क्या हैं? कुछ नहीं, हमने हँसी-मजाक कर दिया, काम हो गया, भीतर कितनी भी गहरी चिंता हो लेकिन ऊपर से यही भाव कि हम कुछ नहीं कर रहे हैं।

अभिमान रहित उन्मुक्त चेतना जिस मात्रा में उन लोगों में है उस मात्रा में उसके बाद आनेवाले किसी भी युग में नहीं। साहित्यकार एक समूह बना करके, एक संगठन बना करके और समाज में अपने को इतना सन्तृप्त करें, समाज को जगाएँ फिर भी अपने को समाज का जगानेवाला न मानें। अपने को केवल समाज में एक बालक की तरह का खेलने वाला मानें, यह विनम्रता और यह अभिमान का संयोग, मणिकांचन योग उनमें हैं, और इसी दृष्टि से उस युग का बहुत बड़ा ऐतिहासिक महत्त्व है। अगर यह न होता तो वह युग आज की आधुनिकता का अग्रदूत न होता, विभिन्न विचारधाराओं के लोग प्रगतिशील हों, प्रयोगवादी हों, जो भी हों, भारतेंदु युग के कार्य को एक दिशा-संकेत मानते हैं, एक ऐसा प्रयत्न मानते हैं जिसमें लेखक अपना सर्वस्व गँवा करके तन-मन-धन खर्च करके एक ऐसा वातावरण रचता है, साहित्य नहीं रचता, सर्जना का ऐसा वातावरण रचता है जिसमें मनुष्य के अपने उत्थान की, मनुष्य के जागरूक होने की और मनुष्य के करुणापरायण होने की संभावना है।

आप अगर ध्यान दें तो जिसको सबसे अधिक महत्त्व दिया अपनी रचनाओं में भारतेंदु ने वह रचना है 'सत्य हरिश्चंद्र' और आपको पता हो, न पता हो, यह रचना उन्होंने अपने गुरु राजा शिवप्रसाद सितारे हिंद को समर्पित की। शिवप्रसाद सितारे हिंद के भाषा के प्रश्न पर विवाद पर, ऋण की स्वीकृति दी कि हिंदी की बात की शुरुआत की है। राजा शिवप्रसाद सितारे हिंद ने, शासन की सीमा के भीतर रहते हुए हिंदी के लिए उन्होंने कुछ काम किया उसको भारतेंदु भुलाना नहीं चाहते हैं, उसका ऋण स्वीकार करे हैं, और उन्हें गुरु माने हैं। गुरु के रूप में उन्होंने सबसे उत्कृष्ट रचना 'सत्य हरिश्चन्द्र' समर्पित की। इस रचना को अगर आज भी आप पढ़ें तो एक विशेष प्रकार की निष्ठा, अत्यंत प्रतिकूल परिस्थितियों में धैर्य और सत्य से अविचलित रहने का भाव—एक मुख्य प्रतिपाद्य है। और भारतेंदु का भी यही मुख्य प्रतिपाद्य है। जैसा कि नाटक के आरंभ में वे स्वयं विनम्रतापूर्वक संकेत करते हैं, 'प्रेम योगिनी' में बड़े विस्तार से करते हैं। वे जो भी कहते हैं उसका निर्वाह करना चाहते हैं। जो भी वचन देते हैं उसका निर्वाह करना चाहते हैं। मनुष्य अगर इतना करता है तो वह कठिन परीक्षा में पड़ता है, कठिन परीक्षा में उत्तीर्ण होने के लिए उसे बहुत कुछ आहुति देनी पड़ती है। इसके लिए उसे तैयार रहना चाहिए और भारतेंदु ने अपने जीवन में यह सब किया है। अपने परिवार में, अपने समाज में, अपने शहर में उन्हें सम्मान मिला

तो उनसे मुँह फेरने वाले लोग भी हुए। उनके सगे भाई उनसे लड़ने वाले हुए और भी उस व्यक्ति के जीवन की बहुत-सी बातें हैं। परन्तु कभी भी भारतेंदु अंत समय तक विचलित नहीं हुए। सभी नाते-रिश्तों को निभाया। और अपने मित्रों से भी यही कहा कि उन्हें निभाना चाहिए। सभी संबंधों का निर्वाह करना चाहिए। उस नाटक की भूमिका बहुत संक्षेप में उन्होंने लिखी, लेकिन उसमें यही लिखा कि केवल आदमी हित बोलता है, बात करता है और वही बात करके निभाये न तो कैसा हो?

भारतेंदु का जब हम स्मरण करने बैठे हैं तो आप सोचिए 34 वर्ष की आयु में इतना सब तमाशा और अपने जीवन को भी नाटक कहते हुए प्रणाम-प्रण ााम कि अब पर्दा गिरना बाकी है कई दृश्य हो चुके, यह हुआ, वह हुआ, अब परदा गिरना बाकी है। नाटक मानकर भी जीवन को और अपनी एक सामान्य भूमिका—नट की— मानते हुए, इतने बड़े मूल्य के लिए अर्पण भाव, व्यक्ति के लिए हमेशा महनीय है। साहित्यकार के लिए भी एक ऐसी चीज है जो निरंतर ग्रहणीय है, काश हम भी भारतेंदु मंडल के सदस्य हो सकते। उतना फक्कड़पन पा करके, उतना निहंगपन पा सकते कि सब उतार कर रख देते। जाति-पंडिताई, कुल, सब रख देते, सब उतार कर के और इस मंडली में शरीक हो जाते, काश! यह हो सकता, आज भी यही 'काश' बना हुआ है। भारतेंदु स्वयं में युग संधि की प्रभाती को रेखांकित करते हैं। उनकी एक कविता है—

मथे सद्य नवनीत लिए रोटी घृत बोरी।
तनिक सलोनो साक दूध की भरी कटोरी॥
खरी जसोदा मात जा बलि-बलि तृन तोरी।
तुव मुख निरखन हेत ललक उर किए करोरी॥
रोहिन आदिक सब पास है खरी बिलोकत बदन तुव।
उठि मंगलमय दरसाव मुखमंगलमय सक करहु युव॥
करत रोर तमचोर भर चकवाक विगोए।
आलस तजि के उठौ सुत मुख सिंधु भिगोए॥
दरसन हित सब अली खरी आरती सँजोए॥
जुगुल जागिए बेर भई पिय प्यारी सोए॥
मुखचंद हमैं दरसाइ कैं हरो विरह को दुख विकट॥
बलिहार उठौ दोऊ अबै बीते निसि दिन भो प्रकट॥
सीखउ कोउ न कला, उतर भरि जीवत केवल।
पसु समान सब अन्न खात, पीअत गंगाजल॥
धन विदेस चलि जात तऊ जिय होत न चंचल।

जड़ समान ह्वै रहत अकिल हित चिर सकत कल॥
जीवत विदेश की वस्त्र लै ता बिनु कछु नहिं कर सकत।
जागो-जागो अब साँवरे सब कोउ सब तुमरो तकत॥

कविता का ताना-बाना ऐसा है जिसमें भक्ति-रस का संस्पर्श देश की चेतना को नया मोड़ दे रहा है। यह कविता राधा-कृष्ण को जगानेवाली प्रभाती से शुरू होती है और ऐश्वर्य की भारतीय कल्पना का एक चित्र है। ताजा मथा हुआ मक्खन, घी से चुबोई रोटी, जरा-जरा सा सलोना साग, कटोरी में दूध, यह प्रातराश है। इस प्रातराश के आकर्षण से ऐश्वर्य के जगाने के लिए आवाहित करना है। जो ध्यान या स्मृति में है उसे साक्षात् रूप में प्रस्तुत करने का प्रयोजन यही लगता है कि भारत की यही अपेक्षा है। राधा-कृष्ण का जागना सबके लिए स्वस्थ जीवन का आश्वासन है। दूसरे छंद में फिर प्रकृति का एक संश्लिष्ट चित्र है। पक्षी चँहचँह करने लगे हैं; जैसे वे अपनी चोंच में अंधकार के लिए छोटी-छोटी चिमनियुरा-चुराकर आलोकित आकाश में उड़ान भरने की तैयारी कर रहे हैं और भोर होते ही चकई-चकवा, जो रात बिछुड़ गए थे, मिलने की बेताबी दिखाते हैं। ऐसे समय में श्रीकृष्ण राग-रंग में सोए रहें—यह अच्छा नहीं होता। वे प्रकृति को स्वयं जगाने वाले हैं, संचालित करनेवाले हैं। वे आलस्य करें—यह सहा नहीं जाता। उनका सोना जैसे अपने पूरे सामर्थ्य का सो जाना है। एक मोह-रात्रि बीत रही है, देश जाग रहा है और देश के मूलस्वर सोए रहें, उनकी वंशी सोई रहे—यह असह्य है। उनके जागने का अर्थ है कि वे अपने प्यारे देश की वास्तविकता से अवगत हों।

अंतिम छंद में भारतेंदु ने देश की समांतर निश्िंचतता का चित्र खींचा है। कोई कला नहीं सीखता, कोई कौशल नहीं सीखता, कारीगरी नहीं सीखता, केवल पेट पालना जानता है। अपने उन्नयन की आकांक्षा किसी को नहीं है। पशु जैसा जीवन है। जो मिलता है, खा लेते हैं और गंगाजल से प्यास बुझा लेते हैं। सारा धन विदेश चला जा रहा है। इसके लिए कोई भी व्याकुल नहीं होता। ऐसा लगता है कि उनकी अक्ल को पाला मार गया है; क्षत-विक्षत हो गई है और लोग जैसे स्तब्ध, जड़ पड़े हुए हैं आशा लगाए रहते हैं, जो कुछ आएगा विदेश से आएगा। उसी से जीवन चलेगा। वहीं से जीवन की उपादेय सामग्री आएगी। वहीं से मशीन आएगी। वहीं से कारीगर आएँगे। वहीं से सोच-विचार आएगा। उसके बिना हम कुछ कर नहीं सकते। ऐसी मोहनिद्रा में जिसका जागरण आवाहित है वह प्राणों में, मन में, चेतना में, नई शक्ति डालनेवाला है। वह कन्हैया जगदीश्वर है और साथ-ही-साथ हमसे अपना अर्थ पानेवाला है। हमारी समर्थता का आलंबन है।

इस प्रकार इस कविता को समेटते हुए भारतेंदु अपने पूर्व युग से बिना

बिछुड़े हुए अपने समय के और अपने समय के आगे देश-काल से जुड़ने के लिए उतने ही व्याकुल हैं। यह व्याकुलता जितनी सहृदय भक्त की व्याकुलता है उतनी ही स्वदेश की चिंता की भी व्याकुलता है। इसी व्याकुलता में देश-भावना की नींव पड़ती है। और यह स्थिति भारत की भिन्न-भिन्न भाषाओं में घटती है, वही स्वराज की भूमिका बनती है, वही स्वावलंबन की भूमिका बनती है और वही स्वतंत्रता के आंदोलन की भूमिका बनती है। यदि भारतेंदु को हम नहीं समझेंगे तो उसके बाद हम श्रीधर पाठक, राधाकृष्ण मिश्र, चंद्रधर शर्मा 'गुलेरी', मैथिलीशरण गुप्त, जयशंकर प्रसाद और निराला, नवीन तथा माखनलाल चतुर्वेदी के प्रबोधन गीतों को पूरी तरह समझ नहीं सकेंगे।

स्वर्गीय भवानी भाई की कविता से आशय लें तो ऐसे पावस का आना है जिसमें अवरुद्ध कंठ खुल जाते हैं, विदेशी सत्ता की अधीनता का रूप एकाएक मिट जाता है। धरती निहाल हो जाती है। इसलिए उपयुक्त कविता को उदाहरण के रूप में देने से कई स्मृतियाँ जगती हैं। सबसे अधिक यह स्मृति जगती है कि हमने स्वाधीनता प्राप्ति के बाद गहरी आस्था से जुड़े हुए देश को बिसरा दिया है। देश के कण-कण में श्रीकृष्ण के चरणों की छाप है, गंगा के बिंदु-बिंदु में गोविंद का रस छलका पड़ता है। उस आस्था के बिना जो राष्ट्र बनता है वह भावना को उद्वेलित नहीं करता है। भावना के उद्वेलन के बिना सही माने में आपस के द्वेष, छोटे-छोटे अहंकार भूलते नहीं। साहित्य ही वह भाव-गुण देता है जो इन सब क्षुद्रताओं से ऊपर है और जो लोगों के बीच सोए हुए राग को केवल जगाता ही नहीं है, उस राग को संवादी तत्त्वों की बंदिश बना देता है। आज देश में वह संवाद कम हो रहा है। उसी को स्मरण करने के लिए भारतेंदु के श्रीकृष्ण से संवाद स्थापित करके देश को जगानेवाली यह कविता ऊपर समझाई गई है। इसका लक्ष्य केवल भारतेंदु को समझना नहीं है, देश की नस-नस में भिनी हुई गहरी आस्था को भी समझना है।

सत्यनारायण कविरत्न का काव्य

स्व. सत्यनारायण कविरत्न ने ब्रजभाषा के सलोनेपन की और जीवंतता की अभिवृद्धि की, इतना ही अवदान उनको चिरस्थायी कीर्त्ति दे सकता था। पर सबसे अधिक उल्लेखनीय विशेषता उनके कृतित्व की मेरी समझ में उनकी समसामयिक समस्याओं के प्रति जागरूकता और अपने आसपास के यथार्थ की मार्मिक पहचान है। वे प्यार, भक्ति, उत्साह, करुणा के उद्वेलन को इतने संयम और इतनी गहनता के साथ अपनी रचना में सँभालते हैं कि अचरज होता है कि छायावाद के सांध्य आलोक में ऐसा स्पष्ट निर्भास, ऐसा स्फटिक-निर्मल प्रभाभास्वर पानी संभव कैसे हुआ। शायद जीवन के गहरे विषाद से हुआ, या उससे भी अधिक कोरे ग्रामनिवासी की भीतरी सच्चाई के कारण हुआ या परंपरा में पग कर परंपरा के पार जाने के विनम्र पर दृढ़ संकल्प के कारण हुआ। कम आयु में, जीवन की कठिन विडंबनाओं में जो भी कृतित्व हमारे सामने है, वह एक पूर्ण और समर्थ युगातिक्रामी व्यक्तित्व का प्रमाण है।

भाषा के स्तर पर विदग्धता और रीतिबद्धता से, नाजुकखयाली से और चमत्कार से ब्रजभाषा को मुक्त कर सकना एक असंभव कार्य था, विशेष रूप से ऐसे समय जब काव्यभाषा के रूप में खड़ी बोली उभर चुकी हो। सत्यनारायण जी ने इस कार्य को संभव ही नहीं कर दिखाया, यह सिद्ध किया कि ब्रजभाषा की अपनी जमीन का एक अनोखा और न चुकने वाला आस्वाद है। वह आस्वाद किसी भी काव्यभाषा के लिए ललक की वस्तु है। गद्य की भाषा को (उत्तर रामचरित और मालतीमाधव के अनुवाद की भाषा में) जो सहज प्रवाह उन्होंने दिया है, वह प्रवाह काफी दिनों तक रुँधा रहा, आचार्य हजारी प्रसाद द्विवेदी ने उसे धक्का देकर आगे बढ़ाया और सिद्ध किया कि संस्कृत का संस्कार ही शब्द की शक्ति पहचनवाता है, वह तद्भव शब्दों की अर्थवत्ता को अधिक मर्मस्पर्शी ढंग से उन्मीलित कराता है और तत्सम बोझिलता से मुक्ति की राह दिखलाता है।

कविरत्न की विषयवस्तु भी विशाल परिवेश की आत्मीयता से ओतप्रोत है। प्रकृति को अंतरंग आलंबन के रूप में जिस सहजता के साथ आचार्य रामचंद्र शुक्ल

और सत्यनारायण कविरत्न ने ग्रहण किया है, वह आज के कवियों के लिए भी स्पृहण ीय है। यही नहीं, प्राकृतिक परिवेश को मानवीय जीवन-चक्र की धुरी के रूप में देखने की गहरी अंतर्दृष्टि भी उनकी क्रांतदर्शिता का प्रमाण है। शरत् का एक चित्र देखें—

बोरत प्रेमपयोनिधि में ऋतु सारदी भाई दया निज जोरत।
टोरत फोरत ग्रीषम को बल बारिद को बल तोरस मोरत॥
लोरत खंजन पै सतदेव जु छोरत काँस में साँस बटोरत।
चोरत मंजु चितै चितचायनि चाँदनी चारु पीयूष निचोरत॥

इसमें शरत् के सात्त्विक प्यार के पारावार की व्यापकता और सबको आत्मवश करने की क्षमता का चित्र अत्यंत मोहक ढंग से वर्णित है।

इसके साथ ही राष्ट्रीय, सामाजिक, अंतर्राष्ट्रीय और आर्थिक विडंबनाओं पर भी उन्होंने बहुत तीखी वेदना के साथ अपने मन की बात कही। इस दृष्टि से वे भारतेंदु, प्रतापनारायण मिश्र, बालकृष्ण भट्ट जैसे अग्रजों की उस परंपरा की एक कड़ी थे, जो जिंदादिली के साथ-साथ देश के प्रति और समाज के प्रति दायित्व का पूरा निर्वाह करती थी, वह कविकर्म को राष्ट्रीय कर्तव्य का विकल्प नहीं बनाती थी। हिंदी की विकासयात्रा की विशेषता ही यह रही है कि उसका लेखक एक देश को अर्पित था, एक भाषा को अर्पित था, एक भाव को अर्पित था। उसके लिए वाणी विलास नहीं थी, तप थी, आराधना थी और संपूर्ण साधना थी। वह किसी प्रश्न से कतराता नहीं था। बुद्धिजीविता का घुन हिंदी लेखक और लेखन को कम लगता है, क्योंकि यह लेखक और उसका लेखन नीम की छाया में अधिक होता है, उस नीम की छाया में जिसके नीचे इस देश की मातृशक्ति जुड़ाने के लिए आकर एक घड़ी बैठती है। कविरत्न आज के अधिसंख्य बुद्धि जीवियों की तरह किसी भी प्रश्न से कतराए नहीं। हिंदू विश्वविद्यालय के लिए अपील उन्होंने लिखी, रवि ठाकुर, गाँधी जी, तिलक, लाला जी, गोखले का स्तवन उन्होंने किया, अंग्रेजियत पर चोट उन्होंने की, ब्रजमंडल की दुर्दशा की ओर ध्यान उन्होंने खींचा और भारत की स्वाधीनता की आकांक्षा उन्होंने मुखरित की।

आचार्य रामचंद्र शुक्ल की लोकमंगल की अवधारणा

आचार्य रामचंद्र शुक्ल ने अपने प्रसिद्ध निबंध 'काव्य में लोकमंगल और माधुर्य' में लोक में आनंद की दो अवस्थाओं की स्थापना की है : साधनावस्था और सिद्ध ावस्था। साधनावस्था के बीज के रूप में करुणा है और उसके विकास के रूप में सात्विक अमर्ष, क्रोध, उत्साह जैसे दीप्त भाव हैं। इन सबके योग से लोकमंगल की भूमिका तैयार होती है। सिद्धावस्था का बीज है प्रेम और उसकी गति रंजन की ओर होती है। यद्यपि प्रेम में दुःख का अनुभव भी होता है पर प्रेम का लक्ष्य माधुर्य की सिद्धि ही है। आचार्य शुक्ल की दृष्टि में साधनावस्था की अभिव्यक्ति ही श्रेष्ठतर काव्य के रूप में परिणत होती है, इस प्रकार उन्होंने एक संपूर्ण दृष्टि से एक लोकमंगलवादी सिद्धांत की स्थापना की, किंतु लोक क्या है? यह बात उनके आलोचनात्मक निबंधों में कहीं स्पष्टतः निरूपित नहीं है। उनकी लोकदृष्टि को समझने के लिए उनकी काव्य रचनाओं से सहायता लेनी पड़ती है अथवा हिंदी साहित्य के इतिहास में उनकी साहित्यिक रुझान से कुछ सहायता मिलती है।

एक बात तो स्पष्ट है कि लोक उनकी दृष्टि में केवल मानव समुदाय नहीं है। उनका लोक मनुष्य और सृष्टि की व्यापक साझेदारी का भाव है। 'हृदय का मधुर भाव' शीर्षक कविता में वे मनुष्य और पक्षी के साहचर्य में ही जीवन की मूल्यवत्ता है, यह स्थापित करते हुए स्पष्ट रूप से कहते हैं–

'सहचर सारे ये हमारे रहते भी जहाँ
कुछ सुख पावें पुण्यधाम वे हमारे हैं।
इनके सुखों से सुख अपना हटा के दूर
जीवन का मूल्य तो समूल हम हारे हैं
पर ये हमारे, हम इनके बने हैं अभी
जैसे हम इन्हें वैसे हमको ये प्यारे हैं।'

जब मनुष्य का अहंकार इस साझेदारी से हटकर उपभोक्ता के मद में चूर हो जाता है तो उसकी नरता कितनी भयावह है, यह आचार्य रामचंद्र शुक्ल परिवेश की वर्तमान जागरूकता के दशकों पहले समझ चुके थे तभी वे ऐसी बात कह सकते थे कि तुम जंगलों को काट डालो, पहाड़ों को समतल बना दो, जीवों का संहार कर लो, धरती की गोद सूनी कर दो—तुम्हें क्या मिलेगा? एक प्रेत का अकेलापन! क्या अकेले नरता पर्याप्त है?

कर से कराल निज काननों को काटकर
शैलों को सपाट कर सृष्टि को संहार ले
नाना रूप रंग धरे जीवन उमंग भरे
जीव जहाँ तक बने मारते, तू मार ले
माता धरती की भरी गोद यह सूनी कर
प्रेत सा अकेला पाँव अपने पसार ले
विश्व बीच नर के विकास हेतु नरता ही
होगी किंतु अलम् न मानव! विचार ले

आचार्य शुक्ल की लोक दृष्टि का दूसरा पक्ष यह है कि लोक का अर्थ है, गोचर के साथ गोचर रागात्मक संबंध। दूसरे शब्दों में जो इन्द्रिय गोचर संसार है, वह व्यर्थ नहीं है, वह अर्थवान है। यदि मनुष्य उसे इस भाव से देखता है कि जो नारायण हमारे भीतर है, वही नारायण बाहर भासमान हैं और इस नारायण को जो समझ नहीं पाता, वह अंतर्यामी को भी नहीं समझ सकता। कुछ लोग इस भाव को स्थूल भौतिकवादी दृष्टि मानने की भूल कर सकते हैं और करते भी हैं। ऐसे लोग तर्क देते हैं कि आचार्य शुक्ल ने 'Riddles of Universe' जैसी अनीश्वरवादी रचना का अनुवाद विश्व प्रपंच के नाम से यदि किया तो इसके पीछे यही कारण है कि उनका झुकाव भौतिकवाद की ओर है परंतु उनकी अधिकांश काव्य रचनाएँ यह स्पष्ट रूप से प्रमाणित करती हैं कि वे निरे भौतिकवादी नहीं थे। वे भौतिक पदार्थों में एक जोड़ने वाली सत्ता का अनुभव करते थे और भौतिक पदार्थों से रागात्मक संबंध स्थापित करने वाले मनुष्य की जातीय स्मृति का महत्त्व भी भलीभाँति समझते थे। उन्हीं के शब्दों में विंध्य की वनवीथियाँ इसलिए और भी प्यारी लगती हैं कि वे रामपद अंकित हैं, ये कँटीले झाड़ भी प्यारे लगते हैं क्योंकि—

'हैं उनके ही वंशज ये जो
कभी राम को छुए हमारे
इस नाते की चोट जिन्हें है
चित्रकूट कुछ और उन्हें है'

वे इस नाते की चोट के ही कारण एक विचित्र प्रकार की आत्मीयता बीहड़ से बीहड़ प्रकृति से स्थापित करते हैं। इस प्रकार 'लोक' उनके लिए एक खुला हुआ संसार है, जिसमें एक आंतरिक संगति है, जिसमें मनुष्य की पीढ़ी दर पीढ़ी के साहचर्य का जुड़ाव है और जिसमें नर और नारायण के रिश्तों के बीच हजार किस्म के रिश्तों की सम्भावना की पहचान है और जिसमें एक दूसरे के ऊपर न्यौछावर होने में परम उल्लास का भाव है।

आचार्य शुक्ल की लोक दृष्टि में कभी-कभी एक अतिरिक्त ऊर्जस्विता दिखलाई पड़ती है, जिसके कारण वे रहस्यवाद और छायावाद के कवियों के प्रति कुछ अकरुण भी हो जाते हैं। उन्होंने तो रवीन्द्रनाथ ठाकुर के सौंदर्यबोध को भी थोड़ा न्यून ही महत्त्व दिया है। वे अंतर के साईं की खोज को अंधकूप का भटकाव समझते हैं। यही नहीं ब्लैक जैसे कवियों की नकल में अज्ञात प्रियतम की खोज की परंपरा को पाखंड की भी संज्ञा देते हैं। 'पाखंड प्रतिबंध' शीर्षक उनकी एक लंबी कविता है जिसमें मुख्य रूप से तीन मुद्दे उठाए गए हैं : पहले तो यह है कि सत् का आभास अधिक महत्त्वपूर्ण है, स्वरूप असत् की छाया का महत्त्व उसकी अपेक्षा कहीं कम है। दूसरा यह कि भारतीय काव्यधारा वाल्मीकि से लेकर आज तक जगत् की जागती सगुण विभूतिमयी भासमान सत्ता में अनंत शाश्वतता देखती आयी है। इसी कारण उस परंपरा के सत्वगर्भ मानव को खग के भी जीवन की हानि और सुखभंग सह्य नहीं हुए। भारतीय काव्य-परंपरा किसी कोने में लुकी-छपी नहीं रहती, वह खुले आकाश में भ्रमण करती है। यह तो पश्चिम की नकल है, जिसमें अज्ञात की लालसा के नाम पर ढोंग रचा है, जिसमें भाषा है न भाव है, न भूति भाँपने को आँख है। लोग गुरु ज्ञान गुदड़ी के चिने हुए चीथड़े से मन ब्रह्मलीन किए गाँठते हैं और कलाहीन कोटि शब्द की उड़ान भरते हैं। आचार्य शुक्ल को ऐसे सिद्ध साइयों पर बड़ा आक्रोश है, जो अंतर की वासना को, काम प्रवृत्तियों के झंझावात को, झूठ की प्रचंड गति को अध्यात्म और ब्रह्म लिप्सा का मुलम्मा चढ़ाते हैं। वे प्रत्यक्ष अनुभव के जगत से बाहर अध्यात्म की खोज को निरंतर नकारते रहते हैं। इसीलिए उन्होंने 'हृदय का मधुर भाव' शीर्षक कविता में छायावाद के प्रतिलोम में 'प्रकाशवाद' शब्द का आविष्कार किया है और इस पर क्षोभ व्यक्त किया है कि जिनके पास प्रकृति के शुद्ध रूप को देखने की आँख नहीं है, वे क्यों व्यर्थ भीतरी रहस्य समझाते हैं—

प्रकृति के शुद्ध रूप देखने की आँखें नहीं,
जिन्हें वे ही भीतरी रहस्य समझाते हैं।
झूठे-झूठे भावों के आरोपों से आच्छन्न से
करके पाखंड कला अपनी दिखाते हैं।
अपने कलेवर की मैली औ कुचैली वृत्ति

छीप के निराली छटा उसकी छिपाते हैं।
अश्रु, श्वास, ज्वर, ज्वाला, नीरव रुदन नित्य
देख अपना ही तंत्री तार वे बजाते हैं।

तीसरा मुद्दा यह है कि लोकदृष्टि व्यक्ति के दुःख को महत्त्व तभी देती है, जब वह समस्त सृष्टि के दुःख के साथ समवेत हो, अन्यथा उस दुःख में साधारण ीकरण की संभावना नहीं आ पाती है तो उसे काव्य के लिए हेय समझती है।

इन तीनों मुद्दों में आचार्य शुक्ल का जो आवेशमय रूप दिखाई पड़ता है, वह ऊपर से तो बहुत ही निर्मम और कठोर लगता है, उससे पूरी तरह सहमत होने में भी कभी-कभी कठिनाई मालूम होती है किंतु यह तो मानना ही पड़ेगा कि उनके स्वस्थ और निर्भीक आलोचक रूप का प्रमाण है। वे बिना लाग-लपेट के खरी बात कहना चाहते हैं। वे मलिक मुहम्मद जायसी के 'पद्मावत' में पद्मावती के अलौकिक रूप-वर्णन की अपेक्षा नागमती के विरह-वर्णन में लोक-दृष्टि का अधिक प्रमाण पाते हैं क्योंकि वह विरह-वर्णन सामान्य गृहस्थ के जीवन से एक ओर जुड़ा हुआ है तो दूसरी ओर पूरी सृष्टि के परिवर्तनशील रूप की द्रवणशीलता से भी इसमें हर बरसने वाला नक्षत्र और हर बरसने वाली नक्षत्र-माला कुछ नए ही ढंग से धरती को भिगोती है।

उन्हें सूर का माधुर्य-भाव इसलिए भी मोहित करता है कि उसमें सगुण रूप की लीला है और एक खुले सच्चे मन के भावों का चित्रण है और सूर से भी तुलसी इसलिए अधिक प्रिय लगते हैं क्योंकि वे लोकरंजक रूप की अपेक्षा लोकरक्षक रूप की महत्ता प्रतिपादित करते हैं। परन्तु वे तुलसीदास से भी कभी-कभी नाराज हो उठते हैं, जब वे देखते हैं उनके प्रकृति-वर्णन में सहजता और स्वाभाविकता नहीं रह गई है, प्रकृति केवल उद्दीपन बनकर कृतित्वहीन हो गई है। आचार्य शुक्ल की दृष्टि में काव्य में प्रकृति उद्दीपन से अधिक आलंबन बनकर ही सार्थक होती है। प्रकृति के निरे कोमल पक्ष में भी उन्हें उतना सौंदर्य नहीं दिखाई पड़ता जितना ऊपर से रूखे किंतु भीतर से सरस पक्ष में। शायद उनके ऊपर विंध्य की पथरीली और रूखी पर वर्षा होते ही श्यामलता और रसमयता से आप्लुत धरती का प्रभाव है या उनके भीतर के वे संस्कार हैं जो कर्तव्य की कठोरता के नीचे छिपी हुई स्निग्धता से अधिक प्रभावित हुए हों। कारण जो भी हो आचार्य शुक्ल बेल-बूटों की नक्काशी में नहीं रमते हैं, वे बीहड़ वनों के खुलेपन में अधिक रमते हैं क्योंकि वहाँ सहजता है, वहाँ एक खुली हुई सच्चाई है कहीं भी दुराव नहीं है। इस प्रकृति में ही मानस के अनेक द्वार गुप्त होते हैं और हास की ऊँची तरंगें उठती हैं। वे धरती में अपने आप उगने वाले पेड़ में एक साथ पालन और रंजन का भाव पाते हैं :

"गर्भ में धरित्री अपने ही कुछ काल जिन्हें
धरकर गोद में उठाती फिर चाव से।
और सगे हैं वे ही उसके जो हरे-हरे
खड़े लहराते पले मृदु क्षीर स्राव से
भरती है जननी प्रथम इनको ही निज
भरे हुए पालन और रंजन के भाव से।
पालते यही हैं, बहलाते भी यही हैं फिर
सारी सृष्टि उसी प्राप्त शक्ति के प्रभाव से।"

वे कविता की संभावना वहाँ देखते हैं जहाँ धरती किसानों के धूल सने श्रम के फल के रूप में अपनी पूरी निधि बिछा देती है। उस बिछी हुई निधि में से चिड़िया भी अपना भार बँटाती है। धरती की इस ममता से भरी हुई छाँह का आमंत्रण दुर्निवार है—

"जननी धरणी निज अंक लिए बहु-कीट पतंग खेलाती जहाँ
ममता से भरी बाँह हरी बाँह की छाँह पसार के नीड़ बसाती जहाँ
मृदु वाणी, मनोहर वर्ण अनेक लगाकर पंख उड़ाती जहाँ
उजली कंकराली गली में धँसी तनु धार लटी बलखाती जहाँ।"

इस आलोक में जब हम लोकमंगल की अवधारणा का स्वरूप निर्धारण करेंगे तो समझ में आएगा कि सौंदर्य का बीज न राग है न द्वेष, उसका बीज है मंगल-विधान अर्थात् सबकी चिंता, सर्वमय होकर सबकी चिंता। यदि यह चिंता है तो सारे भाव कोमल या मधुर, कठोर या तीक्ष्ण सुंदर हो जाते हैं। मंगल-विधान तभी शक्तिशाली होता है जब वह निर्विशेष और व्यापक होता है। आचार्य शुक्ल के ही शब्दों में यदि करुणा किसी व्यक्ति की व्यष्टिता पर अवलंबित होगी कि पीड़ित व्यक्ति हमारा मित्र कुटुम्बी आदि है तो उस करुणा द्वारा प्रवर्तित तीक्ष्ण या उग्र भाव में उतनी सुंदरता न होगी, पर बीज रूप में अंतःसंज्ञा में स्थित करुणा इस ढंग की होगी कि इतने पुरवासी, इतने देशवासी या इतने मनुष्य पीड़ा पा रहे हैं तो उसके द्वारा प्रवर्तित तीक्ष्ण या उग्र भावों का सौंदर्य उत्तरोत्तर अधिक होगा। शुक्ल जी राग को प्रेम और करुणा दोनों का प्रवर्त्तक मानते हैं किंतु उनकी दृष्टि में प्रेम में कोई न कोई विशेषता अपेक्षित होती है, जबकि करुणा में निर्विशेषता की सिद्धि होती है। इसीलिए प्रेम की भूमिका की अपेक्षा करुणा की भूमिका अधिक व्यापक होती है।

आचार्य शुक्ल की इस स्थापना के ऊपर स्पष्ट है, कहीं न कहीं एक हल्का पश्चिमी प्रभाव जरूर है। वे अपनी काव्य रचना में साझेदारी की मधुरता की बात

करते हैं, वहाँ करुणा से अधिक निर्विशेष प्यार का ही प्रसार है परंतु समीक्षा में वे उस माधुर्य को कुछ न्यून करके देखते हैं तो यह यूरोप के औद्योगिकीकरण से पनपी हुई मनुष्य की कर्मठता के उत्साह के प्रति श्रद्धा भाव का ही प्रभाव कहा जा सकता है, विशेष रूप से उस समय जब देश में नव जागरण का संकल्प लिया जा रहा हो। यहीं आचार्य शुक्ल एक अंतर्विरोध के जाल में फँस जाते हैं। वे एक ओर तो सहज भावुकता से वहाँ बिक जाते हैं, जहाँ 'बक के निखरे सित पंख विलोक के बकी' बिक जाती है; वहीं दूसरे ओर वे रवीन्द्रनाथ ठाकुर की आनंदानुभूति को कुछ थोथा मानते हैं। सूर के माधुर्य भाव को भी वे केवल रंजक मानते हैं। वे एक ओर तो अछूतों के लिए अपार करुणा से लहराकर उनकी ओर से कविता में करुण आर्त्तनाद कर सकते हैं, दूसरी ओर कबीर जैसे पाखंड विरोधी कवि की रचना की मूल्यवत्ता बहुत कुछ अनदेखी कर जाते हैं। वे आनंद और सुख का अंतर ही अनदेखा कर जाते हैं। भारतीय दृष्टि दोनों को बराबर पृथक् मानती आई है। आनंद न सुख है, न दुःख है, सुख-दुःख की एक तटस्थ पर लोकसम्पृक्त अनुभूति है। यह अनुभूति केवल करुणा से प्रेरित अमर्ष या क्रोध के होने पर ही सुंदर हो—ऐसी बात नहीं। स्वयं आचार्य शुक्ल अपने लोकमंगल वाले निबंध में माधुर्य की अभिव्यक्ति विभिन्न प्रकार के रागात्मक प्रसारों में पाते हैं : 'अतीत की स्मृति में, कौमार अवस्था के परिचित पुराने पेड़ों और उजाड़ टीलों में, किसानों के झोंपड़ों में, काई और कीचड़ भरे तालों में, चरकर लौटती हुई गायों के धूल उड़ाते हुए झुंड में, गड़ेरियों और ग्वालों की कमली में, ऊसर की पगडंडियों में मन को लीन करने वाला जो गुड़ है वह माधुर्य है।'

यदि मंगल केवल प्रयत्न या साधनावस्था तक ही सीमित रहे तो उसकी भूमिका कितनी छोटी होती है—इस ओर शुक्ल जी का ध्यान न गया हो ऐसी बात नहीं, पर उनके भीतर एक आग्रह है, जो लगता है किसी चिढ़ के कारण है। वे कहीं नकलीपन से उद्विग्न हो गए हैं, अंतर्नाद, अंतर्वेदना के खोखलेपन से खीज गए हैं। इसलिए वह पहचानते हुए भी कि श्रीकृष्ण के मथुरा जाने के बाद गोपियों की विरह व्यथा का वर्णन जिस हृदय को द्रवित करता है, वह हृदय भूल जाता है। वे श्रीकृष्ण को लोकरंजक मात्र ही मानते हैं और यह भूल जाते हैं कि श्रीकृष्ण श्रीराम की तरह ही लोकरक्षक हैं। अंतर केवल इतना है कि श्रीकृष्ण लोकरक्षक रूप को बराबर भुलाते रहते हैं ताकि वे गोपियों के अधिक से अधिक आत्मीय हों, अधिक से अधिक सगे हों। स्वयं राम भी तुलसी के काव्य में विनम्रता और मधुरता की भूमिका से अपने स्फीत धीर भाव को दबाते चलते हैं ताकि वे सामान्य से सामान्य व्यक्ति के आत्मीय हो सकें। निश्चय है कि यद्यपि आचार्य शुक्ल की दृष्टि में मनुष्य और पूरी सृष्टि समाई हुई है पर उनकी सैद्धांतिक पीठिका में जो रूखा है, वह मानववाद के पश्चिमी आंदोलन

की छाया से ग्रस्त है। इसलिए जहाँ कवि के रूप में आचार्य शुक्ल एक व्यापक लोकमंगल की झाँकी प्रस्तुत करते हैं, वहीं आलोचक के रूप में लोकमंगल को एक दायरे में सीमित कर देते हैं।

इस अंतर्विरोध के बावजूद भी यह स्वीकार करना चाहिए कि आचार्य शुक्ल ने एक स्वस्थ और मौलिक लोक-दृष्टि साहित्य समीक्षा को दी और उन्होंने अपने समय के प्रवाह में न बहते हुए एक दूरदर्शिता का परिचय दिया। उन्होंने एक ऐसी आधुनिक चेतना का परिचय दिया जो उनके मरने के कई दशक बाद आज विश्व में उभर रही है। आचार्य शुक्ल की मंगल विधायिनी लोकदृष्टि जीवन के स्वीकार्य और जीवन की संपूर्णता की पहचान कराने वाली दृष्टि है। वह अध्यात्म को संसार से अलग नहीं देखती। इस गोचर संसार में ही अध्यात्म है यह देखने का भाव होना चाहिए। दूसरे शब्दों में न तो वे मायावाद की फाँस में पड़े, न छायावाद के, न रूपवाद या भोगवाद के। वे एक सीधी राह निकाल सके हैं, यह बात ही अपने आप में बहुत महत्त्व रखती है।

नवीन का काव्य-संसार

स्व. पं. बालकृष्ण शर्मा 'नवीन' अपने ढंग के अकेले कवि थे जो जीवन भर अपने फक्कड़पन और अपने स्वाभिमान के लिए सब कुछ न्यौछावर करते रहे। मुझे दो घटनाएँ याद हैं। इनकी चर्चा बहुत कम हुई है। पर मैं इनकी चर्चा करना चाहता हूँ। पहली घटना है : ये स्वतंत्र भारत के संसद में चुनकर गए। प्रधानमंत्री पंडित नेहरू ने इन्हें राज्य मंत्री बनाना चाहा और कहा कि ''तुम हिंदी का मंत्रालय स्वतंत्र रूप से चलाओ।'' नवीन जी का उत्तर था—''जवाहर भाई, आप राज्य मंत्री क्या, कोई भी पद दे दीजिए, न दीजिए पर सेवक हूँ, सेवा करता रहूँगा। पर हिंदी का मंत्रालय राज्य मंत्री के अधीन हो यह मुझे गवारा नहीं होगा। हिंदी के मंत्रालय के लिए कैबिनेट स्तर का मंत्री होना चाहिए। इसी में देश की हिंदी की प्रतिष्ठा है। मुझे कैबिनेट मंत्री बनने की लालसा नहीं है और न हिंदी के मंत्रालय का राज्य मंत्री होकर संभालने का लोभ है।'' नेहरू जी ने कहा—''नवीन तुम हो निरे भावुक'' और नवीन भावुक ही बने रहे। दूसरी घटना बहुत ही मर्मस्पर्शी है। साहित्य अकादेमी के सचिव स्व. श्रीकृष्ण कृपालानी ने एक दिन उन्हें फोन किया—''आपकी उर्मिला (महाकाव्य) इस वर्ष साहित्य अकादेमी द्वारा पुरस्कृत हुआ है। बधाई स्वीकार करें।'' नवीन जी स्व. भवानी जी और स्व. अज्ञेय जी के साथ दद्दा (श्री मैथिलीशरण गुप्त) के पास आशीर्वाद लेने गए। पहुँचते ही दद्दा ने चर्चा चलाई—''साहित्य अकादेमी के पुरस्कार का क्या हुआ।'' बापू (सियाराम शरण गुप्त) की 'गोपिका' चर्चा में थी। नवीन जी तुरंत उठे और अज्ञेय जी और भवानी भाई को साथ लेते गए। उन्हें कसम दिलाई कि मैं जो करने जा रहा हूँ उसका जिक्र भी तुम मेरे जीवन में किसी से न करना और तुरंत घर पहुँचकर उन्होंने कृपालानी जी को फोन किया कि ''यह पुरस्कार मैं नहीं लूँगा। यह पुरस्कार 'गोपिका' के रचयिता श्री सियाराम शरण गुप्त को दिया जाए।'' श्री कृपालानी जी ने लाख समझाया कि यह पुरस्कार दूसरे को नहीं दिया जा सकता और इस वर्ष हिंदी की रचना पुरस्कृत नहीं होगी। परंतु नवीन जी ने निर्णय लिया तो लिया। उन्होंने यह निर्णय इसलिए लिया कि इस पुरस्कार

के ऊपर दद्दा की हींस हो गई थी। उस समय हमलोग जानते थे कि ये बड़े कष्ट में थे। इस पुरस्कार की राशि का भी कुछ मतलब था। उन्हें दूसरे वर्ष फेर पुरस्कार मिला। पर उस वर्ष एक छोटी-सी इच्छा के संकेत में उन्होंने पुरस्कार नहीं लिया। ऐसा कौन होगा जो अपने गुरुजनों की जरा सी इच्छा का संकेत प कर हाथ में आया सम्मान विसर्जित कर देगा। पर नवीन ने जैसा स्वयं कहा है—

क्या पूछे हो पता हमारा हम हैं अगृह अनाम
यही पता है कि है कहीं भी अपनी नहीं कुटीर
सखी री, हम हैं मस्त फकीर

इनकी दूसरी कविता 'हम अनिकेतन' में और मुक्त होकर और साथ ही साथ विनम्रता से नत होते हुए अपनी मस्ती का परिचय देते हैं—

हम अनिकेतन, हम अनिकेतन
हम तो रमते राम, हमारा क्या घर क्या दर कैसा वेतन
हम अनिकेतन, हम अनिकेतन।

अब तक इतनी यों ही काटी,
अब क्या सीखें नव परिपाटी
कौन बनाए आज घरौंदा
हाथों चुन-चुन कंकड़, माटी
ठाट फकीराना है अपना, बाघम्बर सोहे अपने तन,
हम अनिकेतन, हम अनिकेतन।

देखे महल, झोंपड़े देखे,
देखे हास-बिलास मजे के,
संग्रह के विग्रह सब देखे,
जँचे नहीं कुछ अपने लेखे,
लालच लगा कभी, पर, हिय में मच न सका शोणित-उद्वेलन
हम अनिकेतन, हम अनिकेतन।

हम जो भटके अब तक दर-दर
अब क्या खाक बनाएँगे घर
हमने देखा : सदन बने हैं,
लोगों का अपना-पन लेकर,

हम क्यों सनें ईंट-गारे में हम क्यों बने व्यर्थ में बेमन
हम अनिकेतन, हम अनिकेतन।

ठहरे अगर किसी के दर पर
कुछ शरमाकर, कुछ सकुचाकर
तो दरबार कह उठा–बाबा,
आगे जा–देखो कोई घर।
हम दाता बनकर बिचरे, पर हमें भिक्षु समझे जग के जन,
हम अनिकेतन, हम अनिकेतन।

नवीन का जन्म शाजापुर के पास वि.सं. 1914 में मार्गशीर्ष पूर्णिमा 1954 को (8 दिसम्बर 1897) को भयाना गाँव के एक अत्यंत विपन्न पर अत्यंत संतुष्ट परिवार में हुआ। पिता पूजा करते थे पर वे कुछ पूजापाठ से कमाना नहीं चाहते थे। खर्च नहीं चलता था। माँ दूसरे के लिए चक्की पीस कर कुछ जुगाड़ करती थी तो बच्चे का पोषण होता था। चक्की पर ही वे ललित कंठ से सूर के पद गाती थीं। नवीन जी ने कभी मुझसे कहा था–''माँ के गाए हुए वे ही पद मेरी रचना की मूल प्रेरणा हैं।'' इस युग के शास्त्रीय संगीत के साथ कविता को जोड़ने वाले दो कवि हुए हैं–निराला और नवीन और दोनों को अपनी माँ के कंठ से यह दाय मिला है। निराला ने तो खड़ी बोली में ही रचना की। पर नवीन ने ब्रज में भी रचना की और अपनी आंचलिक बोली बुंदेली में भी रचना की और उन रचनाओं को रागों में बाँधा भी। उनकी एक कविता गुइयाँ वाला गीत इसका सरस उदाहरण है–

गुइयाँ, प्रीति को मरम
काहू ते बतैयो ना,

दिन दोपहरी वा गलिया में
कबहूँ ऐयो जैयो ना
वासों दूर-दूर तू रहियो,
वाकी देहरी पै जनि जइयो,
अरे, बाकी छाँह परसियो ना,
गुइयाँ, प्रीति को मरम

काहू से बतैयो ना।

लोग कहें महुआ गदराने,
हिय के घाव पके हम जाने,

अरी, कोयल, बोल बोलियो ना,
गुइयाँ, प्रीति को मरम
काहू ते बतैयो ना।

जब मृगनैनी पनघट आवे,
जब वह घट को गरौ फँसावे,
अरे, तब तू प्यास बुझैयो ना,
गुइयाँ, प्रीति को मरम
काहू ते बतैयो ना।

खूब सिदौसी, मुँह अँधियारे,
वाकी चकिया जबै पुकारे,
तब तू वा की सुनियो ना,
गुइयाँ, प्रीति को मरम
काहू ते बतैयो ना।

आश्चर्य होता है जो कवि ऐसे गीत लिख रहा है वही विप्लव गान का सिंहनाद भी कर रहा है। वह विप्लव गान इन्हीं के राजनीति में आने के कारण अधिक चर्चित हुआ और इनका गीत उपेक्षित ही रहा। विप्लव गान कविता लंबी कविता है और उसकी गूँज वर्षों तक स्वाधीनता संग्राम की अवधि में हिंदी के आकाश में भरती रही—

कवि कुछ ऐसी तान सुनाओ
जिससे उथल-पुथल मच जाए।
एक हिलोर इधर से आए
एक हिलोर उधर से आए।
प्राणों के लाले पड़ जाएँ
त्राहि-त्राहि रव नभ में छाए
नाश और सत्यानाशों का
धुआँधार जग में छा जाए।
बरसे आग जलधि जल जाए
भस्मसात् भूधर हो जाए।
पाप पुण्य सद्सद्भावों की
धूल उड़ उठे दाएँ बाएँ
नभ का वक्षस्थल फट जाए

तारक वृन्द विचल हो जाएँ
कवि कुछ ऐसी तान सुनाओ
जिससे उथल-पुथल मच जाए।
× × ×
कण-कण में है व्याप्त वही स्वर
रोम-रोम गाता है वह ध्वनि
वही तान गाती रहती है
कालकूट फणि की चिंतामणि
ज्योति ज्योति लुप्त है, अहा
सुप्त हैं संरक्षण की घड़ियाँ
लटक रही है प्रति पल में इस
नाशक संभक्षण की लड़ियाँ
चकनाचूर करो जग को गूँजे
ब्रह्मांड नाग के स्वर से
रुद्ध गीत की क्रुद्ध क्षुब्ध है
निकली मेरे अंतरतर से।

इन दोनों कविताओं की लय देखें, शब्द विन्यास देखें और संदेश देखें तो आकाश-पाताल का अंतर दिखता है। पर दोनों का गायक तो एक ही है। विप्लव का वाहक वही होता है जिसके भीतर प्यार की रसधार होती है। हिंदी में चार ऐसे नाम हैं जो जिस प्रकार कोमलता से प्यार की बात करते हैं उसी प्रकार से दुर्धर्ष संघर्ष और विप्लव की बात भी करते हैं, निराला, माखनलाल चतुर्वेदी, नवीन और अज्ञेय। कभी-कभी ऐसा लगेगा कि अज्ञेय और नवीन एक ही भाषा बोल रहे हैं। अज्ञेय की कविता 1937 की कविता है, 'मैंने आहुति बनकर देखा' इसकी पंक्तियाँ हैं–

काँटा कठोर है तीखा है उसमें उसकी मर्यादा है।
मैं कब कहता हूँ वह घटकर प्रांतर का ओछा फूल बने॥

और उनकी पहली रचना कविता संग्रह कुंकुम में ही नवीन का गीत है 'चढ़ चल, चढ़ चल, थक मत, रे बलि बध के सुंदर जीव'–

बलिदानों के पुंज,
देख कहीं न लुभावे तुझको
यह जीवन के कुंज
मधुर मृत्यु का नृत्य देख तू
देने लग जा ताल

अपना शीश पिरो कर कर रे
पूरी माँ की माल।

इन दोनों कविताओं में एक सा अपराजेय उत्सर्ग भाव है। यदि दोनों के पथ अलग रहें, दोनों की अग्निदीक्षा के क्रम अलग रहें। हाँ, दोनों में एक और अंतर है। अज्ञेय जब अध्यात्म की बात करते हैं वह अध्यात्म उतना साकार नहीं हो पाता है जितना साकार वैष्णव संस्कार में पले नवीन का अध्यात्म होता है। इनके वैष्णव संस्कार में कहीं न कहीं कबीर भी हैं कहीं न कहीं गाँधी और विनोबा भी हैं। वह वैष्णव संस्कार लोक हित में अहंकार के विसर्जन की निरंतर साधना से परिपुष्ट हुआ है। अज्ञेय ने 'असाध्य वीणा' में जो बात असीम में विलय की आकांक्षा को ही वीणा का रहस्य बतलाते हुए कही है, वही बात नवीन ने अपनी प्रसिद्ध कविता 'बिंदु सिंधु' में कही है—

एक बिंदु, इंदुमथित सिंधु-लहर छोड़ चली,
लघु ससीम औ' असीम बीच लगी होड़ भली।

निज विराट् रूप त्याग, बिंदु बनी तन्वंगी,
अपरिमेय, अमित माप राशि हुई अण्वंगी,
अगमा गति गम्य हुई अनिलानल-रंग-रंगी
नाना विधि रूप धरे विचर रही गली-गली
बिंदु सिन्धु छोड़ चली।

हर हर करते गतियुत द्रुत मारुत रथारूढ़
अम्बर में विचरण की हिय में भर व्यथा गूढ़,
लेने दिक्-काल थाह निकली यह बिंदु मूढ़,
निज असीम, अगम, गहन गृह से मुँह मोड़ चली,
बिंदु सिंधु छोड़ चली।

क्षण में वह वाष्प बनी, क्षण में वह ओस-बिंदु,
क्षण में घन-वारि-उपलु, फिर चातक-तोष-बिंदु,
किंतु आत्म-तुष्टि कहाँ, यदि न प्राप्त गहर सिंधु,
तन्मयता शून्य विलग रहनि इसे आज खली,
बिंदु सिंधु छोड़ चली।

अंबर का भ्रमण किया, पैठी भू-गर्भ बीच,
सरसाया नव-जीवन पादप, तृण सींच-सींच,

देखा चिरकाल-कलन, अवलोका ऊँच-नीच
किंतु न क्षणभर को भी गृह की सुधि रंच टली,
बिंदु सिंधु छोड़ चली।

ओ गंभीर स्नेह-सिंधु, ओ सुदूर इंदु पूर्ण,
इस बौरी बिंदी का हुआ सकल गर्व चूर्ण,
विलग रूप अब असह्य, असहनीय चक्र घूर्ण,
घहर उठो सम्मुख अब, बीत चुकी युगावली,
बिंदु सिंधु छोड़ चली।

इसमें बिंदु और सिंधु की होड़ के द्वारा यह इंगित किया गया है कि मरण-धर्मा मनुष्य में अमरता का आकर्षण इस प्रकार की बेचैनी लाता है कि अपना घर भी छूट जाता है। पर ऐसे ही बेघर हिंदी में घर के सबसे विश्वसनीय घर वाले हैं।

नवीन की कविता के तीन चरण हैं। उन्होंने अज्ञेय से अधिक समय जेल में बिताया और जेल में रहते हुए अपना रचना संसार भरा। अज्ञेय की जेल यात्रा नवीन की अपेक्षा अधिक कठोर थी क्योंकि वे हिंसक क्रांति के लिए जेल में गए थे। उनके संगी साथी नहीं थे और अकेलापन अधिक था। नवीन की यात्रा ऐसी थी जिसमें नेहरू जी, टंडन जी जैसे गुरुजनों की छाया मिली थी। उन गुरुजनों की छाप ने एक अद्‌भुत व्यक्तित्व रचा। एक ओर कांग्रेस की राजनीति में वे नेहरू के साथ थे और भी ब्योरे में जाएँ तो वे रफी अहमद के साथ थे। वे अपने को रफियन कहते भी थे। दूसरी ओर वहीं हिंदी की अस्मिता की लड़ाई में वे टंडन जी के अनुयायी थे। एक ओर वे तिलक के आवाहन पर राजनीति में कूदे और भीतर में उबाल से उनका राजनैतिक जीवन प्रारंभ हुआ। दूसरी ओर गाँधी और विनोबा की भी उन पर गहरी छाप पड़ी।

उनकी कविता के पहले चरण में दोनों प्रकार की कविताएँ हैं पर प्यार की कविताएँ अधिक हैं। दूसरे चरण में उनकी कविताओं में बौद्धिकता का स्वर गूँजता है। उसी चरण की कविताओं के संकलन की भूमिका में जो उन्होंने लिखा वह एक ऐतिहासिक दस्तावेज है। यह भूमिका 1951 की है—

> और, विचार-जगत् में यह हम देख ही चुके हैं कि भौतिक विज्ञान विषयक इतिनैश्चित्यमय यांत्रिक सिद्धांत आज हवा में उड़ गया। आज का भौतिक विज्ञान अनैश्चित्यवाद का सिद्धांत मान चुका है। जो भौतिक इतिनैश्चित्यवाद उन्नीसवीं शती के विज्ञान का एक प्रकार से स्वयंसिद्ध अंग था वह आज मिथ्या हो गया है।
>
> मैंने ये बातें इसलिए कही हैं कि एकांगी सिद्धांतों को पकड़ बैठने

का जो हमारा आग्रह है वह कुछ कम हो। आज के हमारे आलोचक बंधुओं में कुछ ऐसे हैं जो साहित्य और कला की कृतियों को एक विशेष प्रकार के मानदंड से नापने लगे हैं। मैं उनके अध्यवसाय, परिश्रम, अध्ययन और विशिष्ट सिद्धांत-प्रेम का आदर करता हूँ। पर, मैं यह निवेदन अवश्य करना चाहता हूँ कि वे अपने मस्तिष्क को अचलायतन न बना लें। विचारों को मुक्त वातावरण में पलने दें और अपने को निगड़-बद्ध न कर दें। यह बात हमें समझ लेनी है कि मानव मानव है—वह केवल सामंतवाद, पूँजीवाद, वर्गवाद, भौतिकवाद आदि का मुरब्बा-मात्र नहीं है। जिस वैज्ञानिक भौतिकवाद को वे बंधु ध्रुव सत्य माने बैठे हैं उसकी ऐतिहासिक रूपरेखा को सँवारने वाला उन्नीसवीं शती का वह भौतिक विज्ञान है जिसका स्वरूप आज नितांत रूप से परिवर्तित हो गया है। जब स्वयं भौतिक विज्ञान में अनैश्चित्यवाद समाविष्ट हो गया है तब समाजशास्त्र, राजनीति शास्त्र, अर्थनीति शास्त्र, साहित्यालोचन शास्त्र एवं कला-निर्णय शास्त्र में जडतापूर्ण इतिनैश्चित्यवाद का पल्ला पकड़कर चलना साहस का काम भले ही हो, बुद्धि-संगत नहीं हो सकता।

वैचारिक साहस के साथ आलोचना की चालू पद्धतियों को अमान्य करते हुए उन्होंने लिखना जारी रखा।

तीसरा चरण है जिसमें उर्मिला प्रबंध काव्य पूरा हुआ और वे शरीर व मन दोनों से बड़े क्लांत हुए। उन्हें भीतर से लगा कि मैंने जो साधना चाहा वह सधा नहीं; न राजनीति सधी, न कविता सधी, न अध्यात्म सधा। उन्हीं के शब्दों में :

वन-वन कर मिट गए अनेकों मेरे मधुमय स्वप्न रंगीले,
भर-भर कर फिर-फिर सूखे हैं मेरे लोचन गीले-गीले।

मेरा क्या कौशल क्या मेरी चंचल तूली क्या मेरे रंग
क्या मेरी कल्पना हंसिनी मेरी क्या रस-रास-रति-उमंग
मैं कब का रंग-रूप चितेरा मैं कब विचर सका खग-कुल-संग
मम स्वप्नों के चित्र स्वयं ही बने, स्वयं ही मिटे हठीले,
भर-भर कर फिर-फिर सूखे हैं ये मेरे रंग-पात्र रंगीले।

मेरे स्वप्न विलीन हुए हैं, किंतु, शेष है परछाईं-सी,
मिटने को तो मिटे, किंतु वे छोड़ गए हैं इक झाईं-सी,
उस झिलमिल सी स्मृति-रेखा से हैं यह आँखें अकुलाई-सी
उसी रेख से बन उठते हैं फिर-फिर नवल चित्र चमकीले,
बन-बन कर मिट गए अनेकों मेरे सपने गीले-गीले।

कलाकार कब का मैं, प्रियतम, कब मैंने तूलिका चलाई
मैंने कब यत्नतः कला के मंदिर में वर्त्तिका जलाई
यों ही कभी काँप उठ्ठी है मेरी अँगुली और कलाई,
यों ही कभी हुए हैं कुछ-कुछ रसमय कुछ पाहन अरसीले,
बन-बन कर मिट गए अनेकों मेरे मधुमय स्वप्न रंगीले।

मैंने कब सजीवता फूँकी जग के कठिन शैल-पाहन में
मैं कर पाया प्राण-प्रस्फुरण कब अपने अभिव्यंजन-वाहन में
मुझे कब मिले सुंदर मुक्ता भावार्णव के अवगाहन में
यदा कदा हैं मिले मुझे तो तुम जैसे कुछ अतिथि लजीले।
यों ही बन-बनकर बिगड़े हैं मेरे मधुमय स्वप्न रंगीले।

इसी समय की दूसरी मार्मिक कविता है जो उनकी अंतिम कविता कही जाती है और जो निराला की अंतिम कविता की तरह ही जीवन की गहन पर्यालोचना है—

लो बीत चली बासंती वेला जीवन की,
धूमिल हो चली ललित-स्मृति कल्पित फूलों की,
विहँसा होगा उद्यान कभी मन-आँगन में—
अब तो है स्मृति केवल जीवन की भूलों की।

है कुछ-कुछ स्मरण कि प्राची में था जीवन-रवि
वह चमक रहा था पूर्व क्षितिज में तेजवान,
पर जो अब आकाशोन्मुख होकर के देखा
तो देखा, प्रायः पूर्ण हुआ है दिवस-यान।

सुन उस प्रभात में मुक्त पंछियों का गायन,
सोचा था जीवन होगा मंगल-गायनमय,
पर अब जब आ पहुँची श्यामा संध्या वेला
तो देखा, रुँधे कंठ से निकली एक न लय।

अनमिल असाधना युक्त, दिग्भ्रमित जीवन-क्षण,
कट गए यम, नियम, आसन, प्राणायाम शून्य,
श्वासें न सधीं, आसन न जमा, चापल न गया
अस्तित्व रहा विश्वास-शून्य, उपराम-शून्य।

क्या मिला नहीं कुछ भी तो मिला यहाँ मुझको,
जीवन यह एक मिला था वह भी खो बैठे।

क्या ही विचित्र लीला है किसी खिलाड़ी की
हम एक भले थे, किंतु व्यर्थ दो हो बैठे।

पर बहन, एक तुम हो कि नहीं भूलीं उसको,
जो है नित भूला हुआ स्वयम्! अपने को भी,
कर देती हो तुम निज राखी के धागों से
चिर मूर्तिमान, उसके अमूर्त सपने को भी।

यह विमल तुम्हारी राखी का सुकुमार सूत्र,
कारागृह में कुटिया में वा निर्जन वन में,
सब ठौर पहुँचता है दैवी वरदान-रूप
भर देता है कंपन यह रज के कण-कण में।

निराला की कविता में यदि वसंत की स्मृति 'बीत चुका आमोदित बौरा वसंत' के रूप में है तो नवीन की स्मृति जीवन की भूलों की स्मृति है। इसके बावजूद निराला को पुनः एक बार सबेरा की प्रतीक्षा है और नवीन के मन में बहन की राखी की स्मृति है। दोनों के भीतर जीवन एक फेरा है, उसके उत्साह के संकल्प या बहन की राखी की स्मृति के रूप में कहें, अत्यंत मानवीय संवेदना है।

मैंने पहले नवीन की बौद्धिक सजगता की बात की थी। उनकी एक कविता है 'प्रश्नोत्तर' जिसमें जड़ और चेतन के द्वैत के विवाद को एक ओर वैज्ञानिक समर्थन दिया गया है—

आज तो विज्ञान की दिशि है निपट एकीकरण की,
आज तो इच्छा जगी है शक्ति के सतत स्मरण की,
शक्ति वह जो उष्णता, विद्युत, विचुम्बक-गतिमयी है,
शक्ति वह जो ध्वनिमयी है, ज्योति-रेखा-रति-मयी है,
स्थूल भूत पदार्थ प्रकटे हैं न क्या उस शक्ति ही से
तब कहो, हमको मिलेगा क्या भला जड़-भक्ति से।

दूसरी ओर भाव के स्तर पर चेतना का स्फुरण किस प्रकार रज कणों में होता है, इसका अंकन है—

क्षणिक जीवन मिस पधारी जगत् में चिर चेतना यह,
माँग में सिंदूर भर लायी विरह की वेदना यह।
आ मिली यों रज-कणों में बन गयी जीवन पहेली,
किंतु उसको है स्मरण कुछ, वह किसी की है सहेली,
बांध उसको क्या रखेगी धूलि-कण की मोह-माया,

वह रखेगी क्या यहाँ, यह है किसी की अमर छाया।

महात्मा गाँधी की मृत्यु पर उनके गहन चिंतन की कविता है। वह कोरा शोक का उद्गार नहीं। इसमें वे मनुष्य की गति के बारे में प्रश्न उठाते हैं और अपने दिग्भ्रम में ही एक उत्तर पा जाते हैं—

है प्रश्न यही सम्मुख कि द्विपद मानव क्या है उसकी गति क्या
है केवल राग-पुंज पशु वह उसकी है अधोगमन रति क्या
यदि यही सत्य है तो फिर तुम, क्यों मानव-योनि धरे आए
यह द्विपद अधोगति-रत है, तो, तुम ऊपर को कैसे धाए
बापू, यह बुद्धि भ्रमित-सी है, बापू, जन-मन उलझन में है,
मानव क्या तुम हो, ओ बापू, या मानव हम ऐसे जन हैं

जब मैं उन्हें स्मरण करता हूँ बांकी गाँधी टोपी में नीचे बाहर आने को व्याकुल, लहरीले श्वेत केश, लंबी तनी हुई काया, उन्मुक्त व्यक्तित्व, अपने युवतर लोगों के कंधे पर हाथ रखकर, कहो बंधु का संबोधन और धीर मंद्र स्वर और मस्ती का आलम चारों ओर प्रभा लोक के रूप में वितानते हुए नवीन हिंदी साहित्य सम्मेलन के अधिवेशनों में आते थे तो नीरस बहस भी सरस हो जाती थी और वातावरण उनकी उपस्थिति से सजीव हो उठता था। वे जितने गम्भीर विचारक थे उतने भीतर से उदास, अपने बारे में उन्होंने कहा है—

असफल जीवन में रहे रहे सदा श्रीहीन।
रहे न काहू काम के तुम अलमस्त नवीन॥

वस्तुतः अलमस्त का पाठ उनका संशोधित पाठ है। वहाँ शब्द कोई दूसरा था। उन्होंने अपनी आत्मकथा में लिखा—''मैंने कुछ भी तो ऐसा काम नहीं किया जिसे मैं गर्व के साथ अपना कह सकूँ। हिंदी की चंद तुकबंदियाँ लिखीं, चंद लेख लिखे, राजनीति में भी मैं सिवाय सफरमैना पलटन के एक मामूली सिपाही के और कुछ नहीं हूँ। चुनांचे मैंने किसी दिशा में भी कोई सफलता प्राप्त नहीं की है। और अब तो मैं सफलता चाहता भी नहीं हूँ। शायद अंगूर खट्टे हैं या, शायद, मैं वास्तव में कुछ वीतराग-सा हो रहा हूँ।'' उनके इस विषाद के स्वर से उनकी रचना का कोई मेल नहीं खाता। रचना तो ऐसी झंकार है जो तरुणाई को लजा देती है। उनकी कविता में कहीं-कहीं अवश्य पराजय गान बनकर आती है पर अधिकांश कविताएँ या तो सिंहनाद है या मनुष्य की चेतना को जगाने का मंत्र है या जीवनरहस्य के चिंतन या फिर उन्हीं के शब्दों में—

पराभूत, पददलित, भीषण अत्याचार विमर्दित
दंडित, व्रण-मंडित, खंडित तन, निरानंद, पद-पद पर वर्जित,
मानव को मैं देख रहा हूँ आज सतत ठुकराए जाते,
देख रहा हूँ टूट रहे हैं मानव मन के सारे नाते
देख रहा हूँ अनाचार का महा भयंकर तांडव नर्तन,
और सुन रहा हूँ मानव का यह विकराल पाशविक गर्जन।

दुर्दमनीय दानवी लीला, यह दुरंत बर्बरता जागी,
आज सनी दौरात्म्य-पंक में नर की नरता स्वयं अभागी,
आज सुना है मेरे साथी दंडित, ताड़ित, त्रस्त हुए हैं,
मेरे संयत भाव हृदय के सहसा अस्त-व्यस्त हुए हैं
आज हृदय में उमड़ रहा है फिर से यह सोया क्रोधानल
पर मुझको पीना ही होगा अब की फिर यह घूँट हलाहल।

वही हलाहल पीने वाला कवि इतना कोमल हो सकता है कि अपने को हरी झारी के रूप में देखे जो प्रिय के चरणों में ढुली हुई है और संपूर्ण भाव से अपने को विसर्जित कर रही है।

मत पूछो मम ग्राम कहाँ है,
पता नहीं निज धाम कहाँ है,
अपनापन तो लुप्त हो रहा,
मेरा निज का नाम कहाँ है
अब तो तुम हो, और तमिस्रा है यह अँधियारी-सी,
प्रिय, मैं आज भरी झारी-सी।

चली आ रही हूँ ध्रुव-पग धर,
बरबस खिंचती-सी निज मग पर,
तारा चंद्र रहित मम अंबर,
दिशा-शून्य मम पंथ विघ्न हर,
आज सभी दिक्शूल बने हैं सुमन कली प्यारी-सी,
प्रिय, मैं आज भरी झारी-सी।

वे निरंतर अपने को प्यार से भर रहे हैं और उस प्यार को उँड़ेल रहे हैं। वे देश के दर्प से स्फीत हैं पर साथ ही धरती की भावना से उतने ही गंगा की तरह पवित्र हैं।

झारी का उपमान निरंतर भरे जाने का है और निरंतर रिक्त होने का है,

इसका अर्थ होता है अकिंचन की भक्तिपात्रता। नवीन प्रत्येक दशा में पारदर्शी हैं। वे कहा करते थे ताश के सारे पत्ते खोलकर खेलता हूँ। कविता भी उनकी इसी प्रकार की खेल है। वे कवि कर्म और जनसेवा कर्म इस तरह साधे हुए थे कि जब जनसेवा करके जेल जाते तो कविता करते। जेल से छूटते तो जनसेवा में लग जाते थे। अमर शहीद गणेश शंकर विद्यार्थी ने जो लकुटी उनको अग्निदीक्षा देकर लखनऊ कांग्रेस अधिवेशन में पकड़ा दी थी और जिसके कारण 'प्रताप' के सम्पादकीय से जुड़े और जुड़े ही रहे—यही उनकी जनसेवा थी। जनसेवा करते हुए उन्होंने कहीं भी विश्राम नहीं लिया। विश्राम न लेते हुए भी उन्होंने अपना सहज अल्हड़पन और फकीराना ठाट नहीं छोड़ा। अधिकांश कविताओं में जहाँ तिथि और स्थान का उल्लेख है वहाँ स्थान के नाम पर या तो जेल है या गणेश कुटीर है। कुछ कविताओं में स्थान के रूप में रेल पथ भी है। उनकी कविताओं में समय रात का दिया हुआ है। नवीन रात से जूझते रहे और रात पर जय पाते रहे। मृत्यु को निराला ने भय नहीं माना। मृत्यु से ही उन्होंने जीवन के स्वर की पहचान पायी। उनकी यह मनोवृत्ति अपने समय के अन्य कवियों से बिल्कुल अलग है। मरण त्योहार की बात तो कई कवियों ने की और निराला ने नैश अंधपथ पार करने की बात की। पर नवीन ने सबसे अलग एक बात की—

निशि का विश्राम कहाँ पूछा जब यों मन ने,
ठौर कहाँ पूछा जब यों इस मृण्मय कण ने,
बोली तब, अमर साध : कैसे निशि के सपने
ऐ, रे आह्वान किया तेरा चिर चेतन ने।
काले अवगुंठन में छिप आए हैं प्रियवर।
मत डर, रे अजर, अमर।

आज, साँझ तेरी यह नव प्रभात पूर्ण हुई,
तुझसे अनिकेतन की चिंता सब चूर्ण हुई,
हुए आज द्वंद्व दूर, आज दूर हुई दुई,
मरघट के नभ से है आज अमिय फुही चुई,
मृत्यु का कराल कंठ गाता है जीवन स्वर
अब कैसा भय, कैसा डर।

यह उल्लेखनीय है कि यह कविता सन् 1942 के अगस्त आंदोलन के कुछ ही पहले लिखी गई थी।

उनके कविता संसार से गुजरते हुए कभी यह लगता है कि नवीन हमें संत

कवियों के साँकरी गली में ले जा रहे हैं जहाँ द्वैत नहीं समाता–

साजन देंगे जोग री
हमें दान में दे जाएँगे
वे विकराल वियोग री

कभी विरह के उत्ताप में वे सूर के समीप पहुँचते हैं–

मेरे नैनों से ज्वर झाँक रहा है प्रियवर
मन में उद्वेग अमित तन में है ताप प्रखर
यहाँ वहाँ ढूँढ़ रहे तुम्हें अरुणमय लोचन
जब तब करते हैं ये ऊष्ण ऊष्ण जल मोचन
नैनों में छाओगे कब तक तुम दृग रोचन
पुतली पर कब होगी अंकित तब छटा छहर।

कभी उनके उर्मिला काव्य में तुलसीदास की आस्था सजीव होकर आती है और कभी वे अपने काल के प्रगाढ़ अत्याचार के प्राचीर के भंजक होकर आते हैं और कभी यह सबकुछ नहीं तो वह मानव प्यार की तरस होकर आते हैं। नवीन के मन में नारी के प्रति बड़ा आदर भाव था। वे इस मामले में संत कवियों से अलग थे। उनकी दृष्टि में वे बहुत कठोर और क्रुद्ध होकर कहते हैं–

जो नारी में कामुकता ही देखें वे भी क्या मानव हैं
वे तो हैं बस चांडाल अधम, वे तो बस पूरे दानव हैं
उनको नारी ने दी ठोकर, इससे चिढ़ है उनके मन में,
औ चले लगाने कालिख वे रानी के चरित सुहावन में,
ये षंढ समझते हैं कि हमीं कर रहे कला का प्रणयन हैं,
जो नारी पर विष-वमन करें, धिक् है ऐसे भी जग-जन हैं।

और समाधान करते हैं कि

नारी है चिर प्रेरणामयी, नारी है पावन स्नेह रूप,
इस पूर्ण पुरातन सिरजन में नारी ही है नित नव, अनूप।
जिन ने जग को रस-दान दिया, वे नारी के लोचन-कण हैं
जो कायर नारी को कोसें वे पामर हैं, दुर्बल मन हैं।

ये सभी रूप उनके हैं और नवीन इन सब रूपों से अलग हैं। मैंने उन्हें घंटों पूज्य भैया साहब के यहाँ बैठकर दूसरों का मुंडन और कर्णछेदन करते सुना है। एकदम मुक्त और निरीह भाव से वे तरह-तरह के पाखंडों पर प्रहार करते और

कभी-कभी अपने ऊपर भी करते। अपने जीवन की विडंबनाओं पर भी करते। उस समय लगता था नवीन यही हैं। जीवन की अंतिम वेला में वे पक्षाघात से चारपाई पर पड़े। उस समय उनका चेहरा विषाद से भर गया था। इसलिए नहीं कि उन्हें मृत्यु से घबड़ाहट थी, इसलिए कि उनको लगा था कि मैं भार हो रहा हूँ। जिस व्यक्ति ने कोई घर नहीं बसाया, किशोरावस्था में घर बसा भी और नव-परिणीता से उनकी भेंट भी न हो सकी। वह पहले ही चली गई। घर बसाया भी तो ऐसी वय में जब घर बसाने का कोई तुक नहीं था। पर नवीन ने असंख्य स्नेहियों के हृदय में घर बसा लिया है। उनकी कविताएँ आज भले ही हाशिए में डाली गई हों, कल नहीं तो परसों जब इस पूरे युग की समीक्षा होगी और इस पूरे युग के अवदान को कसौटी पर कसा जाएगा तो नवीन को सामने लाए बिना काम नहीं चलेगा। नवीन की पंक्तियाँ ही इस युग के मनुष्य की संपूर्ण चिंता, संपूर्ण भावना और संपूर्ण संवेदना का स्मारक होंगी। जिसने नवीन को देखा नहीं, वह भी नवीन की कविताओं को देख लेगा और उनकी उस पुकार को सुन लेगा तब उनकी पहचान होगी। मैं तुम के भेद को दूर करने वाले प्रेम पंथी के रूप में—

प्रिय, त्वम् मय कर दो मम तन-मन
ऐसा कर दो मुझे कि मैं अब बिसरू अलग-थलग अपनापन,
प्रिय त्वम् मय कर दो मम तन-मन।

मैंने बहुत किया चिंतन, पर खुल न सकी यह गाँठ हृदय की
नहीं सुन सका हूँ अब तक ध्वनि अपनी हार, तुम्हारी जय की,
आज हारने बैठा हूँ मैं, नहीं लालसा मुझे विजय की,
निज को खोकर, तुम्हें पा सकूँ, यह वर दो मेरे करुणायन,
प्रिय, त्वम् मय कर दो मम तन-मन।

जैसे अपने तन में मुझको भासित होता है अपनापन,
जैसे अपनों को पा करके यह हिय कर उठता है झन-झन,
वैसे ही मैं देख सकूँ इस निखिल विश्व के सब जड़-चेतन,
अपने और पराये के अब कट जाने दो ये सब बंधन,
प्रिय, त्वम् मय कर दो मम तन-मन।

अज्ञेय के आत्मबोध की यात्रा

अज्ञेय को मैं बहुत कम जानता हूँ, पर उस प्रभामंडित व्यक्तित्व के भीतर था एक, जिसे मैंने भाई कहा और जिसने मुझे भाई ही कहा, कुछ-कुछ जानता हूँ, क्योंकि अभी भी, घर से निकलता हूँ तो कभी-कभी लगता है कि भाई मेरी बाट जोह रहे हैं और कहीं से विदा होता हूँ तो लगता है भाई जय कहकर विदा करते हुए भी बुला रहे हैं। उस भाई की जीवनी का कुछ हिस्सा लिखा, अब फिर लिखना चाहता हूँ, क्योंकि जाने के पहले उन्होंने कहा तो भाई आप लिख ही डालिए, कोई दूसरा क्यों मेरी जिंदगी पर फ़ैसला दे, फ़ैसला तो मैं क्या दूँगा, हाँ उस व्यक्ति को फिर से पहचानना चाहता हूँ, जिसने मुझे किशोरावस्था में एक प्रेरणा दी—

बैठे रहो, पुकारो गाओ मेरा वैसा धर्म नहीं है।
मैं हारिल हूँ, बैठे रहना मेरे कुल का कर्म नहीं है।।

और जिसने अपने जीवन की संध्या वेला में यह गहरी उदासी की समझदारी दी—

"रात तारे हों न हों/रवहीनता को सघन कर दे अँधेरा/तू अदीन लिये हिये में/चित्र ज्योति प्रकाश का/ करना नहीं तुझ को सबेरा/ कर नमन बीते दिवस को धीर/ दे उसी को सौंप/यह अवसाद का लघु पल/निकल चल/सारस अकेले।"

उस व्यक्ति की समग्रता इतनी आसान नहीं है कि ठीक-ठीक आँक सकूँ। वह व्यक्तित्व पहेली रहता तो पहेली का समाधान मेरे पास था, पर वह व्यक्ति इतना गुरु गंभीर होते हुए भी भीतर से तो निरा बालक था, कौतुकी और उदग्र, बिल्कुल पारदर्शी, कब किस बात पर रूठेगा और कब अपने आप मनाएगा, बिल्कुल अतर्कित। ऐसे झरने जैसे व्यक्तित्व को गहना बहुत मुश्किल है।

अन्य मित्रों की तरह भाग्यवान् नहीं हूँ कि कुछ सरलीकरण कर सकूँ, अज्ञेय व्यक्तिवादी थे, अराजक थे, क्रांति से छलाँग मारकर यूरोप के अध्यात्म की गुफा में जाने वाले पलायनवादी थे, सौंदर्यवादी थे, शिल्पी थे, सुघड़ शिल्पी

थे, अज्ञेय के ऊपर मानवेंद्र नाथ राय का प्रभाव था, यास्पर्स का प्रभाव था, और कुछ समझदारों ने तो कहा कि मेरे जैसे सामान्य व्यक्ति के कुसंग में वे नास्तिक से हिंदू होने की प्रक्रिया में थे या जाने और किसके-किसके प्रभाव में ही वे गढ़े जाते रहे। मैं तो यह मानता हूँ कि अज्ञेय में एक अन्वेषी बराबर रहे, अपने पूरे अस्तित्व का अन्वेषी जिसने अपने को तोड़-तोड़कर अपनी समग्रता का मर्म तलाशा, पर इस अन्वेषी के पास अपना पाथेय भी था, अपना पथ निर्देश भी था, वे बड़े अनुशासन प्रिय पिता की आँखों की छाया में बड़े हुए और बड़ी स्नेहमयी बहन की ओट में इतने साहसी हुए। बचपन खँडहरों में; संग्रहालयों में, पहाड़ों में, पुरातत्त्व के पंडितों की बातचीत से भाषा का संस्कार पाते बीता, देश की गरिमा की उदग्रता की दीक्षा ऐसी ली कि हिंदुस्तानी बच्चे को गाली देने वाले गोरे सहपाठी की पिटाई की और स्कूल से छुट्टी हो गयी। पिता ने सोचा इस बच्चे के लिए स्कूल बना ही नहीं। घर पर उन्हें सब कुछ पढ़ाया जाता रहा, ज्ञान-विज्ञान और उसके साथ रघुवंश। किशोरावस्था और जवानी का पहला चरण मद्रास और लाहौर में एक ओर वनडे जैसे गुरु से पश्चिमी साहित्य-संस्कृति की शिक्षा लेते हुए और दूसरी ओर आजाद और भगतसिंह से अग्नि दीक्षा लेते हुए गुज़रा, उस अवधि में ब्राउनिंग का रंग गहरा था, जीवन स्वीकार करो और जीवन न्यौछावर करो। पर ये प्रभाव जिस व्यक्ति पर पड़ रहे थे, वह कैसा था, इसके बारे में बड़ी बहनजी ने मुझे बतलाया था, बड़ा हठी था, जिस पर अड़ जाता था, उस पर अड़ा रहता था और था सच्चा। सच्चिदानंद का यही रूपांतर घर में हुआ, वह चरित्र बन गया। पिता से मैं कई बार इसके लिए लड़ी कि यदि यह कहता है, मैंने यह काम नहीं किया तो इसने नहीं ही किया होगा, इस पर मार नहीं पड़नी चाहिए। ऐसा धुनी व्यक्ति प्रभावों के कारण उतना ही बनेगा, जितना वह प्रभाव उसकी धुन में खपता हो। उसी व्यक्ति के शब्दों में कहना चाहें कहें—

> **''मंदिर से तीर्थ से यात्रा के हर पग से/हर साँस से कुछ मिलेगा/**
> **अवश्य मिलेगा, पर उत्साही जितने का तू है अपने भीतर से दानी।''**

अज्ञेय ने इन प्रभावों को लिया नहीं, अपने को इन प्रभावों को दिया है।

जवानी के दूसरे चरण में विज्ञान और साहित्य की पढ़ाई छूटी, सशस्त्र क्रांति के पथ पर आए, पकड़े गए, जेल की ऐसी यातनाएँ सहीं कि पिघला हुआ लोहा वज्र बन गया। लोग उनकी चुप्पी का जाने क्या-क्या अर्थ लगाते हैं, पर अज्ञेय की प्रखरता सकारण चुप्पी में बदली गयी, बड़े प्रयत्न से चुप्पी साधी गयी। उन्हें जेल में थोड़ी-थोड़ी मात्रा में पारे का ज़हर दिया गया, जिसके कारण वे तनिक-सी बात पर उबाल खा जाते थे, पर उन्होंने कठोर संकल्प से चुप रहने का अभ्यास किया। वह अभ्यास तभी काम नहीं आता था, जब कोई ऐसी बात

घर कर जाय जिससे देश का सम्मान आहत होता हो। मेरे सामने की घटना है, एक अमरीकी छोकरे ने शराब की रौ में विदेश में भारत की नारी के बारे में कुछ अभद्र बात कही। भाई ने दस-बारह मीटर दूर खड़े सुना और नीचे को छलाँग लगायी, नम्रता से कहा, कृपा करके वह वाक्य दुहराओ जो अभी-अभी कहा था, वह नशे में था, उसने दुहरा दिया और इसके बाद भाई के हाथ उठे गर्जन के साथ, फिर दुहराओगे वह बात और वह मिमियाने लगा, नहीं जीवन भर नहीं। लोग बिल्कुल घबरा गए, वरिष्ठ अमरीकी प्रोफेसर क्षमा-याचना करने लगे। मैंने हाथ पकड़ा और देखा भाई की नाक से खून टपक रहा है। पारे का पुण्य प्रताप। बड़ी मुश्किल से सँभाले जा सके। ऐसे सुप्त ज्वालामुखी प्रभाव के प्रवाह में बहते नहीं, वे स्वयं तरल आग के प्रवाह होते हैं।

अज्ञेय की बातचीत जब खुलती थी तो इतने किस्से, इतनी कहानियाँ, इतने हास-परिहास के प्रसंग बस फुलझड़ी की तरह छूट पड़ते थे। हाँ खुलते कम थे और कम लोगों से खुलते थे।

जेल जीवन की एक और यातना है और वह यातना और गहरी है, उन्हें अपने किसी बड़े ही विश्वस्त साथी के विश्वासघात से गहरा आघात लगा था, इतना गहरा कि उसके बारे में बताते-बताते भी वे मुँह से नाम न निकाल सके और इसीलिए उन्होंने अपने क्रांतिकारी जीवन का कोई दस्तावेज नहीं लिखा, उपन्यास लिखा, पर उपन्यास एक जीवनी का शीर्षक पाकर भी एक नहीं अनेक में एक हुए एक की या उलटकर कहे एक में अनेक की जीवनी है। उन्होंने इस दुहरी यातना को सहज बनाने वाले प्यार और इस पीड़ा को सहलाने वाली पीड़ा की बात बड़ी प्रखरता से की, बड़े उद्दाम भाव से की और यहीं उनकी ब्राउनिंग से बड़ी संगति हुई। मृत्यु के साक्षात्कार के क्षण में जीवन की पहचान होती है कि—

कल देने की स्वेच्छा थी, अब लेने की लाचारी है।
रो-रो जिए आज आयी हँस-हँस मरने की बारी है।

जेल में लिखी कविताएँ अधिकतर प्यार की, उच्छल आवेगी प्यार की रचनाएँ हैं पर हैं बड़ी गहरी, लगता नहीं है कि यह अधकचरे प्यार की कविताएँ हैं, एक सीझे हुए प्यार की कविताएँ लगती हैं। सीझ कर लिखने का भाव भाई के साथ निरंतर रहा। स्व. दद्दा ने भाई के बारे में एक बार बहुत तमककर किसी को पत्र लिखा था—अज्ञेय ओछी बात कभी कर नहीं सकते, मैं उनको जानता हूँ। वे बहुत डूबकर लिखते हैं। भाई की उत्तरकालीन रचनाओं में डूब का यह भाव तिरना हो गया है, 'असाध्य वीणा' हो या 'मैंने पूछा क्या कर रही हो' या 'कवि का भाग' सब में किसी-न-किसी प्रकार से इसी पर बल है कि रचनाकार

की नियति है, व्यक्ति के रूप में जलना, गलना और तब गलाना। व्यक्ति के रूप में जलने और गलने में ही सम्बोध्य की अपने समाज की सही पहचान होती है, कितना यह दाह, कितनी यह गलाई सबकी है, कितनी सब कुछ की तथता है और तब ढलाई होती है प्रतिमा की। पर कवि भाई के शब्दों में–

> **'कवि का है भाग यही/आग से आग तक/गलना/गलकर गलाना/मंदिर जिसका भी हो/प्रतिमा बनाना-बैठाना नहीं–प्रतिमा के प्राणों को सुलगाना।'**

प्रतिमा के प्राणों को सुलगाने की नियति ही सबसे दुरंत रही भाई के जीवन में। वे अपने देश की प्रतिमा की छवि की चिंता उतनी नहीं करते थे जितनी चिंता करते थे इस प्रतिमा की प्राणवत्ता को धधकाए रखने की, इसके प्राणों की फूँक की। इसके लिए क्या करना होता है, यह उन्हीं से सुनें–

> **''देख तो रहे हो/छीलती हूँ/नमक छिड़कती हूँ/मसलती हूँ। निचोड़ती हूँ/कोड़ती हूँ/कसती हूँ/फोड़ती हूँ/फेंटती हूँ/महीन बिनारती हूँ। मसालों से सँवारती हूँ/देगची में पलटती हूँ/बना कुछ नहीं रही/बनता जो है–यही सही है–अपने आप बनता है/पर जो कर रही हूँ–एक भारी पैंदे/मगर छोटे मुँह की/देगची में सब कुछ झोंक रही हूँ/दबाकर अँटा रही हूँ/सीझने दे रही हूँ/मैं कुछ करती भी नहीं–मैं काम सलटती हूँ।/मैं जो परोसूँगी/जिनके आगे परोसूँगी/उन्हें क्या पता है/कि मैंने अपने साथ क्या किया है?''**

सचमुच लोग नहीं जानते कि भाई ने अपने साथ क्या किया, सिर्फ इसलिए कि उन्हें अपने को पहचानना था, अपनी भाषा को पहचानना था, अपने समाज को पहचानना था, अपने समाज की शक्ति और दुर्बलता दोनों को पहचानना था और अपने घर को पहचानना था। वे यायावर थे सही, पर यायावरी इस पर चलती थी कि लौटने के लिए एक घर है, जो उन तमाम घर बने पराये कमरों से अलग है, क्योंकि विदेशों में रहे कमरे छोड़ते समय ध्यान रहता है कि कहीं कोई छाप बची तो नहीं रह गयी है जो मेरी है, जिसे कि अगला कमरेदार गैर समझे और घर आने पर ध्यान इस पर जाता है कि हर चीज पर मेरी छाप बनी तो है न जिससे कि मैं उसे अपना पहचानूँ।

भाई जैसा यायावर घरबारी मैंने कोई दूसरा नहीं देखा, लोग उन्हें भारत का निर्याती माल कहते हैं, इस बात पर वे हँसते भी थे, पर देश के बाहर उनके साथ रहा हूँ, जानता हूँ, वे अपने देश के बाहर कभी नहीं रहते थे, अपने छोटे से घर को देश बनाकर रहते थे, यही नहीं वहाँ आने वाले को एहसास करा देते

थे कि यही हिंदुस्तान है। कमरे में चीज़ें ठुँसी नहीं रहती थीं, हल्के इशारे रहते थे, हवा का प्रकाश का, पौधे का ऐसा संतुलन रहता था, कि कमरे में घुसते ही बाहर के आदमी को कुछ दूसरा अनुभव होने लगता था। और भाई को एक रोग था, कमरे का विन्यास बदलने का कभी मेज़ इधर, कभी उधर, कभी अलनारी इधर, कभी उधर। घंटों लगते थे, पर भाई के भीतर का बच्चा यह खेल करता था। मैं यह खेल देखकर खीझता था, पर आज याद करता हूँ तो लगता है कि अपने देश को पहचानने के लिए अपने को पहचानने के लिए यह खेल जरूरी था। हमारा देश जड़ नहीं है। न यथास्थिविादी। वहाँ अविराम गति है।

भाई के बारे में कहा जाता था कि उनमें विकट परिवर्तन हुआ, सशस्त्र क्रांतिकारी बुद्ध के मार्ग का प्रशंसक बन गया, बिल्कुल विलायती विचारधारा का आदमी एकदम प्रतिगामी भारतीय बन गया, पर आदमी वही बनता है जो पहले से बनने की प्रक्रिया में होता है, नहीं तो बनता नहीं बनतू नज़र आता है और भाई कितने भी आत्माभिमानी, दर्पी क्यों न हों, बनतू नहीं थे। अपने अतिशय विनय और संकोच में भी वे सहज थे और अपनी खीझ, परेशानी और अपने अनमनेपन में भी उतने ही सहज थे। उनमें जो भी परिवर्तन दिखता है, वह इसलिए कि निरंतर अपने 'मैं और हम' की तरह-तरह से संगति मिलाते रहे, कभी 'मैं' शीर्ष स्थान लेता कभी 'हम' पर ऐसा कभी भी नहीं हुआ कि उनके 'मैं' और 'हम' विरोधी होकर खड़े हों, खड़े दिखें भी वहाँ। उन दोनों की समग्रता ही ध्यान बिंदु रही। वे 'हम' को कभी सूर्य के रूप में देखें और कहें कि—

'बावरा अहेरी,
लो मैं खोल देता हूँ कपाट सारे
मेरे इस खँडहर को शिरा शिरा छेद दे आलोक की कनियों से अपने
गढ़ सारा ढाह कर ढूह भर कर दे,
और छोटे-छोटे दुर्गों की प्रवंचना से मुक्ति
के लिए अपने टिकने के आधार के
खिसकने का जोखिम उठाएँ, चाहे
'हम' के वाचक संसार के प्रति
कृतज्ञता ज्ञापन के द्वारा यह व्यक्त करें कि
श्रेय मेरा कुछ नहीं जो है इस नामहीन मिट्टी का है
और हाँ इन सब उगने डूबने भरने छीजने
बदलने जलने पसीजने
बनने मिटने वालों का भी।'

या चाहे 'अपने अकेलेपन, अकुलाहट, असमंजस, अचकचाहट, आर्त्त अनुभव, खोज,

द्वैत, असहाय विरह व्यथा और अंधकार में इस जाग्रत्-पहचान के द्वारा कि जो मेरा है, वही ममेतर है।' ...हर प्रकार से भाई 'हम और वे' के रूप में नहीं, मैं और हम के रूप में अपने परिवेश को और अपने विशाल आत्म को पहचानने में लगे रहे। अपने को उनका सहयात्री कहूँ, इतना गुमान मुझे क्यों हो, पर यह जरूर कह सकता हूँ कि मैं उनकी अचकचाहट, उनके संशय और उनके आर्त्त अनुभव का साक्षी ज़रूर रहा हूँ और इसीलिए मुझे यह बात सालती है कि अज्ञेय व्यक्तिवादी थे, समाजनिरपेक्ष व्यक्ति थे।

अपने जीवन के प्रारंभ से ही वे जो कुछ थे, अपने समाज को अर्पित थे। जेल से छूट कर वे आश्रम खोलना चाहते थे, पिताजी ने मना किया, जो कुछ करो अपने कमा कर करो, चंदा माँग कर नहीं और उन्होंने जो कुछ किया, 'प्रतीक' चलाया, आंदोलन चलाए, अपने को पूरी तरह झोंक कर आग में। हँसी मज़ाक में मैंने चर्चा की कि काशी में संस्कृत कॉलेज में एक पंडित जी प्रत्येक महीने की तनख्वाह में एक रुपया जोड़कर रेशम की पुटली में इकट्ठा करते कि कहीं अंग्रेज प्रिंसिपल किसी दिन कुछ अपमानजनक व्यवहार करे, उस दिन सबका सब उसके ऊपर डालकर मुक्त हो जाऊँगा और एक दिन ऐसा आया, प्रिंसिपल ने कुछ जवाब माँगा और पंडित जी इनके ऊपर सब पुटलियाँ लादकर लाए और वहीं डालकर चले गए। उसी समय भाई को लखटकिया पुरस्कार ज्ञानपीठ का मिला और उन्होंने एक नहीं पूरा एक लाख अपनी कमाई का जोड़कर 'वत्सल निधि' बना दिया। उनके पास बहुत ज्यादा पूँजी नहीं थी, पर उन्हें पूँजी की सुरक्षा अपेक्षित ही नहीं थी। वे अद्भुत फक्कड़ आदमी थे, चीज़ें इकट्ठी करते, उन्हें बाँटते, वस्तुएँ सजाते फिर उन्हें ज्यों-का-त्यों छोड़ देते। अद्भुत निर्मोही—और अद्भुत सम्पृक्त व्यक्ति। कितने स्थानों पर नए-नए पौधे लगाए, जैसे कि इनके साथ जीवन बिताना हो। वत्सल निधि में ऐसे तल्लीन रहे कि मुझे खीझ होने लगी थी, भाई आपका स्वास्थ्य इतने परिश्रम की अनुमति नहीं देता, आप क्यों परिश्रम करते हैं, कुछ भी घटित होने वाला नहीं और वे उत्तर देते, तभी तो और करने की जिम्मेवारी आती है।

इतना ज़रूर है वे जिस सामाजिकता से इतनी दूरी तक सम्पृक्त थे, वह सामाजिकता मनुष्य तक सीमित नहीं थी, उनके समाज में पशु-पक्षी, पौधे, नदियाँ सब आते थे, ये उनके घर बारी जन थे, जिस-जिस जगह रहे, उस-उस जगह के परिवेश में उन्होंने सजीव आत्मीयता स्थापित की। हाँ, उन्हें नकलीपन से सतहीपन से बड़ा उद्वेग होता था, शायद इसीलिए जितनी तन्मयता से बच्चों से बात करते थे, युवतर लोगों से बात करते थे, उतनी तन्मयता से प्रौढ़तर लोगों से नहीं। उन्हें चिड़ियों की, पौधों की, उनके रंगों की, उनकी आवाज़ों की, ऋतु परिवर्तनों की ऐसी पहचान थी, जैसी कम जीव विज्ञानियों को होगी, पर उस पहचान में

विशेष बात थी कि यह अपने किसी कुटुंबी की पहचान है, उसकी पदचाप है कि उसकी चलने की धजा है। उनके साथ घूमा हूँ और बड़े अटपटे-अटपटे सवाल उनसे मैंने किए हैं, और मुझे लगा है कि सवाल जैसे वे जोह रहे हों। कभी वे इतने डूबे रहते जंगलों की सरसर-मरमर ध्वनि में, चीड़ वनों की गंध में कि सवाल भीतर से उठता ही नहीं, उठता भी तो उत्तर उनकी उस डूब नें मिल जाता। इतनी विशाल साझेदारी के कारण ही उनकी परेशानी बढ़ती गयी कि

जहाँ तक दीठ जाती है, फैली हैं नंगी तलैयाँ
एक-एक कर सूख गए हैं, नाले नीले और सोते।
कुछ भूल कुछ अज्ञान कुछ लोभ में
सम्पदा हम रहे हैं खोते।

इस सम्पदा को मूलधन की तरह रखने के पक्षधर थे, सम्पदा है, बहुत बड़ा विश्वास है, उनके लिए यह सम्पदा, यह कामधेनु धरती भोग की वस्तु नहीं थी, यह समर्पण के लिए थी, समर्पण संपूर्ण जीवन के लिए।

वे जीवन की सार्थकता पक्षधरता मानते थे सही, पर पक्ष उनका वह नहीं था, जो दूसरों द्वारा स्थापित हो, पक्ष उनका था जो उनके अपनों द्वारा प्रयुक्त हो, जिस पक्ष के बल पर अपने लोग उड़ान भरते रहे हों, वह पक्ष था उनका। ऐसी पक्षधरता में अकेला पड़ना दुर्निवार है। उन्होंने कभी बतलाया था किसी एक दिन गाँधी जी की आवाज़ रेडियो पर मैंने उनके जीवन काल में सुनी और उस आवाज़ के दर्द ने कि लोग कहते हैं मैं पागल हूँ, हाँ मैं पागल हूँ, मुझे जड़ों तक विचलित कर दिया और मैंने भारतीय होने का नया अर्थ पाया कि बहुत सहना हो और बहुत सहते हुए बिना किसी की सहायता के निर्भय होकर आगे चलना हो तो अपने को भारतीय कहे। वे कुछ दिनों तक अकेले रहकर और गहरा आत्मचिंतन करना चाहते थे, मुझसे वादा भी लिया कि जून में भीमताल चलेंगे, पर आप डिच न कीजिएगा इस बार। दुर्भाग्य कि स्वयं डिच करके चले गए, अपने आत्मबोध से अतृप्त, पर सुखी कि मैंने जीवन की धज्जियाँ उड़ायी हैं, और सन्नाटे का छंद सन्नाटे में सहसा डूब गया। जब कभी अपनी तलाश होगी तो उस सन्नाटे की भी होगी, और उस सन्नाटे के उस खुले और अपने में बंद छंद की होगी ही होगी, आज नहीं, कल सही, परसों सही।

कहानी का आरंभ

यदि नृत्तत्त्व की दृष्टि से देखें तो कहानी का आविष्कार अग्नि के आविष्कार का ही समवर्ती है। विजन में आग के अलाव के चारों ओर बैठकर मनुष्य ने केवल शारीरिक ऊष्मा का अनुभव नहीं किया होगा, संवाद की ऊष्मा का भी अनुभव किया होगा। उसी संवाद से कहानी का आरंभ हुआ। कहानी का पुराना नाम आख्यान है, जिसका अर्थ है 'अपने अनुभव में आई हुई घटना या अनुभव में आए हुए दृश्य को मन से कहना।' अभिनवगुप्त पाद ने 'दृष्टार्थ कथन' आख्यान का अर्थ कहा है और अर्थ का तात्पर्य दिया है—वस्तु और घटनाओं की तथ्यता। जो वस्तु दिखाई देती है या जो घटना सामने घटती है उस समय आधा ही ज्ञान होता है, पूरा ज्ञान नहीं होता। दूसरे शब्दों में, उसमें वास्तविकता का पूरा ज्ञान नहीं होता; क्योंकि वास्तविकता कुछ-न-कुछ मन और इंद्रिय से परे भी होती है। इस दृष्टि से आख्यान न तो घटना के ब्योरे का इतिहास है, न किसी दृश्य का आधिभौतिक विवरण है। आदमी समग्रता में अपने सीमित अनुभव का और अपने देखे हुए दृश्य को जब अपनी आत्म-चेतना से देखने की कोशिश करता है तो आख्यान हो जाता है। इस बात को समझाने के लिए मैं वैदिक वाङ्मय की कहानी ले रहा हूँ। छोटी-सी कहानी है। 'उसका अकेले मन नहीं लगता था। उसके मन में दूसरे की इच्छा हुई, जिससे बातचीत करे तो मन लगे। उसने सोचा, एक हूँ, बहुत हो जाऊँ। यह आकांक्षा इतनी प्रबल और वह इतना इस आकांक्षा से तपा कि इस सृष्टि में दूसरा आ गया और सृष्टि का प्रारंभ हो गया।'

इसी कहानी को गहराई से समझने चलें तो लगेगा कि दूसरे तक प्रेषित हुए बिना कोई अनुभव पूरा नहीं होता। पुरानी कहानी के ढंग में रोचक बात यह होती है कि कहानी ऐसे कही जाती है जैसे कि अभी सामने घट रही हो। लोककथा में भी ऐसा रूप मिलता है, ऐसा विन्यास मिलता है।

एक राजा है। उसकी दो रानियाँ हैं। एक को बच्चा है, दूसरी को नहीं है। जिसको नहीं है वह डाह करती है, बच्चे को मरवाने का उपाय करती है। किसी को धन देती है। पर धने लेनेवाली औरत बच्चे को मारती नहीं। किसी जानवर

के खून से रंगा बच्चे का कपड़ा दिखा देती है। वह बच्चा बड़ा होता है और फिर वही अंत में राज्य का मालिक हो जाता है । राज्य पर चढ़ाई होती है तो राजा की सहायता करता है और शत्रु को पराजित करता है। अंत में राज्य का मालिक हो जाता है। पर अपनी सौतेली माँ से बदला नहीं लेता है। जब चेरी के माध्यम से ये सारी बातें खुल जाती हैं तो उसके पिता सौतेली माँ को जिंदा गड़वाने जाता है; पर लड़का उसे बचा लेता है—नेकी नेक राह बदी बद राह।

इस रूप में प्रस्तुति का अर्थ यह है कि यह सब मानवीय परिस्थिति है जो होती रही है, होती रहेगी। बुराई से भी भलाई निकलती रही है, निकलती रहेगी। एक तरह से भलाई की संभावना आदमी के भीतर निहित है।

वैदिक वाङ्मय आख्यानों से भरा हुआ है। जब किसी वैदिक अनुष्ठान की प्रक्रिया को समझाना होता था तो एक आख्यान सुनाया जाता था। यह आख्यान क्रिया की अभिव्याप्ति स्पष्ट करता था। एक तरह से उसे अनुष्ठान के लिए एक चौखटा प्रस्तुत करता था। कभी यह आख्यान सादृश्य-मूलक है, कभी प्रतीकात्मक है, कभी अन्योक्तिपरक है, कभी काल विशेष में घटी घटना को देशातीत और कालातीत प्रस्तुत करनेवाला है। इन्हीं का विस्तृत रूप पुराणों में मिलता है। वैदिक आख्यानों की विशेषता यह है कि ये बड़े संक्षिप्त हैं, पर उनकी भाषा में अर्थ के अनेक स्तर हैं। उसमें प्रवेश करते ही पटल पर पटल खुलते चले जाते हैं। कहीं भी शब्द का अपव्यय नहीं है। उदाहरण के लिए एक आख्यान है। मनुष्य के स्वभाव में वस्तुओं का लोभ प्रमुख रहता है। इसलिए उसे दान की ओर प्रेरित करने के लिए यह आख्यान उदाहरण के लिए दिया जा रहा है।

प्रजापति की तीन संतान—देवता, मनुष्य और असुर अपने पिता प्रजापति के आगे ब्रह्मचर्य व्रत धारण कर तप करने गए। ब्रह्मचर्य व्रत पालन करने के बाद देवताओं ने कहा—'अब हमें उपदेश करें।' उनके लिए एक अक्षर पिता बोले, 'द' और पूछा, 'तुमने समझा?' 'हाँ, हमने समझा। हमें 'दमन' करना चाहिए (अपने भोग पर नियंत्रण करना चाहिए)—यही आपने कहा, 'हाँ, तुमने ठीक समझा।' यह पिता ने कहा।

इसके बाद मनुष्य ब्रह्मचर्य व्रत करके गये और बोले, 'हमें उपदेश करें।' उनको भी ब्रह्मा ने एक ही अक्षर का उपदेश दिया—'द' और पूछा, 'तुमने समझा!' 'हाँ, हमने समझा कि आपने कहा—दान करो।' 'हाँ, तुमने ठीक समझा।'

अब इसके बाद असुर व्रत करके पहुँचे। 'आप हमें उपदेश करें।' उनको भी एक अक्षर का उपदेश दिया—'द'। पूछा, 'तुमने क्या समझा?' 'हाँ, हमने समझा। आपने कहा—दया करो।' 'हाँ, तुमने ठीक समझा।'

यह उपदेश दैवी वाणी के रूप में बराबर होता रहता है। जब बादल गरजता है और उसमें 'द-द-द' का स्वर निकलता है। यही ध्वनि निकलती है—'दमन

करो', 'दान करो', 'दया-करो'। इससे शिक्षा लेनी चाहिए कि ये तीनों आवश्यक हैं। ये तीनों जीवन के मंत्र हैं।

अब इसकी व्याख्या करने बैठें तो मनुष्य के लिए दान ही व्रत का फल है। यह बीजमंत्र है। इसलिए महत्त्वपूर्ण है कि दान की परिभाषा है ममत्व का त्याग करना, अपनेपन का दावा छोड़ना, किसी वस्तु के साथ ममत्व न रखना और रखना तो यह समझकर कि यह वस्तु जितनी मेरी है उतनी ही दूसरे की भी और जितनी ममता मेरी है उतनी ही दूसरे की भी। यह दान अपने-पराये को जोड़नेवाला व्यापार है। यही मानव का उसकी दुर्बलताओं से उद्धार है। दान देकर मनुष्य एकदम बड़ा हो जाता है। दान का कण वह पारसमणि है, जो लोहे को भी सोना बना देती है; पर शर्त यह है कि अपनेपन का निःशेष भाव से समर्पण होना चाहिए। उसके बिना दान दान नहीं। हमारे यहाँ दानपत्रों से पीढ़ी-दर-पीढ़ी को बाँधा गया है। उससे यह पता चलता है कि दान की नींव हमारी संस्कृति की कितनी गहराई में पड़ी है। जो दान ऋण के रूप में ब्याज के लिए दिया जाता है—वह दान दान नहीं, दान का उपहास है। मनुष्य के लिए 'दान', असुरों के लिए 'दया' और देवताओं के लिए 'दमन' क्यों इतना महत्त्वपूर्ण है। मनुष्य के स्वभाव में ममता है। इसलिए दान उस ममता का स्वाभाविक विस्तार होता है, जो मनुष्य के उन्नयन का कारण बनता है। देवता की योनि भोगयोनि है। उसमें केवल सुख भोग है। यदि उस भोग का स्वभाव इस रूप में परिवर्तित न किया जाय कि हम दूसरे के भोग की बात सोचते हुए भोग करें तो वह भोग देवता की कमजोरी हो जाता है। उसी प्रकार असुर-वृत्ति का स्वभाव है दूसरे को दुःख देकर सुख पाना। अतः उसके लिए यह आवश्यक है कि वह दूसरे के दुःख से दुःख भी पाए। उसके लिए वहाँ दया का उपदेश है। दान-वृत्ति का विस्तार ही मानव संस्कृति मात्र का विस्तार है, केवल भारतीय संस्कृति का नहीं।

एक दूसरी लोक-कहानी है, लोकानुष्ठान की दे रहा हूँ। यह कहानी आज भी कुआर के महीने में आठ दिनों तक दुहराई जाती है। सवेरे-सवेरे नहा कर स्त्रियाँ इसे मंत्र की तरह दुहराती हैं, तब जल ग्रहण करती हैं। यह कहानी तो जनपदीय भाषा में दुहराई जाती है, पर इसका हिंदी रूपांतर यों है।

एक भाँट, एक भाँटिन। उनके सात लड़के और एक लड़की। दरवाजे पर साधु बाबा भीख माँगने आए। उन्हें भीख मिली। उन्होंने सात बहुओं को आशीष दिया—'सुहाग बढ़े।' लड़की को आशीष दिया—'धर्म बढ़े।' 'क्यों बाबा, ऐसा भेदभाव?' 'क्या करें, लड़की के भाग्य में सुहाग नहीं है।' बाप ने बेटी का एक बछड़े के साथ ब्याह रचा दिया। तीन फेरी पूरी नहीं हुईं कि बछड़ा मर जाता है। फिर पेड़ से ब्याहा। उसकी भी तीन फेरी पूरी नहीं होती हैं कि वह टूटकर गिर जाता है। अंत में पत्थर के साथ ब्याह रचाता है। पत्थर फेरी पूरी होते-होते

आठ टूक हो जाता है। बाप कोसता हुआ चला जाता है—'यही तुम्हारा पति है, तुम्हारे भाग्य में यही है।' लड़की वहीं व्रत करके बैठ जाती है। उन टुकड़ों की सेवा करती है, नहलाती है, खिलाती है, पिलाती है। पहले ही दिन एक टुकड़ा दूसरे टुकड़े से जुड़ जाता है। आठ दिनों में पूरा पत्थर जुड़ जाता है और उसमें से राजकुमार निकलता है। गिरा हुआ पेड़ उपवन के बीच महल बन जाता है। बछड़ा बच जाता है, धन-संपत्ति। पिता बेटी का धर्म देखने आता है। 'तुमने अपना धर्म बिगाड़ दिया। यह क्या किया?' बेटी फिर ध्यान करती है। जैसा था वैसा ही हो जाता है। बछड़ा मरा हुआ, पेड़ गिरा हुआ और पत्थर आठ टूक। बाप दुःखी होता है। बेटी फिर आठ दिन व्रत रखती है और राजकुमार, महल, धन-संपदा सब फिर मिल जाती है।

इस कहानी में निहितार्थ भाग्य को बदलने का संकल्प है। बछड़े से पेड़, पेड़ से पत्थर यह क्रम सचेत, अर्धचेतन और लगभग अचेतन—इन तीन स्तरों में बेटी के भाग्य की परीक्षा होती है और बेटी पत्थर में जान डाल करके अपना सुहाग भरा-पूरा कर लेती है। हिंदी रूपांतर में तो कहानी कुछ इतनी संक्षिप्त नहीं रह पाती। मूल रूप में कहानी में किसने कहा, किसके बाद क्या हुआ—यह अनुक्रम के ब्यौरे छोड़ दिये जाते हैं। कहानी जैसे कविता बन जाती है। वैदिक आख्यान से इसमें बहुत समानता है। यह समानता पारदर्शिता और प्रतीकामकता दोनों के निर्वाह की है। अब एक तीसरी कहानी का ढाँचा लें। पारंपरिक कहानी का ढाँचा है। तीसरा ढाँचा भी जनभाषा का ही है। उसीसे विपुल कथा-साहित्य और उस कथा-साहित्य पर आधृत काव्य नाटक लिखे गये हैं; वह ढाँचा यह है।

शिव खेल में बाजी हार जाते हैं और उसके एवज में उन्हें पार्वती के ऐसी कहानी सुनानी है जो पहले किसी ने सुनी न हो। यह कहानी अंतरंग कहानी है। इसलिए किसी को भी प्रवेश की यहाँ अनुमति नहीं है। शिव का एक गण कुछ अधिक कुतूहली है। वह जैसे भी हो, सुनना चाहता है और वह अप्ने को एकदम अदृश्य बनाकर पूरी कहानी सुन लेता है। वह पार्वती की सहचरी जया को पूरी कहानी सुना देता है। जया मगन होकर वह कहानी फिर अपनी स्वामिनी को सुना देती है। पार्वती कुपित हो जाती हैं और शिव से कहती हैं, 'तुमने मेरे साथ छल किया। यह कहानी तो लोग पहले से सुन चुके हैं। इसे सभी जानते हैं।' शिव ध्यान से देख लेते हैं कि मेरे गण ने चोरी-चोरी कहानी सुन ली। और शाप देते हैं कि 'जाओ, तुम मनुष्य योनि में पैदा हो। तुम्हारे शाप की मुक्ति तब होगी जब पूरी कहानी एक दूसरे अभिशप्त शिव-दास को सुना दोगे।' पूरी कहानी की शृंखला फिर सुनाई जाती है। कहानी जंगल में ही सुनाई गई है। पत्तियों पर लिखी गई है। जंगल में आग लगती है और उसके सात भागों में से केवल एक भाग बचा रहता है। और यही बृहत्कथा है। जितना बचा है उसमें भी

एक कथा दूसरी कथा में ऐसे गुँथी हुई है, एक जन्म दूसरे जन्म से ऐसा गुँथा हुआ है कि असंख्य रूप में एक ही प्रेम एक सूत्र की तरह अविछिन्न चला जाता है। पात्र बदलते हैं। पात्रों के शौर्य के अनेक रूप आते हैं और उसके कारण नए-नए घटनाक्रम, नई-नई कहानी अपने आप निकलती चली जाती है। पर प्यार की आकांक्षा वैसी ही बनी रहती है। प्यार, कुतूहल, शाप, शाप का उद्धार और प्यार का नया कथानक बनना—यही इसका ढाँचा है। इसने भारतीय मन को बहुत छुआ और इसी ने विश्वव्यापी महाराग की पहचान की। स्व.पं. हजारीप्रसाद द्विवेदीजी ने अपने अप्रतिम उपन्यासों में अभिनव कौशल के साथ इसके संकेत दिए हैं, विशेष रूप से 'बाणभट्ट की आत्मकथा' में। ध्यान से देखें तो इन तीनों प्रकार की कहानियों में कौतुक भरे राग की ही सृष्टि है। बाणभट्ट ने कहानी की कसौटी यही दी है—

स्फुरत्कलालापविलासकोमला रसेन शय्यां स्वयमभ्युपागता।
करोति रागं हृदि कौतुकाधिकं कथाजनस्याभिनवा वधूरिव॥

कहानी एक तरह से ऐसी बातचीत का सिलसिला है, जो नव दंपती के बीच में अंतरंग होती है। जैसे नई बहू जब अपने आप अपने भीतर के रंग से रँगकर शय्या पर आती है वैसे ही कहानी जब कहने के सरस ढंग के कारण हृदय तक पहुँचती है, तभी मनोरम होती है। तभी उसमें नव वधू का सा कुतूहल भरा राग होता है और हृदय-स्पर्शिता होती है।

अनेक विवर्तनों और अनेक भंगिमाओं, अनेक मोड़ों के बावजूद कहानी की यह परिभाषा आज भी सटीक है। यहाँ 'रस' शब्द की बड़ी व्याप्ति है। वह केवल प्रीति व्यापार का ही रसांतरण नहीं है, वह मनुष्य के जितने भी तीव्र मनोवेग हो सकते हैं, उन सबका रसांतरण है। यही रस का अर्थ है। वह यदि न हो तो कहानी और चाहे जो कुछ हो जाए, कहानी नहीं रहेगी।

व्यक्तिव्यंजक गद्य

मैं सोचता हूँ, निबंध की बात न करके भाषा की बात करूँ, क्योंकि भाषा से सरोकार, निबंधकार का कुछ ज्यादा होता है। कविता में लय का सहारा होता है, और भी कई चीजों का सहारा होता है, बिंबों का सहारा होता है। अगर वह सहारा गद्य में लेने चलें तो गद्य जरा दूभर हो जाता है। गद्य के लिए, रचनात्मक गद्य के लिए कथेतर गद्य के लिए भाषा कुछ अधिक आवश्यक हो जाती है और अधिक केंद्र में हो जाती है। यह नहीं कि विचार वहाँ होता ही नहीं। जैसा कि आम तौर पर समझ लिया जाता है कि निबंध में क्या विचार, विचारात्मक निबंध ही अलग हैं; ऐसी बात नहीं है। विचार होता है, पर वह अलग दिखता नहीं, ओत-प्रोत होता है भाषा में।

लेकिन आत्म-व्यंजक निबंध लिखने वाले के सामने समस्या सबसे बड़ी यह रहती है कि वह बिना सामने श्रोता देखे हुए श्रोता देखता है और बातचीत करना चाहता है, एक घरू स्तर पर बातचीत करना चाहता है। कविता में भी उसका इस्तेमाल हुआ, लेकिन वह बहुत स्पष्ट नहीं हो पाया है। सपाट बयानी की कविता में इस प्रकार का प्रयोग काफ़ी ऐसा लगता है कि वह एक खींच का प्रभाव पैदा करता है, लेकिन गद्य में यह कारगर होता है, इसका कुछ जादू चल जाता है। जब समर्थ गद्यकारों को आप लें, द्विवेदी जी को लें, अज्ञेय को लें, तो ये लोग बहुत बहकते हैं, बहुत घुमाते हैं, कहाँ की बात शुरू करेंगे, कहाँ ले जाएँगे और एकाएक ऐसा मोड़ देंगे कि आप कहेंगे कि इन्होंने बड़ा झाँसा दिया। बहकाना तो है, द्विवेदी जी जिस को 'बतरसना' कहते थे, वह बतरसना भी है और कभी-कभी बतरसना भी है, जिसको किसी तरह से उड़ जाना कह सकते हैं। ये सारी चीजें हैं, लेकिन सोद्देश्य हैं, न बतरसने के लिए न बतसने के लिए हैं, न बहकाने के लिए; आपको घेर कर साथ लेने के लिए हैं कि हमारे साथ चलिए। जब जान जाएँ कि आप हमारे साथ आ गए तब असली बात करेंगे। जब तक विश्वास नहीं होता है कि श्रोता हमारे साथ पूरी तरह आ गया, उससे ऐसी आत्मीयता, ऐसी अंतरंग आत्मीयता स्थापित हो गयी कि उसका परिवेश हमारा परिवेश हो

गया; उसके साझे हमारे साझे की कहानियाँ आ गयीं, तमाम कथानक आ गए, मुहावरे आ गए और हमारे आमने-सामने गुजरती हुई कोई घटना भी आ गयी, जिस घटना को उसने भी देखा और अच्छी तरह से नहीं देखा, फिर से हम दिखा रहे हैं, तब तक बात नहीं होती, उपदेश हो सकता है। इन सब युक्तियों के सहारे हम केंद्रस्थ बात की ओर चलते हैं। इसमें आत्मीयता की स्थिति को लाने में भाषा के एक विशेष कौशल की आवश्यकता पड़ती है या एकदम ऐसी भाषा का प्रयोग करें जो अपने आपको प्रोजेक्ट करे आपको अपने पांडित्य से आतंकित करे, उससे काम नहीं चलेगा। ऐसी भाषा का प्रयोग करें जो फुरहरी हो, उड़ती चले बिलकुल, उससे भी नहीं काम चलेगा, कुछ दूर चलने के बाद उपहसनीय हो जाएगा। या बड़ी कुरकुरी भाषा हो तो एक आध टुकड़ा तो अच्छा लगेगा, लेकिन उससे भी निश्चय ही एक प्रतिक्रिया ऐसी पैदा होगी जो श्रोता को, पाठक को विमुख कर देगी। तो समस्या आती है संतुलन की।

आप सब कुछ दें, आप जानकारी का रोब भी गालिब कर सकें—हम जानते हैं, तुम्हारे बारे में ही जानते हैं, तुमने इस फूल को देखा, तुम नहीं जानते हो, मैं जानता हूँ या यह भाव दें कि तुमने देखा जरूर है, मैं एक अतिरिक्त जानकारी दे रहा हूँ—या वैद्य जी एक किस्सा कहानी सुनाते थे, तुम्हारे भी परिचित होंगे वैद्य जी, हम तुम को बता दे रहे हैं, तुम शायद भूल गए हो; या ऐसे बात करें कि बड़ी अंतरंग बात है, 'बिटवीन अवरसेल्व्स' वाली बात है, किसी दूसरे से नहीं कह सकते; लेकिन सबसे अधिक आवश्यक चीज है एक संतुलन, कौन चीज कितनी, कौन शैली कितनी। और शब्द के प्रयोग में कितनी सावधानी बरती जाए कि वह शब्द ऐसा हो जो उनका परिचित तो हो लेकिन जिन अर्थों की ओर हम उन्हें मोड़ दे रहे हैं, वे सारे अर्थ अपरिचित हों। जब पंडित हजारी प्रसाद जी कुटज की चर्चा शुरू करते हैं तो कुटज का फूल किसी ने देखा-वेखा नहीं और पंडित जी मानकर चल रहे हैं कि किसी ने देखा, नहीं है, एक-आध ने देखा होगा; लेकिन सबको ले जा रहे हैं कुटज के फूल की ओर, और आप समझते हैं कि एक बड़ी नयी चीज है और सचमुच मन में यह होता है कि इस फूल से परिचय नहीं था, खूब फूलता है, बरसात में फूलता है, सूखी जमीन में होता है, जहाँ कोई रस नहीं होता, ऊपर जमीन में भी होता है, पथरीली जमीन में हो जाता है, नाटा तो पेड़ होता है, बड़ा सुंदर होता है। इतने में पंडित जी मौका पाकर उड़ जाते हैं : कालिदास का यज्ञ, अलकापुरी का यज्ञ बादल को जिस फूल से अर्घ्य चढ़ाता है वह कुटज है। और आप कुटज में कोई संभावना देखने लगते हैं और तब उस संभावना को और बड़े रूप में पंडित जी समझते हैं, उपस्थित किया जा सकता है। यह जो हार न स्वीकार करने वाला मानव है, हार न मानने वाला मानव है—पत्थर में हैं, कहीं भी हैं, खड़े हो गए खड़े रहेंगे, फूलेंगे, तनेंगे—यह जो

भाव है, यह एक ऐसा भाव है जिसकी ओर अब इशारा किया जा सकता है। और इस इशारे को पकड़ना संभव हो जाता है एक कुटज के कुछ विशेष गुण चुन लेने से। वैसे भी किया जा सकता था, लेकिन वैसे करना शायद उपदेश हो जाता। वैसे करना कविता में संभव है, आसान है। एक-आध भावात्मक आवेग जोड़कर के उससे किया जा सकता है, लेकिन आत्मव्यंजक निबंध में कठिन है। उसका कारण यह है—कि निबंध व्यक्तित्व है, एक विचित्र प्रकार का व्यक्तित्व है। प्रत्येक साहित्य में व्यक्तित्व का कुछ न कुछ विगलन होता है, संस्कार होता है, उसका सामाजिकीकरण होता है। लेकिन आत्मव्यंजक निबंध में व्यक्तित्व का एक अलग प्रकार का संस्कार होता है। उसमें व्यक्तिगत अनुभव बराबर सहायक रहता है और व्यक्तिगत वस्तुनिरीक्षण बराबर सहायक रहता है। व्यक्तिगत परिवेश के शब्द, कथानक, स्मृतियाँ इनकी गूँजें— ये सभी सहायक रहती हैं। उनकी सहायता से ही एक व्यक्ति की सीमा को अतिक्रमण करने वाला या व्यक्ति के समाज को भी या व्यक्ति के सीमित समाज को अतिक्रमण करने वाला अर्थ आता है। विशेष के अभिव्यंजन के द्वारा सामान्य आता है और विशेष की प्रस्तुति अत्यंत इस ढंग से करना इसलिए आवश्यक है कि आपका भी विशेष हो जाए, केवल लिखाने वाले का विशेष न रहे, जिसको संबोधित है उसका भी विशेष हो जाए। इसलिए व्यक्तित्व को बराबर एक तरह से अलग हाथ में लिए चलना होता है, आत्मव्यंजक निबंधकार उसे छोड़ नहीं सकता, कभी भी नहीं छोड़ सकता। अपने ऊपर हँस सकता है, अपना मज़ाक कर सकता है लेकिन कभी उसे छोड़ नहीं सकता, उसे साथ-साथ बराबर ले चलता है। उसके सहारे की उसको बराबर ज़रूरत पड़ती है। इसलिए उस भाषा में सर्वनाम के प्रयोग का बड़ा महत्त्व है। आप कब से तुम में उतरेंगे, कब तुम कहेंगे, कब मैं की ओर चले जाएँगे, कब अन्य पुरुष का प्रयोग करेंगे—इसमें उसे बड़ी सावधानी बरतनी होती है।

एक भाई ने पूछा था कि—आप इनवर्टेड कॉमा का प्रयोग करेंगे या डैश लगाएँगे, क्या करेंगे, कहाँ क्या करेंगे, तो उसके बारे में कोई निश्चित नियम नहीं है। किस प्रकार की आकांक्षा है अगर स्मृतियों की एक रील है तो वहाँ पर उद्धरण चिह्न लगाने की आवश्यकता है। यदि एक सोचने के बाद दूसरे सोचने का क्रम आता है तो वहाँ पर अल्प विराम लगाने की जरूरत नहीं। पूर्ण विराम के बाद भी चल सकता है। यह लिखित रूप में क्योंकि वाचिक रूप में भी अगर कहा जाता तो वहाँ आगे रुकता, अच्छी तरह से रुकता जैसे अटक रहा हो और फिर शुरू कर देता। एक वाक्य पूरा हो गया है। उसने कहा। अच्छा। वाक्य पूरा हो गया। "उसने कहा" और "अच्छा" के बीच निश्चित विराम होना चाहिए। जिस तरह से वाचिक में विराम होना चाहिए उसी तरह से लेखित में भी विराम होना चाहिए। उसने कहा, इसका प्रभाव जतलाना लेखक को अभीष्ट

है। जैसे ''उसने कहा था'' कहानी में ''उसने कहा था'' केवल इस गूँज को बार-बार अंकित कराना अभीष्ट है। इसलिए उसके बाद क्या कहा था यह तुरत बतलाना अभीष्ट नहीं है, रुक कर भी बतलाया जा सकता है, छोड़ भी दिया जा सकता है कि आप सोचिए कि उसने क्या कहा था, आप फिर से याद कीजिए। तो यह वाचिक कौशल अत्यंत आवश्यक होता है। तो यह बड़ी सामान्य-सी बात हुई, कोई खास ऐसी जादूगरी की बात नहीं है।

एक दूसरी बात है जो इससे थोड़ी सूक्ष्म है। वह यह कि संदर्भ का उपयोग कैसे किया जाए। आप कविता में संदर्भ दीजिए, एक-आध संदर्भ तो खप जाएँगे, लेकिन यदि आदि से अंत तक अगर तुलसीदास जी के संदर्भ दे दीजिए उनके शब्दों का प्रयोग कर दीजिए तो कविता बिलकुल पहचानने में ही नहीं आएगी और उसके संप्रेषण में बड़ी कठिनाई उपस्थित होगी। कहानी और उपन्यास में तो संभावना बहुत कम है। लेकिन निबंध में संदर्भ की एक गहरी उपयोगिता है। संदर्भ का दुरुपयोग हो सकता है, पांडित्य का प्रदर्शन उससे हो सकता है। पर संदर्भ इसलिए नहीं दिया जाता कि पांडित्य का प्रदर्शन हो। संदर्भ इसलिए दिया जाता है कि जिस एकीकृत भावबोध की अपेक्षा निबंधकार से की जाती है कि यह समूची संस्कृति, समूची जो अपनी अस्मिता है इसका एक रूप आपके मन में आए, यह आपकी समझ में आए कि यह बात अकेले अमुक 'क' 'ख' 'ग' की नहीं है, इसमें कहीं कालिदास हैं, इसमें कहीं तुलसीदास हैं, इसमें लोकमानस है, इसमें एक ऊपर से एकदम पागल दिखने वाला आदमी भी है, एक बड़ा पढ़ा-लिखा विद्वान् आदमी भी है, हमारे समूचे जीवन की सारी विडंबनाएँ, सारी संभावनाएँ मिलकर एक समान भाव-बोध की ओर इशारा करती हैं और उस एक बिंदु की ओर हम यहाँ पर इशारा करना चाहते हैं—कोई और बिंदु भी हो सकता है, लेकिन हम उसी की ओर इशारा करना चाहते हैं, जो इन तमाम संदर्भों में व्याप्त है, इसलिए इन संदर्भों का उपयोग कर रहे हैं। संदर्भ केवल गूँज नहीं है। ये संदर्भ एक प्रकार से ताने-बाने का काम करते हैं। निबंध की बुनावट में इनका उपयोग ताने-बाने का है और वहाँ भी संदर्भ कई प्रकार के होते हैं। कुछ संदर्भ ऐसे होते हैं जो बिलकुल समकालीन होंगे—अगर नहीं होंगे तो निबंध कभी भी नहीं पढ़ा जा सकता क्योंकि जिस अंतरंगता की बात, उसकी अपरिहार्यता की बात मैंने शुरू में की उस अंतरंगता के लिए अपने ज़माने, अपने देश, अपनी ज़मीन को सामने रखना, बिलकुल सामने रखना बहुत जरूरी होता है। इसलिए समकालीन घटना का संदर्भ उसका ताना समझ लीजिए और एक पूरा ऐतिहासिक आयाम में फैला सांस्कृतिक संदर्भ उसका बाना समझ लीजिए—दोनों मिलकर निबंध बुना जाता है, दोनों संदर्भों से मिलकर निबंध बनता है समकालीन संदर्भ से कटकर कोई निबंध नहीं बन पाएगा। समकालीन घटना ऐसी होती है, उस व्यक्ति के जीवन

की ऐसी घटना होती है, बड़ी सामान्य घटना होती है, हो सकता है कि घड़ी गिर गयी और उसकी तारीख वाला जो पुर्ज़ा था वह बिगड़ गया, तो तारीख उसकी निश्चित हो गयी, बड़ी सामान्य घटना हो सकती है, लेकिन उसको भी जोड़ा जा सकता है क्योंकि उसको समय का एक ठहराव बनाया जा सकता है समय के विजड़न की संभावना है उसका एक बिंब बनाया जा सकता है। लेकिन है वह बिलकुल अपने जीवन की घटना होते हुए भी अत्यंत समकालीन और समकालीन के लिए संवेद्य। आप कहेंगे यह तो ठीक है, आपके निबंध को बीस वर्ष बाद कौन समझेगा। निबंधकार के रूप में कई अनुभव हैं, बड़े-बड़े विचित्र प्रश्न पूछे गए हैं—कवियों से भी पूछे जाते होंगे लेकिन कविता का काम आलोचना करने के लिए किया जाता है—निबंध कुछ हिंदी के अध्यापन में भारी पड़ता है, ऐसा हमको लगता है। इस कारण निबंधकार से ज्यादा प्रश्न पूछे जाते हैं और उसमें सबसे अधिक कठिनाई उनको पड़ती है जो संदर्भों को जोड़ नहीं पाते कि संदर्भ कहाँ का है क्योंकि पाद-टिप्पणी निबंध में दी नहीं जाती। हाँ, वैरूप्य का प्रभाव उत्पन्न करने के लिए पादटिप्पणी देकर भी निबंध लिखे गए हैं, जैसे श्रीलाल शुक्ल ने लिखा है। श्रीलाल ने 'नया मार्गदर्शन' पर एक 'शोध निबंध' लिखा है। उसमें मूल अगर है दो पंक्ति तो पाद-टिप्पणी हैं दस पंक्ति, अधिक भी हैं, लेकिन वह पाद-टिप्पणी भी पाद-टिप्पणी नहीं हैं, वस्तुतः पाद-टिप्पणी का वैरूप्य है, उसका उपहास है, पूरी शोध प्रक्रिया का एक उपहास है और इसीलिए इतने असंतुलित परिमाण में पाद-टिप्पणी है। लेकिन किसी भी निबंध को आप तब तक नहीं समझ सकते जब आप उसके संदर्भों के ताने-बाने को अच्छी तरह से नहीं समझ लेते, जब तक कि उस व्यक्ति को, उस व्यक्ति के परिवेश के और उस व्यक्ति के परिवेश में मुखरित होती हुई पूरी की पूरी संस्कृति के आयाम को नहीं देख लेते और यहीं पर उसका व्यक्तित्व रहते हुए भी उस प्रभामंडल से आलोकित हो जाता है जो उसकी समूची संस्कृति शैशव का है। लेकिन आलोकित होने के कारण ही उसका निजी व्यक्तित्व बराबर सुरभित रहता है, बराबर प्रकाशित करता है, उसको बराबर देखा जा सकता है। इस आदमी का गाँव ऐसा होगा, इस आदमी की बोली अमुक होगी, इस आदमी के इतने बच्चे होंगे, इस आदमी का जीवन पूरा का पूरा आईने की तरह से सामने होगा। लेकिन तब भी वह आदमी नहीं आएगा, उसका सारा परिवेश आएगा और आदमी नहीं आएगा। तो यह जो तलवार की धार पर चलना है, अपने को काटो और अपने साथ जुड़ी हुई हर चीज़ को कम से कम उस हर चीज़ को उजागर करो जो मानवीय संवेदन की एक अक्स बनती है—समूचे समाज के मानवीय संवेदन की यह कठिन साधना है। सध जाय तो हम निबंधकार व्यक्ति को एक बड़े आलोक में देख सकते हैं।

तीसरी बात यह है कि निबंध के बारे में कहा जाता है कि यह प्रायः

तर्कहीन होता है, वह बात केवल सतह पर ही सच है। वैचारिक निबंध में और आत्मव्यंजक निबंध में अंतर ही यह है कि वैचारिक निबंध में तर्क की एक सुव्यवस्थित शृंखला होती है, क्रमबद्ध शृंखला होती है और आत्मव्यंजक निबंध में एक सतही तर्कहीनता होती है, तर्क की कोई शृंखला ही नहीं होती। बल्कि तर्क होता भी है तो कुतर्क होता है, तर्क का उपहास होता है। इस प्रकार की अनर्गल और अर्गलरहित तर्क की स्थिति होती है जिसमें आदमी महसूस करने लगे कि इन बातों के लिए तर्क की आवश्यकता नहीं है, इनमें संगति दूसरे प्रकार की है। तर्क से स्तर से भिन्न संगति की तलाश वाक्य-रचना में होनी चाहिए। एक उदाहरण 'मार्ग दर्शन' निबंध है अज्ञेय का, रास्ता दिखा रहे हैं, रास्ता पूछ रहा है आदमी और कोई आदमी रास्ता ठीक नहीं बतलाता, जितने बतलाते हैं सब रास्ते के बारे में। मार्ग दर्शन के अलावा सारी चीज़ें हैं, मार्ग का अदर्शन ही सब-कुछ हो जाता है और उसी के बारे में सारा निबंध है। मन में होता है आखिर यह कहने क्या जा रहे हैं। और यही एक कौशल है। ''अच्छा छोड़िए इस बात को'' मतलब जितना मैंने कहा सब बेकार है अब दूसरी तरफ मैं आपको लिए चलता हूँ। ऐसा नहीं कि आपको दूसरी तरफ ले चल रहे हैं तो इसे छोड़ने को कह रहे हैं, ''उसे छोड़ दीजिए''। आप छोड़ नहीं सकते, ऐसा पकड़ रखा है, जितना कहा है उसे छोड़ नहीं सकते और इसलिए लेखक कहता है छोड़िए इसको, मैंने कहाँ यह चर्चा छेड़ दी, आपको भी परेशान किया। लेकिन आप तो परेशान हो चुके हैं। इस युक्ति का प्रयोग, इस प्रकार के वाक्य-विन्यास का प्रयोग सिर्फ़ इसलिए होता है कि जब विश्वास हो जाए कि पाठक गिरफ्त में है, तब उसे छूट दी जाए कि तुम दूसरी तरफ देखो। लेकिन दूसरी तरफ देखता है उसे जोड़कर, उससे अन्विति कर के देखता है। तो इस प्रकार ऐसे अन्वय को उत्पन्न करना, एक ऐसी अन्विति को उत्पन्न करना जो अन्विति तोड़कर के पैदा की जाती है, आवश्यक है। और यहाँ अन्विति तोड़ने के जो दृश्य उपाय हो सकते हैं वे काम में लाए जाते हैं, ऐसे वाक्य जोड़े जाते हैं जिनसे अन्विति टूट जाय और तोड़कर के फिर सब अन्विति स्थापित करायी जाती है क्योंकि वह अन्विति उसके दिमाग में अंकित कर दी जाती है, 'हाँ, अब इससे जुड़ी हुई चीज़ आएगी'। इसमें उस प्रकार के चमत्कार की बात नहीं है कि आप पूरी कहानी में चित्र पढ़ते रहें और जैसे खट्टर काका। खट्टर काका नहीं, एक हरिमोहन झा का मैथिली में निबंध है, कहानी है, पूरा वर्णन ऐसा होता है, एक बच्ची वर्णन करती है अपने नौकर का, वह मुझे बड़ा प्यार करता था, ऐसा था, वैसा था, वैसा था और एक क्लाइमैक्स आ जाता है कि जो सुनने वाला है वह नाराज़ होता चला जाता है, नाराज़ होता चला जाता है, अंत में कहती है कि बचपन में वह हमको गोद में खिलाता था। तो यह जो एंटीक्लाइमैक्स पैदा करना कहानी की युक्ति के द्वारा है, इसका उपयोग

निबंध में अभीप्सित नाटकीयता को जन्म देता है और उसका प्रयोग करके निबंध सफल नहीं हो पाता लेकिन एक दूसरे प्रकार की नाटकीयता का उपयोग होता है कि इससे समान्तर स्थितियाँ उसमें रख दी जाएँ और लगे कि दोनों समान्तर नहीं हैं और वे समान्तर सिद्ध हो जाएँ : उनमें समान्तरता को स्थापित करने के लिए एक तीसरी स्थिति ला दी जाए। यह नाटकीयता अधिक मोहक होती है और अधिक उपयोगी भी होती है। खट्टर काका वाले निबंधों की सी क्लाइमैक्स और एंटीक्लाइमैक्स वाली नाटकीयता बहुत उपयोगी नहीं होती। मैंने इसलिए कहा कि एक अन्विति की बात आप जब सोच रहे हैं तो नाटकीय अन्विति की बात, कहानी की अन्विति की बात से अलग एक अन्विति की बात करें क्योंकि यहाँ विचार निश्चय ही केंद्र में हैं, विचार चाहे कितना ही भावोच्छ्वास क्यों न बन गया हो लेकिन वह केंद्र में है, इसके केंद्र में कोई दूसरी चीज़ नहीं है। वह शुद्ध विचार है इसमें कोई संदेह नहीं है। अगर विचारहीन है तो आप उस निबंध को एक तरह से राइटआफ कर सकते हैं खारिज कर सकते हैं। तो एक ऊपर से तर्कातीत संगति की बात एक महत्त्वपूर्ण बिंदु है निंबध-रचना में।

अंतिम बिंदु जो भाषा के स्तर पर देखी जाती है वह शब्द-चयन की है। सबसे ज्यादा नए शब्द गढ़े गए हैं रचनात्मक रूप में गद्य की भाषा में, विशेष रूप से आत्मव्यंजक निबंधों में, यह मैं दावे के साथ कह सकता हूँ। गढ़ने वालों में मैं हूँ, तो इसमें अभिमान न माना जाए, लेकिन यह प्रक्रिया सब से अधिक आत्मव्यंजक निबंध में आयी है। ''धक्कामार भाषा'' द्विवेदी जी ने इस्तेमाल किया, ''मना लेने वाली भाषा'' इसका इस्तेमाल किया। ऐसे नए प्रयोग या संस्कृत के शब्दों के ही नए प्रयोग, नए जोड़ आपके परिचित हैं सारे शब्द और जोड़ और उनसे बने अनेक प्रकार के प्रयोग अपरिचित, पर मोहक। आपको लगेगा कि यह गढ़ा हुआ है, बिलकुल लगेगा कि गढ़ा हुआ है और एकदम से इसी आदमी ने गढ़ा है, इसी आदमी की शरारत है, किसी दूसरे की शरारत नहीं है लेकिन वह गढ़ना आपको अच्छा लगेगा। उस गढ़ने से आप शब्द की शक्ति पहचानेंगे और आपका एक संस्कार होगा कि हाँ आदमी केवल भाषा नहीं सीखता, भाषा रचना भी सीखता है। और भाषा रचना सीखना गद्य की भाषा सीखने से जल्दी आता है। आप अच्छे समर्थ गद्य को पढ़ें तो पढ़ते-पढ़ते आप स्वयं रचने लगते हैं। हम लोगों ने भी ऐसे ही रचा, पढ़-पढ़ कर रचा। फिर वह अपना हो गया, शुरू-शुरू में अपना नहीं था। वाणभट्ट की कादंबरी किसी दूसरे की रही होगी, अपनी नहीं थी, लेकिन उसमें रमने से अपनी हुई और निश्चय ही उससे रचना उन विन्यासों से, उन शब्द-चयनों से, शब्द-निर्मितियों से निर्मिति आयी। आदमी के पास एक रचनात्मक शक्ति होती है जो जोड़ने वाली, सांधिनी शक्ति होती है, इस संदर्भ को उस संदर्भ से जोड़ती है और पुकारती रहती है, इस शब्द में यह संभावना है

इसको इस विशेष संभावना से जोड़ा, इस संज्ञा को क्रिया से जोड़ा, इस क्रिया को संज्ञा के रूप में प्रस्तुत करो, संज्ञा से क्रिया बना दो। जैसे—शुरू-शुरू में बतियाना स्वीकार नहीं होता था अब प्रयोग हम लोगों ने अपने बाहुबल से चला दिया। अज्ञेय ने कभी बतलाया था कि उनकी आलोचना एक हुई थी कि ''इनकी भाषा में पूर्वी प्रयोग है'', यह आलोचना रेडियो पर हुई थी किसी हिंदी प्रोफेसर ने की थी कि और सब ठीक है, और सब आलोचना हो गयी जैसी होती है कि इतने पृष्ठ की पुस्तक है, मूल्य ज्यादा है इत्यादि-इत्यादि विचार प्रौढ़ हैं, भाषा प्रांजल, परिमार्जित है, एक बात खटकती है कहीं-कहीं पूर्वी प्रयोग हैं। पूर्वी प्रयोग कुछ नहीं था, जीवंत शब्द-चयन था। यह जो शब्द-चयन और शब्द निर्माण वज़न पर, एनौलोजी पर सादृश्य पर होता है। यह विशेषता कमोबेश और विधाओं में न मिलती हो, यह बात नहीं है, लेकिन और विधाओं में इसका महत्त्व हाशिए पर है, यहाँ इसका महत्त्व बहुत ज्यादा है, इसके बिना काम नहीं चलता है। जहाँ कहीं नाना प्रकार की परिस्थितियों को जोड़ना पड़ता है, वहीं इस प्रकार शब्द जोड़ते हैं। व्यंग्य की भाषा में और ज्यादा इसकी आवश्यकता पड़ती है क्योंकि वहाँ अतिरंजना करनी होती है और अतिरंजना नयी शब्द-निर्मिति के द्वारा नयी गढ़ाई के द्वारा सबसे अधिक आती है।

यहाँ मदद मिलती है कई स्रोतों से। इसलिए मैं इस पर बल देता हूँ कि बहुश्रुतता एक निबंधकार के लिए अत्यन्त अपरिहार्य आवश्यकता है। उसे बहुश्रुत होना चाहिए क्योंकि बिना बहुश्रुत हुए इतने जोड़ सहज ढंग से नहीं बैठते। दस हजार चीजें जानने का अर्थ यह नहीं है कि उन्हें सहेज कर रखिए, जानने का अर्थ है चीजों को पचाइए, लिखिए निबंध, लेकिन पचाकर लिखना पड़ेगा। निबंधकार की पाचनशक्ति जब तक ऐसी न हो कि होड़ ले सके कि ब्रजभाषा के छंद आप सुनाइए, मैं सुनाऊँ, संस्कृत के छंद आप सुनाइए, मैं सुनाऊँ, होड़ के लिए तैयार हो जाइए, प्राकृत के छंद आप सुनाइए, मैं सुनाऊँ, जब तक साहित्य को समग्ररूप से अपनी रागात्मक स्मृति का अंश नहीं बनाया जाता, तब तक बहुश्रुतता का कोई अर्थ नहीं उस स्मृति का यही उपयोग है कि इसके कारण यह शब्द सहज रूप में रचे जाते हैं। वह स्मृति न रहे तो सहज रूप में निर्मित न हों। इस प्रकार की बहुश्रुतता, लोक-संसार, लोकसाहित्य, क्लासिक साहित्य, मध्ययुगीन साहित्य, समूचे साहित्य को जिसके हम वारिस हैं, जिसमें हम हैं, जो हमारे इर्द-गिर्द है, अत्यंत अंतरंग जानकारी से आती है। इसी जानकारी से प्रेरित होकर ये शब्द निर्मितियाँ संपूर्ण जातीय अनुभव को आकार दे पाती हैं। इन शब्द निर्मितियों द्वारा ही बहुत सारी स्थितियाँ अत्यंत संक्षेप में व्यक्त की जा सकती हैं। पर यह तो मामूली उपलब्धि है। असली उपलब्धि यह होती है कि पढ़ने वाले की सर्जनात्मक क्षमता, भाषा की सर्जनात्मक क्षमता का विकास होता है, उसके

भीतर भाषा रचने की क्षमता पैदा होती है, सबमें यह क्षमता प्रसुप्तावस्था में होती है, उस क्षमता का विस्तार होता है। गद्य रचना का सबसे बड़ा फल यह होता है कि आदमी अपनी भाषा को पहचानने लगता है।

अंत में एक बिंदु की ओर इशारा मैं करता हूँ। रचनात्मक गद्य की भाषा में एक चीज़ का उपयोग ऐसा होता है जो दूसरी भाषा में नहीं होता। वह है प्रतिलोम का, कहीं-कहीं एक एब्सर्ड प्रतिलोम का उपयोग। नाटक में प्रतिलोम स्थिति का तो उपयोग होता है, लेकिन प्रतिलोम वाक्य विन्यास, प्रतिलोम शब्द का उपयोग सबसे अधिक रचनात्मक गद्य की भाषा में होता है। और इसके उपयोग के बिना जो जोड़-तोड़ की बात आती है रचनात्मक गद्य में हो ही नहीं सकती। बिना काटने वाले वाक्य के, बिना काटने वाले शब्द के उस प्रकार का जोड़-तोड़ जो समकालीन परिस्थिति को एक व्यापक परिस्थिति के साथ जोड़ने में समर्थ बना सके, यह एक बड़ी महत्त्वपूर्ण चीज़ है। और इसका उपयोग कुछ-एक लोग नौसिखिए लोग कुछ अतिरेक में करते हैं और वहाँ पर उसकी स्थिति वही होती है जैसी सपाटबयानी की बहुत सारी कविताओं की हुई है कि जहाँ एक अतिरिक्त अतिरंजना, या उस प्रकार की आत्मकथाओं में हुई जहाँ सच कहने के बानक के पीछे गहरा कुछ छिपा हुआ था। तो इस प्रतिलोम वाक्य-विन्यास के प्रयोग में एक प्रयोजन होना चाहिए, प्रयोजनहीन प्रयोग अगर होगा तो उसमें कहीं न कहीं एक बेईमानी ज़रूर आ जाएगी और तब शैली तो नहीं रहती। शैली तो रह ही नहीं सकती जब तक उसमें कोई विचार न हो, लेकिन एक गद्य की, गद्य की शैली का एक ऐसा आभास ऐसा विरूप आभास जरूर रह जाएगा जिससे पूरा गद्य कलंकित हो जाएगा। तो गद्य लिखाने के लिए काफी सावधानी बरतने की आवश्यकता है। लय का कोई सहारा है नहीं और रंगीनी का भी बहुत सहारा नहीं है। सहारा है तो भाषा का। अकेले भाषा के सहारे और एक खुले हुए दिमाग के सहारे लिखना आसान नहीं होता, बहुत कठिन होता है।

निबंध लिखना यंत्रणा का काम है। कोई बहुत प्रतिष्ठा की बात भी नहीं है, कोई बहुत प्रतिष्ठित विधा भी नहीं है, आलोचना करने वाला भी इससे उदासीन रहता है। निबंध में कोई सामाजिक प्रतिबिंब नहीं होते। बड़ी सहूलियत है कि निबंध की आलोचना में जल्दी कोई भी आलोचक कोई सामाजिक तत्त्व, घात-प्रतिघात, संघर्ष और सामंतवाद—यह सब कोई कुछ नहीं ढूँढ़ता। इस उपेक्षित विधा में, लिख कर उपेक्षित होने का जो जोखिम उठाए, उसे भाग्यशाली नहीं कहा जा सकता, पर ऐसे भाग्यहीनों से ही भाषा भाग्यशालिनी होती है।

हिंदी के ऐतिहासिक उपन्यास

प्रायः लोगों का यह आरोप है कि भारत के पास इतिहास-दृष्टि नहीं रही, जो भी इतिहास-दृष्टि उसे मिली, पश्चिम से मिली। यह आरोप सही नहीं है, बल्कि ठीक उल्टे यह कहना चाहिए कि भारत के पास खंडित इतिहास-दृष्टि नहीं थी, एक पूरी इतिहास-दृष्टि थी। इतिहास-दृष्टि से अगर यह समझा जाता है कि वह जातीय बोध का अंग है, प्रत्येक जाति अपने कर्म में इसी से प्रेरित होने के लिए विवश है, तो यह सही है कि भारत ने इसे जातीय बोध का अंग 19वीं सदी से पहले नहीं माना। 19वीं सदी के तथाकथित पुनर्जागरण काल में इतिहास के आधार पर अपने को प्रतिष्ठित करने का मोह हमारे समाज में प्रबल हुआ, हमने पिछले गौरव की गाथा गानी शुरू की और इतिहास के वीरों की पूजा से अपने मन का संस्कार करने लगे। इसका प्रभाव साहित्य-रचना पर भी पड़ा। 19वीं सदी में अधिकतर उपन्यास ऐतिहासिक पृष्ठभूमि में लिखे गए, उसकी छाया बीसवीं सदी तक भी लरजी रही। तमिल, बंगला, मराठी, गुजराती, हिंदी सभी भाषाओं में उपन्यास के द्वारा इतिहास के स्मरण और जातीय बोध के पुनर्निर्माण का प्रयत्न हुआ।

हरिनारायण आप्टे और बंकिमचंद्र चट्टोपाध्याय का प्रभाव देशव्यापी था, राजपूती वीरता का रोमांचक जादू पूरी तरह छा गया। इसने राष्ट्र के प्रति एक भाव भी जगाया, परंतु यह भाव टिका नहीं।

राष्ट्रीयता की उधार ली हुई परिकल्पना स्वाधीनता की प्राप्ति के बाद कुछ अपर्याप्त सी हो गयी, राष्ट्र की अवधारणा पर नेशन की अवधारणा आरोपित अवश्य हुई, 'नेशन' में जाति का बोध है, नस्ल का बोध है, वह हिंदुस्तानी मन का बोध नहीं है, हिंदुस्तान की राष्ट्रीय अस्मिता मानवमात्र और जीवनमात्र के साथ जुड़ी हुई अस्मिता रही। इसीलिए हिंदुस्तान का मन खंडित कालावधि में बँधी घटनाओं को छोटी समझता था, उनके द्वारा प्रतीत हो रही आंतरिक वास्तविकता से अधिक महत्त्व देता था, उसके पुराण-इतिहास सनातन काल और सनातन देश के चौखटाहीन चौखटे में ही समाए जा सकते हैं, वहाँ कोई बीता हुआ काल आगे

के आने वाले व्यक्ति को बोधता नहीं, यह नहीं योग करता कि हम इनसे पराजित हुए, तुम बदला लेना। इसी से भारत के इतिहास-पुराण के साझीदार वे भी हुए तो भारत के भूगोल से और भारत की राजनीतिक परिधि से बाहर थे अर्थात् दक्षिणपूर्व एशिया, मध्य एशिया, पूर्व एशिया के देश, जिन्होंने यहीं से राम-कथा ली, अपने ढंग से उसको पुनः रचा, उसे अपने भाव-बोध का अंग बनाया, उसे अपनी मज़हबी या नसली हकीक़त से अलग रखा। इस बात को अगर समझ लें तो इसको भी समझना आसान हो जाएगा कि प्रारंभ के ऐतिहासिक उपन्यास बनावट की दृष्टि से और ऐतिहासिक वास्तविकता की दृष्टि से बहुत सफल नहीं हुए। हिंदुस्तान का रचनाकार ऐतिहासिक घटना-क्रम में जब वस्तुओं को रखता है तो वह बरबस शिथिल हो जाता है, पर जब वह अपने सहज बोध में रमते हुए रचना करता है तो वह अधिक विश्वास के साथ रचना करता है। उदाहरण के लिए मैं पुनर्नवा की चर्चा करूँगा। 'पुनर्नवा' में अधूरी ऐतिहासिक दृष्टि से एक विसंगति है, इसमें शूद्रक के मृच्छकटिक का आर्यक, कश्मीर में जन्मे कालिदास, पूर्वी उत्तरप्रदेश का लोकनायक गोपाल दारक (उसी से बाद में लोरिक शब्द बना, ऐसी दूर की कल्पना पंडित हजारी प्रसाद जी ने की) ये सब एक साथ गूँथ दिए जाते हैं, पर अगर भारतीय मन की दृष्टि से विचार करें तो लगेगा कि इसमें एक तार्किक संगति है, कालिदास और शूद्रक की मानवीय अवधारणा से लोरिक चंदा लोक-गाथा की मानवीय अवधारणा में एकता, वह एकता नदी के प्रवाह की एकता है, वह समानता मात्र नहीं है। दूसरा उदाहरण मैं दूसरे प्रकार का देना चाहूँगा, अमृतलाल नागर ने तुलसी और सूर के व्यक्तित्व और उनके ऐतिहासिक परिवेश को केंद्र में रखकर 'मानस का हंस' और 'खंजन नैन' उपन्यास लिखे। दोनों में तत्कालीन परिस्थिति का हूबहू अंकन करने का प्रयत्न किया गया, इस अंकन में बड़ी सजीवता है, पर दोनों में तुलसी और सूर वे नहीं हैं, जो अपने पाठक के मन में बसे हुए हैं, तुलसी और सूर के पाठक को दोनों उपन्यासों से एक भावात्मक आघात पहुँचता है, उस पाठक के लिए तुलसी-सूर व्यक्ति नहीं, इतिहास के चरित्र नहीं, जीवन के आलंबन हैं, वह तुलसी-सूर में जीता है। श्री अमृतलाल नागर ने वस्तु को अधिक महत्त्व देकर ऐसे भाव का रंग तो ज़रूर तुलसी और सूर पर चढ़ा दिया, जो वास्तविकता के अधिक समीप लग सकता है पर उन्होंने उस भाव की उपेक्षा की, अधिक वास्तविक है, क्योंकि वह निरंतर जीवन-प्रवाह में घुला हुआ है।

मैंने ये दो उदाहरण यह दिखलाने के लिए दिए कि समूची और अधूरी इतिहास- दृष्टि में किस प्रकार हिंदुस्तान का पाठक अंतर करता है, और क्यों उसे कादंबरी अधिक सहज लगती है, इतने जन्मान्तर इतने सहज संभव लगते हैं और रांगेय राघव का 'देवकी का बेटा' या कुछेक नए उपन्यासकारों के द्वारा

किए गए राम-कथा के औपन्यासिक रूपान्तर एकदम गढ़े लगते हैं, आरोपित सत्य लगते हैं।

मैं इसमें कोई दोष नहीं देखता कि अवधि में बँधे इतिहास के चौखटे में उपन्यास रचा जाए, पर तब इतिहास की समझदारी उच्चकोटि की होनी चाहिए। ऐसी जानकारी के साथ हिंदी में बहुत कम उपन्यास लिखे गए। अधूरी जानकारी और अपने जमाने का रंग इन दोनों आग्रहों ने अधिकांश ऐतिहासिक उपन्यासों को कृति के रूप में प्राणहीन बना दिया। पुराने जमाने के राहुल जी के 'जय यौध ेय', 'सिंह सेनापति' और नए जमाने के अनेक उपन्यास जो दूसरों की ऐतिहासिक व्याख्या पर आधारित होने के कारण आरोपित लगते हैं, मन को कुछ रच नहीं पाते। इसके ठीक विपरीत मैं स्व. शिवप्रसाद मिश्र 'रुद्र काशिकेय' के उपन्यास 'बहती गंगा' का उल्लेख करना चाहूँगा।

यह उपन्यास अठारहवीं सदी के अंत से शुरू होता है और बीसवीं सदी के पूर्वार्ध तक आता है, स्वाधीनता की चेतना ने काशी की नगरी में कैसे-कैसे रूप धारण किए और कैसे वे रूप लोगों के गीत बन गए, कैसे वे घटनाएँ गान बन गयीं और कैसे ये सभी गीत, ये सभी गान शाश्वत बन गए, कालहीन, देशहीन, इसी को लक्ष्य करके रुद्र काशिकेय ने यह रचना की, इसमें वैसे तो हर एक अध्याय एक स्वतंत्र कहानी है, पर सभी कहानियाँ मिलकर एक कहानी है एक बहती गंगा है, जो अनेक हाथों से भिन्न-भिन्न क्षणों में जलायी दीपमालिका को अपने साथ ले चलती है तो सभी दीपमालिकाएँ एक धारा बन जाती हैं, अलग नहीं रह पातीं। रुद्र ने इतिहास की प्रामाणिकता खोए बिना अपने को उसकी सीमा से नहीं बाँधा, न कार्य-कारण के रूप में पहले घटी घटना से आगे घटी घटना को ग्रथित किया, उन्होंने एक निरंतर भावधारा की तलाश की और उनकी रचना बिना किसी अतिरिक्त दावे के एक सफल ऐतिहासिक उपन्यास है।

शायद 'बहती गंगा' के बारे में मैंने जो कहा उससे यह भ्रम हो सकता है कि मैं ऐतिहासिक उपन्यास को वर्तमान की अपेक्षा से काटना चाहता हूँ, उस समय जब कि लोग कहने लगे हैं कि अपने जमाने को देखते हुए इतिहास की पुनर्रचना की जानी चाहिए। दूसरे शब्दों में अपने जमाने की जरूरतों की पूर्ति इसके अनुकूल इतिहास की पुनर्व्याख्या करके की जा सकती है। मेरा ऐसा कोई भी उद्देश्य नहीं है, मैं यह मानकर चलता हूँ कि साहित्य का पाठक उसके सामने रहता है, उस पाठक की साझेदारी उसके सामने है, वह सामने वाले व्यक्ति की उपेक्षा कैसे करेगा, पर यह स्मरणीय है कि पाठक सामने हैं, कोई ज़माना या कोई ज़मीन नहीं, ज़माना या ज़मीन हैं तो संप्रेष्य पाठक के माध्यम से आम लोग ज़मीन और ज़माने की चिंता ज्यादा करते हैं, पाठक की कम, इसीलिए अपनी मूल रचना से उन्हें संतोष नहीं होता, वे अंग्रेजी-फ्रेंच-रूसी अनुवाद के

लिए उतावले रहते हैं। ऐसे लोग पाठक के मन की बात नहीं समझते, वे लोग अपनी ऐतिहासिक व्याख्या पाठक पर लादना चाहते हैं, इसीलिए तुलसी और सूर सामंतयुगीन मानसिकता बन कर छोटे कर दिए जाते हैं, पर पाठक इसके लिए तैयार नहीं है। दूसरे छोर पर वे लोग हैं जो इतिहास में शरण लेने की बात करते हैं, जिनके लिए कराल कलिकाल आ गया है, सभी मूल्यहीन हो गए हैं, विगत भव्यता में ही शरण मिल सकती है। इन लोगों की दृष्टि में भी पाठक नहीं है, अपने मन की कुंठा है, अपने भीतर का व्यतीत भाव है, चुका हुआ भाव है। बीसवीं सदी के उत्तरार्ध में इस मानसिकता में अनेक ऐतिहासिक उपन्यास रचे गए, उन्हें पढ़ने से एक व्यामोह होता है, कोई ताज़गी नहीं आती, जीने से इन कृतियों का कोई सरोकर नहीं दिखता। अपने इतिहास को कालखंडों में बाँट कर गौरव और पराभव के दो खंड करके हम क्या पाएँगे? क्या जिसे पराभव काल कहा गया है, उसमें मनुष्य मर गया था; क्या वास्तविक पराभव यह नहीं है कि हम वर्तमान को अपराजेय नहीं मान पा रहे हैं?

इन दो छोरों का बहुत भारी दबाव है, एक छोर पर वर्तमान से नहीं अपने भविष्यत् के सपने से आक्रांत अतीत से आक्रांत वर्तमान है प्रत्येक दशा में वर्तमान की चिंता की कमी है।

वास्तविक और समूची इतिहास-दृष्टि वह है तो कालबद्ध इतिहास के भीतर गुज़रती है, पूरी तरह गुज़रती है और फिर उसे छोड़ देती है, वह तट तोड़ती है, नए तट बनाती है, तट नहीं रहती, तटस्थ नहीं रहती, वह धार रहती है। ऐसी धार बहुत कम उपन्यासों में दिखती है, राखालदास वंद्योपाध्याय की करुणा में मिलती है (हिंदी अनुवाद स्व. रामचंद्र शुक्ल ने किया), हजारी प्रसाद द्विवेदी के उपन्यासों में विशेष रूप से 'बाणभट्ट की आत्मकथा' में मिलती है, रुद्र की 'बहती गंगा' में मिलती है, कुछ-कुछ वृंदावनलाल वर्मा की 'विराटा की पद्मिनी' में भी। इन उपन्यासों को पढ़ने पर अपने आप हिंदुस्तानी मन को ग्राह्य इनिहास-दृष्टि का स्वरूप झलक जाएगा।

हिंदी की विकासयात्रा में पत्रकारिता का योगदान

हिंदी जिन सामाजिक-आर्थिक दबावों में आज का नया रूप पा सकी, उन दबावों से अधिक प्रभावशाली दबाव भीतर का था। भीतर का दबाव सांस्कृतिक आवश्यकता से उद्भूत हुआ था। पश्चिमी औद्योगिक संस्कृति से टकराव के बाद अपने को पहचानने की दुर्निवारता आयी। उसने दो बातें अनुभव करायीं। एक तो देश की एक भाषा हो और वह भाषा देश के जन की भाषा हो, दूसरे यह कि पश्चिम की बौद्धिकता को नकारे बिना अपने बौद्धिक प्रवाह को पुनः सक्रिय करने की आवश्यकता है। यह सांस्कृतिक चेतना सबसे पहले हिंदी पत्रकारिता में आयी और पत्रकारिता के विकास के साथ-साथ भाषा और आधुनिक सांस्कृतिक चेतना का विकास हुआ, परंतु दुख है कि एक शिखर पर पहुँचकर यह चेतना ढलान की ओर अस्तोन्मुख होती गयी। इस चेतना के पुनः आह्वान के लिए आवश्यक है कि हम अपनी नयी सांस्कृतिक प्रक्रिया के इतिहास का पर्यावलोकन करें।

हिंदी पत्रकारिता के लगभग डेढ़ सौ वर्षों के इतिहास पर जब मैं एक सिंहावलोकन करता हूँ तो मुझे सबसे पहले एक ही विचार आता है कि हिंदी पत्रकारिता ने बड़े भोर में बोलनेवाली कोयल की तरह स्वाधीनता का, जातीय अस्मिता का, भाषिक अस्मिता का ताप बढ़ाया, इतना कि उससे कहा भी गया कि—

'भोरिहिं बोलि कोइलिया बढ़वहु ताप।
घरी एक रहु अलिया तुम चुपचाप॥'

एक घड़ी तो चुप रहा करो, सबेरे ही सबेरे तुम बोल-बोल कर उत्तप्त कर देती हो, पर वह चुप नहीं रह सकती। मुझे यह भी याद आता है कि 1942 के आंदोलन में अखबारों पर अंकुश लगा कि संपादकीय दिखा लिया जाए और हिंदी पत्रकारिता के तेजस्वी प्रतिमान स्व. बाबूराव विष्णु पराड़कर ने संपादकीय

का पूरा स्तंभ खाली (ब्लैंक) छोड़ दिया, ऊपर एक वाक्य लिख दिया—'ब्रिटिश राज्य में सत्य बोलना मना है।' उस कोयल की चुप्पी भी कितनी मुखर थी।

हिंदी पत्रकारिता के अवदान की चर्चा मैं आगे बढ़ाऊँ, इसके पहले यह बताना आवश्यक समझता हूँ कि पत्रकार और साहित्यकार में दो खाने आज बने हैं, हिंदी पत्रकारिता अपनी शैशवावस्था में और अपने जोर पर जब थी तो पत्रकार साहित्यकार था और साहित्यकार पत्रकार। आज व्यावसायिकता के विकास का परिणाम है कि पत्रकारिता और साहित्य दो प्रकार के व्यवसाय हैं। दूसरे यह भी संकेत कर दूँ कि आधुनिक हिंदी का संपूर्ण विकास पत्रकारिता के माध्यम से हुआ। जब मैं संपूर्ण विकास में बात करता हूँ तो उसके भीतर अभिव्यक्ति, संदेश, लक्ष्य और संप्रेषण ये चारों बातें आती हैं। संप्रेषण के लिए वाचिक परंपरा की जो चिंता थी, वह चिंता हिंदी पत्रकारिता ने अपने ऊपर ली और अपने पाठक से संवाद स्थापित करने वाली भाषा से उसने शुरुआत की, वह अपने पाठक से अपने समाज से तटस्थ नहीं था, इस माने में उसकी सामाजिक संपृक्तता बड़ी साकार थी, निराकार नहीं थी; सगुण थी, निर्गुण नहीं। उसमें एक ओर छेड़खानी करने की जिंदादिली थी दूसरी ओर अपने सिद्धांतों के लिए कष्ट सहने की अद्‌भुत तितिक्षा भी। किसी भी पुराने पत्र का इतिहास लें, चाहे वह श्री जुगल किशोर शुक्ल का 'उदन्त मार्त्तण्ड' हो जो हिंदी का सबसे पहला पत्र है, चाहे राजा राममोहन राय का 'वेगदूत' हो, चाहे जम्मू के स्व. पं. छोटे लाल मिश्र का 'भारत मित्र' हो, जिसके साथ स्व. बालमुकुंद गुप्त और स्व. अंबिका प्रसाद वाजपेयी जुड़े, चाहे स्व. माधवराव सप्रे का 'केशरी' हो या पंडित बातकृष्ण भट्ट का 'हिंदी प्रदीप' हो या पंडित प्रताप नारायण मिश्र का 'ब्राह्मण' हो या स्व. गणेश शंकर विद्यार्थी का 'प्रताप' हो हरेक पत्र घाटे के कारण और निरंतर शासन को अर्थ-दंड देने के कारण बंद होकर रहा। पर हिंदी पत्रकारिता ने कभी अपनी ललकार कम नहीं की, अपना लक्ष्य धूमिल नहीं होने दिया। हिंदी पत्रकारिता के साहित्यिक योगदान को हम तीन रूपों में देख सकते हैं। सबसे बड़ा योगदान इसका है, साहित्य की आधुनिकता की जमीन तैयार करने में, 'उदन्त मार्त्तण्ड' का सन् 1827 का एक उद्धरण देना चाहूँगा—

"जब ते या कलकत्ता नगरी में 'उदन्त मार्त्तण्ड' को प्रकाश भयो, तब ते लैय आज दिवस लौं काहु प्रकार के ढाढस बाँध विद्या के बीज बैवे को हिंदुस्तानियन के जड़ता खेत को बहुविधि जोत्यो" ब्रजभाषा में लिखा गया यह लेख एक लक्ष्य की ओर संकेत करता है, जड़ता के खेत को जोतना, उसमें नयी चेतना की फसल उगाना हिंदी पत्रकारिता ने अपनी और सीमाओं के बावजूद जिस एक बात पर बल दिया था वह थी दृष्टि का खुलापन, उसने निरंतर कहा कि पश्चिम के आए ज्ञान-विज्ञान का तिरस्कार न करो, अपने समाज की जड़ता

से चिपके न रहो पर साथ ही अपनी आकांक्षा अपने स्वप्न के अनुसार अपने भविष्यत् का निर्माण करो। अपने को निरंतर जाँचने की आवश्यकता पर उन्होंने बल इसलिए नहीं दिया कि हम अपने को दरिद्र मानें बल्कि इसलिए कि हम संपन्न हैं, हमें दरिद्रता शोभा नहीं देती। आधुनिकता की यह जमीन हवाई नहीं थी, यह ठोस जमीन थी, इसमें अस्मिता की चिंता जितनी व्यापक थी उतनी ही गहरी थी। यह किसी एक क्षेत्र की चिंता नहीं थी, इसी से हिंदी के प्रारंभिक पत्रकारों में बहुत ऐसे नाम मिलते हैं, जिनकी मातृभाषा हिंदी नहीं थी पर उन लोगों को देश की चिंता थी। वे यह समझते थे कि कोई भी वैचारिक आंदोलन देशव्यापी तभी होगा जब वह हिंदी के माध्यम से चलाया जाएगा। वह आंदोलन चाहे सामाजिक हो या धार्मिक या राजनीतिक। राजा राममोहन राय ने 'बंगदूत' चलाया। जम्मू के पं. छोटे लाल मिश्र ने 'भारत मित्र' शुरू किया। बाद में तो अमृतलाल चक्रवर्ती, नवीन चंद्र राय, माधवराव सप्रे, बाबूराव विष्णु पराड़कर, लक्ष्मण नारायण गर्दे जैसे और उज्ज्वल नक्षत्र इस सूची में जुड़ते गए। व्यापक देश की अवधारणा के साथ-साथ गहरी मूल्य-चिंता हिंदी पत्रकारिता का सबसे बड़ा अवदान है। हिंदी साहित्य में जो राष्ट्रीयता का ज्वार आया और पत्रकारिता के द्व ारा उसने स्व. माधवप्रसाद मिश्र, स्व. बालमुकुंद गुप्त, स्व. गणेश शंकर विद्यार्थी, स्व. माखनलाल चतुर्वेदी, स्व. बालकृण शर्मा नवीन, स्व. प्रेमचंद, स्व. यशपाल जैसे विप्लवी और तेजस्वी लेखकों को आगे बढ़ाया। हिंदी साहित्य में जो कभी भी संकुचित क्षेत्रीयता नहीं आयी, उसके मूल में देश के विभिन्न भागों से जुटी हिंदी पत्रकारिता की सार्वदेशिकता तो थी ही, यह चिंता भी थी कि जगते हुए देश को एक भाषा चाहिए, गूँगे किसान और मजदूर को एक वाणी चाहिए। पत्रकारिता के माध्यम से ही महामना मालवीय, लोकमान्य तिलक और महात्मा गाँधी ने जनजागरण का अभियान चलाया।

हिंदी पत्रकारिता का दूसरा अवदान है भाषा की चेतना। पश्चिम की औद्योगिक क्रांति की छाया में आधुनिक हिंदी का विकास प्रारंभ हुआ। भाषा के सामने चुनौती आई कि ज्ञान-विज्ञान का संदेश वहन करते हुए कैसे सर्वसाधारण के साथ जुड़ा रहा जा सकता है। उसने इसलिए शुरू से एक मध्यम मार्ग अपनाया, नई सांस्कृतिक सामाजिक चेतना की माँग पूरी करने के लिए अपनी संपूर्ण सांस्कृतिक विरासत को फिर से सहेजा और उस थाती से संस्कृत की शब्दावली ली, साथ ही गाँव-हाट में बोली जाने वाली भाषा के मुहावरे लिए, कहने का ठेठ देसी ढंग लिया। जो लोग हिंदी-भाषी क्षेत्र के बाहर के थे, उन्होंने संस्कृत का आश्रय कुछ अधिक लिया था, जो लोग अंग्रेजी पढ़े-लिखे थे उन्होंने अंग्रेजी से लिया, पर एक बहुत बड़ा वर्ग ऐसे लेखकों का था जो भाषा की अस्मिता के बारे में बहुत सचेष्ट था। विभक्ति विचार पर महीनों तक आलोचना प्रत्यालोचना चला सकते

थे और 'अनस्थिरता' ठीक प्रयोग है या नहीं, इस पर लंबी बहस बड़े जुझारू स्तर पर छेड़ सकते थे। हिंदी पत्रकारिता के प्रथम पचासेक वर्षों में अनेक प्रयोगों से गुजरती हुई भारतेंदु हरिश्चंद्र के शब्दों में हिंदी 'नए चाल में ढली' (1878) भारतेंदु ने भाषा की सजीवता और सहजता को जो दिशा दी थी, वही हिंदी गद्य की सही दिशा है। एक उद्धरण दूँगा "हे देशवासियो इस निद्रा से चौंको। इनके अर्थात् अंग्रेजों के न्याय के भरोसे मत फूले रहो, यह विद्या अर्थात् अंग्रेजी विद्या कुछ काम न आएगी, यदि तुम हाथ से व्यापार सीखोगे तो तुम्हें कभी दैन्य न होगा। नहीं तो अंत में यहाँ का सब धन विलायत चला जाएगा और तुम मुँह बाए रह जाओगे। जिस प्रकार अमरीका उपनिवेशित होकर स्वतंत्र हुआ वैसे ही भारतवर्ष स्वतंत्रता लाभ कर सकता है।" यह दुर्भाग्य की बात है कि सजीवता और सहजता का यह लक्ष्य आगे कुछ भूलता गया और पत्रकारिता का गद्य इन दोनों गुणों की उपेक्षा करता गया। सजीवता भीतर से आती है, प्राणों के उच्छ्वास से आती है, जब आधुनिकता का अर्थ आत्महीनता या आत्मतटस्थता हो जाए तो सजीवता आएगी कहाँ से? इसी प्रकार सहजता भाषा के निरंतर अभ्यास के संस्कार से आती है, अपनी भाषा की बनावट निरंतर पहचानते रहने से आती है। जब अपनी भाषा दूसरी भाषा से संतुलित होती रहे तब अपनी पहचान खोती जाती है और दूसरी भाषा (प्रभु भाषा) की पहचान, ओढ़ी जाती है और भाषा कृत्रिमता की ओर झुकने लगती है।

अंत में मैं हिंदी पत्रकारिता के सबसे महत्त्वपूर्ण साहित्यिक अवदान पर आता हूँ। वह अवदान है सर्वसाधारण के दुख-सुख की साझेदारी का ऐसा अनुभव जो बिना किसी अलौकिक शक्ति के आह्वान के, भीतर हो। शुरू में हिंदी पत्रकारिता धार्मिक आंदोलन से जुड़ी हुई जरूर थी, पर वह धर्म का व्यापक अर्थ लेती थी। हिंदी पत्रकारिता ने देश के वाणिज्य, देश की खेती, देश के कल-कारखाने और देश की चाल ढाल पर शुरू से ही ध्यान दिया, उसी का फल यह हुआ कि सामान्य व्यक्ति को शोषण का तीखा अनुभव हुआ। इस शोषण के खिलाफ स्वर ऊँचा उठाने वालों के लिए अपनाव का भाव जगा। एक ओर तो हिंदी साहित्य को एक जुझारू रूप हिंदी पत्रकारिता से मिला, दूसरी ओर हिंदी पत्रकारिता से ही उसे महनीय मूल्य के रूप में लोक की चिंता का भाव मिला। आधुनिक हिंदी साहित्य लोकैषणा का साहित्य बनकर ही नए युग में प्रविष्ट हुआ, यह हिंदी पत्रकारिता के लगभग पचास वर्षों के संघर्ष का ही परिणाम है। ऐतिहासिक नायकों से होरी जैसे नायक तक की यात्रा तभी संभव हुई।

मैं इसी प्रसंग में यह भी उल्लेख करना चाहूँगा कि यद्यपि आज भी समझदारी मासिक पत्रों को पत्रकारिता के दायरे से खारिज कर देती है पर जैसा कि मैंने पहले ही कहा कि वाचिक संप्रेषण से छापेखाने के संप्रेषण में उतरते हुए

भी लेखक को वाचिक परंपरा की आत्मीयता बनाए रखने की चिंता थी, हिंदी के मासिक पत्र रचनाओं के संकलन मात्र नहीं थे, वे सक्रिय आंदोलन थे, भारतेंदु युग के 'कवि बचन सुधा', 'पीयूष प्रवाह', 'आनंद कादंबिनी' और उसके बाद की 'सरस्वती' 'माधुरी', 'सुधा', 'चाँद', 'प्रभा', 'हंस', 'मर्यादा', 'विशाल भारत', 'मधुकर', 'जनपद', 'हिमालय', 'पारिजात', 'कल्पना', 'प्रतीक', 'नया समाज', जैसे पत्र अपने में एक-एक संस्था बने। इन्होंने साहित्य की सक्रियता की धुरियों का काम किया। अधिकांश पत्र बंद हो गए पर उनका बंद होना ही यह सूचित करता है कि वे धुंअंठ कर जीने की अपेक्षा भभक कर बुझना अधिक पसंद करते थे। आधुनिक हिंदी साहित्य का विकास इसमें लेश मात्र संदेह नहीं कि हिंदी के प्रतिष्ठित मासिक पत्रों के कारण हुआ है। क्योंकि इन पत्रों के संपादकों के कठिन परिश्रम और साहित्य के दिग्बोध ने ही साहित्य को गति और विस्तार दिया है। हमें उनका ऋणी होना चाहिए और पर्यालोचन करना चाहिए कि हमने अपनी तेजस्विता रास्ते में कब और कहाँ खोई; हम कब से इतने विशिष्ट होने लगे कि साहित्यकार हैं तो पत्रकार को हीन समझते हैं, पत्रकार हैं तो साहित्य रचना को व्यर्थ का ख्याली पुलाव समझते हैं, हम कब से अपने बनाए घरौंदों को भ्रमवश सबका घर मानने लगे और कब से हमने अपने घर आँगन और घर के सामने के चबूतरे पर दीए जलाना बंद कर दिया किस पावस की छड़ी में भौरे ही उठकर ताप बढ़ाने वाली कोयल चुप हो गयी। इस पर्यालोचन में हिंदी पत्रकारिता का गौरवशाली इतिहास सहायक होगा, वह स्मरण दिलाएगा 'उदन्त मार्त्तण्ड' की बात कि, जड़ता अभी भी तोड़नी है, अभी भी ताप की आवश्यकता है। बिना ताप के, बिना तेजस्विता के, बिना आग बने पिघलने की संभावना उदित नहीं होती। रस भी ताप से ही बनता है। हमारे आज के सृजनात्मक संसार में कहीं जीवन का रस सूखता नजर आता है तो सोचना चाहिए कि तप का ताप कहीं बुझने लगा है। साहित्य प्रकाश मात्र नहीं है न अंधकार को उजागर करने का व्यापार, वह पिघलने और पिघलाने वाला बिंधने और बींधने वाला व्यापार भी है। हिंदी पत्रकारिता ने हमारे साहित्य को यही काम सौंपा है, यह हम न भूलें।

हिंदी पत्रकारिता में मुस्लिम भूमिका का महत्त्व

यों तो दिल्ली के अंतिम बादशाह बहादुरशाह जफर के समय से ही मुस्लिम पत्रकारिता का राष्ट्रीय जागरण में महत्त्वपूर्ण योगदान रहा, पर 19वीं सदी से ही हिंदी के सर्वांगीण विकास में भी मुस्लिम समुदाय के सुशिक्षित लोगों ने योगदान विशेष रूप से देना शुरू किया। 1947 के बाद मुस्लिम समुदाय हिंदी के विकास के लिए विशेष यत्नशील हुआ। भाषाविद की दृष्टि से कह सकता हूँ कि औसत रूप से मुस्लिम शिक्षित की हिंदी अधिक साफ-सुथरी होती है, उसमें अच्छी-खासी रवानगी रहती है, उलझाव कम होता है। जो मुसलमान सीधे हिंदी में आए हैं, वे हिंदी में योग्यता बड़े मन से प्राप्त करते हैं। सरकारी दफ्तरों में उनके द्वारा तैयार किए प्रारूप बहुत चुस्त और कसे हुए होते हैं, मैंने यह राय सरकारी नौकरी के अनुभव के आधार पर बनायी है। हिंदी समाचार पत्रों में समाचार भी मुस्लिम पत्रकारों के दिए हुए भाषा की दृष्टि से साफ़-सुथरे होते हैं। हिंदी के आधुनिक युग के मुस्लिम लेखक-लेखिकाओं की भाषा भी अपनी अलग पहचान बनाती है, संप्रेषणीयता और प्रभावशीलता में। यह जरूर है कि हिंदी पत्रकारिता में अनुपात की दृष्टि से कम मुस्लिम लोगों की शिरकत हुई है, साहित्य रचना में तो अधिक हुई है। पर जो भी हुई है, वह स्वस्थ पत्रकारिता के लिए मिसाल है। मैंने सालभर में नवभारत टाइम्स में जिन-जिन मुस्लिम लेखकों के आलेख देखे हैं, उनमें स्वस्थ और समग्र दृष्टि अधिक दिखाई पड़ी है। उनमें अपने मजहब और अपने संप्रदाय से लगाव कम नहीं है पर उनमें खुलापन है। वे आज के जमाने के नजरिये से मुस्लिम समुदाय की समस्याओं पर विचार करना चाहते हैं, अशिक्षा, अस्वास्थ्य, बेरोजगारी, व्यावसायिक-प्रोत्साहन का अभाव, सामाजिक बदलाव की आवश्यकता, जैसी समस्याओं को वे अधिक महत्त्व देते हैं। उनकी दृष्टि में कुरान की शिक्षा की परिधि से बाहर गए बिना मुस्लिम समुदाय की हालत सुधारी जा सकती है और हिंदू-मुस्लिम समुदायों का सहअस्तित्व सुनिश्चित किया जा सकता है।

हमारे यहाँ युवा मुस्लिम समुदाय के लोगों की भागीदारी रही है और वे अपने बूढ़े नेतृत्व से बहुत नाराज हैं, क्योंकि उन्हें लगता है कि एक इतने बड़े समुदाय

का मुँह उनकी महत्त्वपूर्ण समस्याओं से मोड़ा जाता है और एकदम अवास्तविक या कम महत्त्वपूर्ण समस्याओं में उन्हें उलझाकर उनके भविष्य के साथ खिलवाड़ किया जाता है। मज़हबी मसलों पर भी हमारे यहाँ जो लेख छपे उनमें खुले नजरिए से आज की सामाजिक समस्याओं के समाधान की बात की गयी है।

मौलवी वहीदुद्दीन जैसे उदार विचारकों ने बहुत ही स्वस्थ राष्ट्रीय चिंतनधारा दी है और अपने विचार हिंदी के माध्यम से प्रसारित किए हैं कि हिंदुस्तान का औसत हिंदू पाकिस्तान के औसत मुसलमान से दूसरे संप्रदाय के प्रति अधिक उदार है। उन्होंने अपनी ओर से दोनों समुदायों के बीच अविश्वास की खाई को पाटने की कोशिश की है। कमोबेश अधिकतर मुस्लिम समुदाय के लेखक जो हिंदी माध्यम से अपने विचार रखते हैं यही रुख अख्तियार करते हैं और उर्दू के माध्यम से उबाल वाली भाषा में प्रस्तुत किए गए विचारों को देश के लिए अहितकर मानते हैं, साथ-ही-साथ मुसलमान के लिए भी यही हितकर है।

अतहर फारुकी ने बार-बार यह कहा है कि उर्दू और हिंदी पत्रकारिता के बीच विचारों की खाई पाटी जाय। पहले उर्दू पत्रकारिता से सारांश लेकर लेख हमारे यहाँ दिए जाते थे, पर कुछ ऐसे आलेख आए, जिसमें नकारात्मक पक्ष अधिक था, हमें इसके कारण इस स्तंभ को बंद करना पड़ा। हम भी यही चाहते हैं कि हिंदी-उर्दू के बीच दोतरफा विनिमय हो, खुली बहस हो, चर्चाएँ हों तो निश्चय ही एक-दूसरे की ओर पीठ न रहेगी। पहले स्थिति दूसरी थी, उर्दू के जानकार हिंदी जानते थे, हिंदी पढ़ते भी थे, वे प्रेमचंद की कहानियाँ हिंदी-उर्दू दोनों में पढ़ते थे अब वैसी स्थिति नहीं है। हिंदी पढ़ने वाले भी उर्दू में अधिकतर शून्य ही होते हैं। इसके कारण खाई अज्ञानवश और चौड़ी होती जाती है। जितनी पुस्तकें उर्दू से हिंदी में रूपांतरित होती हैं या ज्यों-की-त्यों देवनागरी लिपि में लिप्यंतरित होती हैं उतनी मात्रा में ही हिंदी से उर्दू में भी रचनाएँ छपतीं। अपने आप उसका असर होता। उद्देश्य पहुँचना होना चाहिए न कि चोट पहुँचाना। चोट पहुँचाने का काम काफ़ी किया जा चुका है। इसके साथ ही वास्तविकता के नए उभरते रूप में एक समुदाय को दूसरे समुदाय से अवगत कराना भी काम है, वह होना चाहिए।

हिंदी पत्रकारिता में मुस्लिम पत्रकारों की दूसरी भूमिका है गैर-राजनीतिक समाचारों या समाचार विश्लेषणों के क्षेत्र में जैसे खेलकूद, संस्कृति जगत् या उसत्व। हमारे यहाँ कलकत्ते के दुर्गा-पूजा उत्सव पर मुहम्मद अंसारी का बहुत की सुंदर लेख छपा, बंगाली मन में डूबकर अंसारी ने यह लेख लिखा और हमारे पत्रकारों को बेहद पसंद आया। हिंदू लेखक सूफ़ी साधना पर लिखें, मुस्लिम लेखक वेदांत पर लिखें पर पढ़कर लिखें तो न केवल वह एक सेतु बनाएगा अपने बाहर बल्कि अपने भीतर भी सेतु बनाएगा। इस प्रक्रिया को निरंतर चलाते रहने की आज तीव्र आवश्यकता है। क्योंकि दोनों संप्रदाय मोहभंग की स्थिति में आ गए

हैं और यह समझने लगे हैं कि हमारे आपसी विवाद राजनीति से नहीं सुलझेंगे आपस की गैर-राजनीतिक बातचीत से सुलझेंगे। इस क्षेत्र में उन मुस्लिम पत्रकारों की अहम भूमिका हो सकती है जो हिंदी-उर्दू दोनों भाषाओं में लिख सकते हैं और दोनों में उदार विचारों का संप्रेषण कर सकते हैं।

एक बात और साफ है। मुस्लिम पत्रकार सेक्यूलर मुद्रा में बात करते हैं तो वे ज़रूरत से ज़्यादा उत्साहित हो जाते हैं। हिंदुस्तान में बिना संयम के, विशेषतः बिना अभिव्यक्ति के संयम के परस्पर विश्वास नहीं पैदा किया जा सकता। नकारात्मक रुख से जो प्रतिक्रिया होती है, वह अस्वस्थ और अस्वस्तिकर भावों को जन्म देती है। इसके विपरीत जब हम हर संप्रदाय की खूबियों को उभारते हैं, उनकी श्रद्धालुता में भी गुण देखते हैं तो उसका असर अधिक सकारात्मक होता है। हमारे पत्र में एकदा स्तंभ में सूफी, ताओ, ईसाई, बौद्ध, जैन, हिंदू कथानक छपे हैं और ये सभी कथानक सबको संबोधित हैं, ये सभी के भीतर यह विश्वास जगाते हैं कि मनुष्य के अनुभव की एक भूमि ऐसी है, जहाँ सब मिलते हैं और आगे भी मिलते रहेंगे। हमें भेदों को स्वीकार करते हुए इस भूमि की महत्ता रेखांकित करनी चाहिए। कई मुस्लिम बंधुओं ने एकदा के लिए प्रसंग भेजे, वे बहुत सराहे गए, ऐसे प्रसंग भेजने का मन बनाना ही, बड़ी व्यापक भागीदारी को निमंत्रण देना है।

अंत में अंग्रेजी पत्रकारों के भाषाई पत्रकारिता के बारे में विचार पर कुछ निवेदन करना चाहता हूँ। अंग्रेजी पत्रकार कभी-कभी 'तुमसे भी पवित्रतर' (होलियर दैन दाउ) वाला रुख अख्तियार करते हैं और उन्हें वर्नाक्यूलर प्रेस बहुत पक्षधर और दूसरे शब्दों में अतटस्थ और अबौद्धिक लगता है। तथ्य कुछ और है। भाषाई पत्रकारिता लोगों के मन से अधिक जुड़ी हुई है, इसलिए वह भावनात्मक संप्रेषण की आश्यकता समझती है। वह भावना को सकारात्मक भावना को संबोधित भी होती है। उसमें खंडन का स्वर उतना तीव्र नहीं होता, पर तथाकथित वस्तुपरक विश्लेषण की निर्ममता होती है। निर्ममता से जनसाधारण का मन नहीं छुआ जा सकता।

अंग्रेजी मिज़ाज ही वस्तुपरकता के नाम पर फूट डालने का होता है, यह बात इतिहाससिद्ध है। हिंदुस्तान की कौमी समस्याओं का समाधान, इस मत से नहीं होगा, देशी भाषाओं के मत से ही होगा। उर्दू जितनी हिंदी के करीब है, उतनी अंग्रेजी के करीब कैसे होगी? मुहाविरे एक, भाषाई क्षेत्र एक और बोलने समझने वाले की नज़दीकी। आज भारतीय भाषाओं के एक-दूसरे के पत्र पहुँचने की इसलिए ज़्यादा जरूरत है कि बहुत सारे मतभेद केवल इतने से ही कम हो जाएँगे। उर्दू न तनहा मुसलमानों की भाषा है, न हिंदी तनहा हिंदुओं की, ये दोनों की भाषाएँ हैं। मुस्लिम पत्रकारों की बड़ी भूमिका हिंदी उर्दू को और समीप लाने में होगी।

पत्रकारिता पर नए दबाव

इलेक्ट्रानिक संचार माध्यमों का पत्रकारिता पर दबाव बुरी तरह पड़ रहा है। इलेक्ट्रानिक मीडिया विशेष रूप से दूरदर्शन और उसकी नयी-नयी उपजातियाँ पढ़ने की प्रवृत्ति कम कर रही है। उनके कारण अनपढ़पन की विचित्र सी लत ख़ासकर बच्चों में पड़ती जा रही है। उस दबाव में छापाखाने काले माध्यम दृश्यता से आक्रांत हो रहे हैं, साथ-ही-साथ वे त्वरिततर गति से सूचना के संप्रेषण के दबाव में आ गए हैं। वे दबाव ऊपर से देखने पर बड़े भयंकर लगते हैं और हैं भी कुछ हद तक। इन दबावों के कारण सोचने की शक्ति कुछ-न-कुछ सुन्न होती जाती है, अख़बार भी सोचता हूँ कि भुलाने वाली या उत्तेजना वाली गोली देते रहे, विवेकपूर्ण ढंग से सोचने का अवकाश न दें। इंद्रियाँ भी धीरे-धीरे बेकाम होती जाती हैं और अवास्तविक ही अवास्तविक देखते-देखते मनुष्य अवास्तविक के संसार में ही भयनीली जिंदगी जीने लगता है। तब तर्क भी ताक पर रख दिए जाते हैं, भाव भी बिसरा दिया जाता है। इलेक्ट्रानिक माध्यम का दूसरा अभिशाप यह है कि यह माध्यम विविधताओं को समाप्त करता है, सब चौरस बनाता चला जाता है, इससे तरह-तरह की रंगतें कुछ गिने-चुने रंग-पाशों में बँध जाती हैं, असंख्य स्वरों के संभार अपनी मीड़ें खो देते हैं। इससे जीवन की गुणवत्ता का निश्चय ही ह्रास होता है, इसकी छूत लगती है तो अख़बार भी रंगीनी में और अधिक सपाट होने लगते हैं और इने-गिने शब्दों के कुचक्र में फँस जाती है सारी सूचना और संवेदना।

परंतु इस दबाव का सकारात्मक पक्ष भी है। इलेक्ट्रानिक माध्यम जिस प्रकार की परिस्थिति पैदा करते हैं, उसमें घर के भीतर के संवाद चुकने लगते हैं और स्विच आफ होते ही भयंकर रिक्तता भारी पड़ने लगती है, तब कुछ सूझता ही नहीं, इसका जब एक अपरिहार्य रूप से अतिरेक होगा तो संवाद की उत्कंठा और बलवती होगी। कुछ-कुछ होने भी लगी है, अपनी आँखों से प्रकृति को मनुष्य को निहारने की ललक जगेगी। उस समय पत्रकारिता की भूमिका बड़ी महत्त्वपूर्ण होगी। छापाखाना भी यंत्र है, पर यांत्रिकता का दबाव मनुष्य की सहज बुद्धि के दबाव

की अपेक्षा वहाँ कम है। अख़बार में तब परिवर्तन होंगे। घिसे-पिटे फार्मूलों की रपटों, कहानियों और एक-सी घिरावदार प्रस्तुतियों का स्थान लेंगी सहज बातचीत, नयी-नयी संवेदनाओं की पुलक से भरी कहानियाँ और जीवन से भरपूर प्रस्तुतियाँ, खुरदुरी पर भावभंगिमा में एकदम नयी।

एक दूसरा शुभ फल होगा, नए दबाव के कारण छापे के माध्यम में कुछ अधिक चुस्ती और कुछ अधिक संयम दोनों आएँगे। एक कि मानवीयता का उत्तर दृढ़ और सकारात्मक मानवीयता से ही दिया जा सकेगा। यही नहीं उससे ये भयावह दिखने वाले माध्यम भी अनिवार्यतः प्रभावित होंगे, क्योंकि अंततः ये माध्यम भी मनुष्य के मस्तिष्क की ही संतान हैं।

पर यह सब शीघ्र घटित होने वाला नहीं, अभी काफी कशमकश रहेगी, काफी घटियापन बढ़ेगा। बाजारूपन ईमान पर कुछ बरसों तक हावी रहेगा। तब जाकर परिवर्तन शुरू होगा। मैं इसी से आशावादी हूँ और मुझे तात्कालिक दबाव की परेशानी कुछ ख़ास परेशानी नहीं लगती।

हिंदी और जनपदीय भाषाएँ

भोजपुरी तथा अन्य जनपदीय भाषाओं के लेखकों की भागीदारी से हिंदी समृद्ध हुई है। हिंदी ने अपना स्वरूप ऐसा बनाया है जो सबको स्वीकार हो। वह एक कोने की खड़ीबोली नहीं है। वह पुरइन के खड़े पत्ते की तरह से पूरे सरोवर में छा जानेवाली भाषा बन गई है। इन पत्तों के बीच में जहाँ कहीं कमल का फूल अपने नाल पर लहराता है वहाँ लगता है कि सौष्ठव अकेले लहराने में नहीं, बल्कि जल से असंपृक्त पत्तों के बीच में लहराने में है।

जनपदीय अस्मिता प्रतियोगी नहीं है, अनुयोगी है। जो इस अस्मिता से कट गया है या जिसने इस अस्मिता को तुच्छ मान लिया है वह चाहे जितना भी उछल-कूद कर ले, निरभ्र आकाश में ऊँची उड़ान नहीं भर सकता। ऊँची उड़ान भरने के लिए चोंच में कमल का मृणाल चाहिए। धरती को सृष्टि के आरंभ में उषा और सूर्य के विवाह में कमल की सौगात मिली थी। तब से ही धरती कमल के आमोद से आमोदित है, कमल के फूल की तरह खिली हुई है, कमल के पत्र की तरह फैली हुई है और कमल के नाल की तरह अपनी धुरी पर टिकी हुई है। धरती की यही सौगात चोंच में दबाए हंस मानसरोवर की ओर वर्षागम की गरज सुनते ही लौटने लगते हैं। यही उनके रास्ते का पाथेय है। ऊँची उड़ान भरने के लिए यह पाथेय बहुत आवश्यक होता है। इस पाथेय को मुँह में लिए जो उड़ता है वह भटकता नहीं, शून्य में खोता नहीं, शून्य को भरता जाता है।

भोजपुरी बोलनेवाले हिंदी लेखक का संस्कार है कि भोजपुरी भोजपुरी की तरह बोलता है और हिंदी हिंदी की तरह—भयरहित, संकोचरहित और सहज होकर। आज से लगभग पचास वर्ष पहले जनपदीय भाषा आंदोलन शुरू हुआ। उसके प्रति हमारे कुछ गुरुजन बड़े शंकालु थे। उस आंदोलन में स्व. वासुदेवशरण अग्रवाल और स्व. बनारसीदास चतुर्वेदी को छोड़कर अधिकांश लोग (पं. हजारी प्रसाद द्विवेदी, महापंडित राहुल सांकृत्यायन, डॉ. उदय नारायण तिवारी, आचार्य नरेंद्र देव) पुरबिया थे। हिंदी प्रदेश में यह क्षेत्र पुरबिया कहा जाता है और इस माने में तो है ही पुरबिया कि यहाँ सुबह पहले होती है, कमल पहले मुँह खोलता

है, चिड़ियाँ पहले जागती हैं।

स्व. डॉ. राजेंद्र प्रसाद से लेकर बाबू जगजीवन राम, पं. कमलापति त्रिपाठी और जयप्रकाश बाबू जैसे लोग इस बोली के साथ जुड़े होने में गर्व मानते रहे। इस गर्व में दूसरे की हेठी नहीं है। दूसरे को आमंत्रण है कि वह भी ऐसे ही बड़े गर्व के लिए छोटा गर्व करें। अगर यह गर्व उसने कुचल दिया तो बड़ा गर्व नहीं कर सकेगा।

यह प्रयोगसिद्ध बात है कि जो एक साथ समान कुशलता से दो या दो से अधिक भाषाएँ बोलता है, सीखता है और दोनों के क्षेत्र के रूपों को अलग-अलग रखता है, उनमें तालमेल नहीं करता, भोजपुरी बोलते समय हिंदी नहीं बोलता और हिंदी बोलते समय भोजपुरी नहीं बोलता, वह अधिक भाषा-निपुण होता है, वह जल्दी-जल्दी बटन दबा करके अलग भाषा बोल सकता है। उसे भाषा के बटन दबाने का अभ्यास होता है, भाषाओं के स्वरूप-भेद का अभ्यास होता है। वह अधिक गहराई में जा सकता है। एक बात और भी है। भोजपुरी बोलने का अर्थ हिंदी का अधिकार लेना नहीं है। उसी तरह हिंदी बोलने का अर्थ भोजपुरी बोलने का अधिकार छीनना नहीं है, बँगला बोलने का अधिकार छीनना नहीं है, तमिल बोलने का अधिकार छीनना नहीं है।

बात बिलकुल उलटी है। एक भाषा के साथ गहरा तादात्म्य होता है और दूसरी भाषा सीखने की इच्छा होती है तो इस प्रकार के सीखने में विविधताओं का पोषण उद्देश्य होता है, एकरूपता का अत्याचार अभीष्ट नहीं होता। यदि सभी लोग एक लहजे में हिंदी बोलने लगें और अलग-अलग लहजों को लचक न दिखाई पड़े तो भाषा बनावटी हो जाएगी। भाषा में मानक रूप होता है और मानक रूप उपमानक रूपों की तरह देने से या सीमित स्वीकृति देने से बनता है। हर एक आदमी को दूसरे आदमी से एक ही पुकार की भाषा बोलने का आग्रह करना वांछनीय नहीं है। भाषा व्यवहार में व्यक्तित्व की अलग झलक निले तभी उसमें स्वाद आता है और उससे बातचीत करना अच्छा लगता है। अगर अपनी बच्ची बड़े-बूढ़े की तरह बोलने लगे तो हम उसे डाँट देते हैं। अगर हमारी माँ हमसे 'आप' कहती तो मैं घर छोड़कर भाग जाता। मैंने माँ को कभी 'आप' नहीं कहा। हर व्यक्ति से कुछ-न-कुछ भिन्न भाषा व्यवहार की अपेक्षा होती है। इसलिए नहीं कि उसके अलग रिश्ते हैं, बल्कि इसलिए कि उसकी अलग छाप हमारे मन में है और वह छाप बनी रहती है, तभी हम उन रिश्तों से ठीक तरह से जुड़ते हैं। हिंदी ही नहीं, भोजपुरी भी जब एक ही तरह से बोली जाए तो उसमें भी रस नहीं रहेगा। चंपारन की भोजपुरी और गोरखपुर की भोजपुरी अलग रहे तो हँसी-मजाक की गुंजाइश रहती है। दोनों सपाट चौरस हो जाएँ और चुहलबाजी के लिए अवकाश न रहे तो बातचीत का मजा चला जाता है। भाषा

की विविधता सजीवता का लक्षण है। यह सजीवता रचना में रंग लाती है। कुछ भाषाएँ हैं जिनमें रंग का अर्थ प्यार है; बल्कि ठीक-ठीक कहें तो स्त्री-पुरुष के बीच का प्यार है। जिस प्रकार वह प्यार परस्पर संवाद का सबसे अच्छा प्रतिमान है उसी प्रकार भाषाओं की अलग-अलग रंगतवाला रंग सक्रिय सजीव संवाद को सुनिश्चित करनेवाला तब होता है। ये सब बातें मैं इसलिए नहीं कह रहा हूँ कि मैं भोजपुरी सम्मेलन एवं हिंदी सम्मेलन के एक साथ जुड़ाव की विसंगति की सफाई दे रहा हूँ। मैं जाने कितनी भाषाओं में लिख लेता हूँ, उनमें भोजपुरी भी एक भाषा है। पर मैं पसंद यही करता हूँ कि मुझे हिंदी लेखक कहा जाए। इसके साथ ही यह भी चाहता हूँ कि मुझे भोजपुरी क्षेत्र से आया हुआ हिंदी लेखक कहा जाए। भोजपुरी की जमीन से मैं रस लेता हूँ, इसलिए एक क्षण भी उससे विच्छिन्न नहीं हूँ, और हिंदी में लिखता हूँ तो हिंदी के प्रति मैं सचेत हूँ। उसी तरह जिस तरह कमल का फूल अपनी जमीन से मिलनेवाले रस के नाते लहराता है, पर प्रकाश के खिंचाव से ही खिलता जाता है। ये दो प्रकार के आकर्षण विरोधी नहीं हैं, एक-दूसरे के लिए पूरक हैं।

हिंदी की शक्ति का स्रोत है इतनी जनपदीय भाषाओं का यह रस संभार। हिंदी इनसे निरंतर समृद्ध होती रहती है। उसमें तरह-तरह के रिश्तों का स्वाद मिलकर कुछ अपूर्व रचता रहता है। यह रासायनिक घोल नहीं है जिसमें उपादानों की पहचान खो जाए। यह ऐसा आपानक है जिसमें अलग-अलग चीजें अलग-अलग बोलती हैं। मिर्च अलग बोलती है, बादाम अलग, गुलाब की पंखुड़ी अलग और केसर अलग, दूध अलग, शक्कर अलग। इसमें कोई भी चीज दूसरे में गुम हो जाए तो शरबत का आनंद चला जाता है।

हिंदी गद्य इतना सहज और इतना व्यंजक सौ वर्षों के अंतराल में बना। उसमें भोजपुरी क्षेत्र के लेखकों का बहुत बड़ा अवदान था। इसमें भारतेंदु से लेकर स्व. शिवप्रसाद सिंह तक जुड़े हैं। मैं जानबूझकर अपने समकालीन लेखकों का नाम छोड़ रहा हूँ जो सशरीर धराधाम पर हैं। हिंदी के ऐसे घटक से हिंदी को परेशानी की क्या बात है? हिंदी के धनीधोरी लोग नाहक भोजपुरी से घबराते हैं, ब्रज से घबराते हैं, अवधी से घबराते हैं, बुंदेली से घबराते हैं। वे हिंदी को सीखचों में जकड़कर रखना चाहते हैं। हम भी हिंदी प्रयोग की शुद्धता के हिमायती हैं; पर हम भाषा की प्रवाहमयता की कीमत चुकाकर शुद्धता की बात नहीं सोचते। कीमत चुकाकर जो शुद्धता मिलेगी उस शुद्धता की हमें दरकार नहीं। शुद्धता का अर्थ इतना ही है कि वाक्य विन्यास, कर्ता-क्रिया-कर्म की परस्पर संगति और भाषा में विशेष्य विशेषण का तालमेल, यह सब हर भाषा का अलग होना चाहिए। घटक भाषा से व्याकरण नहीं लिया जाता। इसका अर्थ है विभक्ति नहीं ली जाती, संगति और अनुहार की प्रक्रिया नहीं ली जाती; पर मुहावरे तो लिए

ही जाते हैं—हिंदी में ढालकर या उद्धरण के रूप में। उससे भाषा में नई ऊर्जा आती है। इस ऊर्जा के लिए हिंदी को भोजपुरी, अवधी, ब्रज, बुंदेली, बघेली, छत्तीसगढ़ी, निमाड़ी, मालवी, मेवाड़ी, हाड़ौती, पहाड़ी और जाने कितनी हिंदी क्षेत्रीय जनपदीय भाषाओं की आवश्यकता है। इतना बड़ा बरगद है कि उसकी जड़ें जाने कहाँ-कहाँ से रस लेती हैं। इन भाषाओं में अलग साहित्य लिखा जाता है और वह साहित्य हिंदी की उतरन नहीं होता तो उनपर हिंदी को गर्व होना चाहिए, उनसे भय नहीं होना चाहिए। आखिर हिंदी में इतना सामर्थ्य है कि वह इतने घटक तत्त्वों से रस लेती है और इन सबको अलग-अलग अपनी ऊँचाई छूने देती है, उसमें सहायता करती है। इसमें हिंदी की शोभा है। इसी प्रकार भोजपुरी की शोभा है कि वह अपनी अस्मिता को हिंदी की अस्मिता से जोड़कर रखे। इससे उसकी अस्मिता विस्तृत होती है। हमें तो बड़ा दुःख होता है कि दूसरी जनपदीय भाषाओं का अस्मिताबोध कम हो रहा है। बज्र साहित्य मंडल चला, फिर गतिहीन हो गया। अवधी क्षेत्र में ऐसी कोई संस्था नहीं है, जबकि उसमें वंशीधर शुक्ल, रमई काका, पढ़ीस जैसे समर्थ रचनाकार हुए। यह स्थिति लगभग अन्य जनपदीय क्षेत्रों की भी है। केवल बुंदेली और मालवी में थोड़ी सजगता है; पर हमारी अभिलाषा तो यही है कि उसी प्रकार के घने लगाव के साथ अपनी मातृबोली के प्रति सजगता होनी चाहिए जितनी हिंदी के साथ और यह पहचान होनी चाहिए कि दोनों के संबोध्य अलग-अलग हैं। हम भोजपुरीभाषी मित्रों के साथ हिंदी और भोजपुरी बोलते हैं, पर दोनों भाषा व्यवहारों के प्रयुक्ति प्रयोजन अलग होते हैं। इससे यह अर्थ नहीं निकालना चाहिए कि भोजपुरी का प्रयुक्ति-क्षेत्र हीन है, हिंदी का श्रेष्ठ। यदि हम कक्षा की भाषा का उपयोग मित्रों के बीच की बातचीत में करेंगे तो उपहास के पात्र होंगे और कक्षा के भीतर यदि हम हमजोलियों के बीच की भाषा का प्रयोग करेंगे तो हमको छात्र गंभीरता से नहीं लेंगे। विविध व्यवहार क्षेत्रों की भाषा का सूक्ष्म पर्यवेक्षण समर्थ रचना की शक्ति बनता है। पुराने काव्यशास्त्रियों ने लोक की पहचान को रचना में घटक कारण माना है। कालिदास ने भी जिस प्रकार विवाह के समय संस्कृत भाषा का प्रयोग कराया उसी प्रकार लोकभाषा का प्रयोग कराया। शास्त्रीय आचार संस्कृत भाषा में संपन्न हुआ और लोकाचार लोकभाषा में। इन दो प्रकार के प्रयोगों को साधना संस्कृत का सौष्ठव है। आज जनपदीय भाषाओं का परिचय बी.ए., एम.ए. की कक्षा की परीक्षा के निमित्त सूखी सूचना के रूप में रह गया है। और सर जार्ज ग्रियर्सन, सुनीति कुमार चटर्जी, धीरेंद्र वर्मा, उदय नारायण तिवारी जैसे कुछ नामों के साथ जुड़े हुए भाषा समुदायों के नामकरण सिद्धांतों को रटकर याद करने तक रह गया है। पर यह कितने दुर्भाग्य की बात है कि विश्वविद्यालय क्षेत्रीय हो गए हैं, पर अपने क्षेत्र की भाषा की बानगी हिंदी के पाठ्यक्रम में नहीं देते। इसीलिए

साहित्य पढ़कर जो छात्र निकलते हैं वे साहित्य के प्रति सबसे अधिक असंचेत्य होते हैं। इस परिप्रेक्ष्य में गोरखपुर एवं पटना जैसे विश्वविद्यालय बधाई के पात्र हैं कि वे भोजपुरी साहित्य को भी हिंदी पाठ्यक्रम का अंश बनाए हुए हैं। यह शुरुआत एक नई सांस्कृतिक शुरुआत है और इस रूप में उसे प्रोत्साहन देना चाहिए; परंतु हम यही रेखांकित करना चाहते हैं कि यह शुरुआत सत्ता के सीप को चाँदी मानने का भ्रम न पालने लगे और कहीं यह न भूल जाए कि चाँदी के भीतर मोती नहीं होता, सीपी के भीतर मोती होता है। सत्ता की आग्रहिलता की चर्चा हम शैक्षिक और सांस्कृतिक प्रक्रिया के लिए आवश्यक समझते हैं कि भोजपुरी जैसे समर्थ हिंदी के घटक तत्त्वों का अभ्युदय हिंदी का अभ्युदय है। इस अभ्युदय का यह प्रयोजन भी प्रकारांतर से हिंदी का अभ्युदय माना जा रहा है। एकांतिकता चाहे जिस क्षेत्र की भी हो, शुभ नहीं होती।

हिंदी के जनपद और उनकी कविता

जिन सोलह जनपदों की चर्चा पालि वाङ्मय में मिलती है, उनसे संबद्ध बहुत से अभिलेख मिलते हैं, उनके बहुत सारे नाम महाभारत और पाणिनि के अष्टाध्यायी में मिलते हैं। थोड़े-थोड़े अंतर के साथ वे हिंदी के बृहत् देश के जनपद हैं। लगभग उसी समय से एक ही भाषा के अलग-अलग बोली-रूपों के प्रमाण मिलने लगते हैं। ये बोली-रूप संस्कृत के भी थे, पालि, प्राकृत, अपभ्रंश के भी थे। इन बोली-रूपों में लोक-स्तर पर रचनाएँ भी होती थीं और इन्हीं की विविधताओं में मानक का निर्धारण भी होता रहा है। पालि को ही लें। पालि वाङ्मय की भाषा न तो मगध की भाषा है, न पश्चिमी उत्तर प्रदेश की भाषा है, न सुदूर महाराष्ट्र की भाषा है। उसमें इन सभी भाषाओं के रूप हैं, वह खिचड़ी भाषा नहीं है, उसका मुख्य ढाँचा मध्य प्रदेश की भाषा का है। इधर-उधर थोड़े बहुत रूप उत्तरकालीन मागधी के भी हैं, कुछ महाराष्ट्री के भी हैं, पर यह मुख्य रूप से कौशांबी के आस-पास की भाषा है। इसी प्रकार अनेक प्राकृत रूपों के उदाहरण मिलते हैं। कुछ उदाहरण तो अभिलेखों में हैं, कुछ साहित्य में। महाराष्ट्री प्राकृत, शौरसेनी प्राकृत, मागधी और अर्ध मागधी प्राकृत मुख्य रूप से अपने क्षेत्रीय आधार पर प्रभावी रहे हैं। पर शौरसेनी और अर्ध मागधी को मिलाकर एक अलग शौरसेनी विकसित हुई जो जैन वाङ्मय की भाषा के रूप में प्रतिष्ठित हुई। इसका नाम इतिहासकारों ने शौरसेनी रखा। इसी प्रकार महाराष्ट्री और अर्ध मागधी को मिलाकर जैन महाराष्ट्री का नाम दिया गया। एक नाम और मिलता है—पैशाची, जिससे भारतीय प्रायद्वीप के पश्चिमोत्तर की भाषाओं का उद्गम हुआ है। प्राकृत के इन विविध रूपों की बानगी अशोक के अभिलेखों में मिलती है। एक ही पाठ भिन्न-भिन्न स्थानों में उन-उन स्थानों की भाषाई विशेषताओं से युक्त होकर अलग-अलग संस्करण के रूप में पत्थर के स्तंभों पर लिखवाया गया है। इससे इंगित होता है कि कोई एक मूल पाठ अर्थात् मानक पाठ भी रहा होगा, वह निश्चय ही मध्य देश का रहा होगा।

यही विरासत आगे जाती है तो राजशेखर ग्यारहवीं सदी में मध्य प्रदेश की

हिंदी के जनपद और उनकी कविता

जिन सोलह जनपदों की चर्चा पालि वाङ्मय में मिलती है, उनसे संबद्ध बहुत से अभिलेख मिलते हैं, उनके बहुत सारे नाम महाभारत और पाणिनि के अष्टाध्यायी में मिलते हैं। थोड़े-थोड़े अंतर के साथ वे हिंदी के बृहत् देश के जनपद हैं। लगभग उसी समय से एक ही भाषा के अलग-अलग बोली-रूपों के प्रमाण मिलने लगते हैं। ये बोली-रूप संस्कृत के भी थे, पालि, प्राकृत, अपभ्रंश के भी थे। इन बोली-रूपों में लोक-स्तर पर रचनाएँ भी होती थीं और इन्हीं की विविधताओं में मानक का निर्धारण भी होता रहा है। पालि को ही लें। पालि वाङ्मय की भाषा न तो मगध की भाषा है, न पश्चिमी उत्तर प्रदेश की भाषा है, न सुदूर महाराष्ट्र की भाषा है। उसमें इन सभी भाषाओं के रूप हैं, वह खिचड़ी भाषा नहीं है, उसका मुख्य ढाँचा मध्य प्रदेश की भाषा का है। इधर-उधर थोड़े बहुत रूप उत्तरकालीन मागधी के भी हैं, कुछ महाराष्ट्री के भी हैं, पर यह मुख्य रूप से कौशांबी के आस-पास की भाषा है। इसी प्रकार अनेक प्राकृत रूपों के उदाहरण मिलते हैं। कुछ उदाहरण तो अभिलेखों में हैं, कुछ साहित्य में। महाराष्ट्री प्राकृत, शौरसेनी प्राकृत, मागधी और अर्ध मागधी प्राकृत मुख्य रूप से अपने क्षेत्रीय आधार पर प्रभावी रहे हैं। पर शौरसेनी और अर्ध मागधी को मिलाकर एक अलग शौरसेनी विकसित हुई जो जैन वाङ्मय की भाषा के रूप में प्रतिष्ठित हुई। इसका नाम इतिहासकारों ने शौरसेनी रखा। इसी प्रकार महाराष्ट्री और अर्ध मागधी को मिलाकर जैन महाराष्ट्री का नाम दिया गया। एक नाम और मिलता है—पैशाची, जिससे भारतीय प्रायद्वीप के पश्चिमोत्तर की भाषाओं का उद्गम हुआ है। प्राकृत के इन विविध रूपों की बानगी अशोक के अभिलेखों में मिलती है। एक ही पाठ भिन्न-भिन्न स्थानों में उन-उन स्थानों की भाषाई विशेषताओं से युक्त होकर अलग-अलग संस्करण के रूप में पत्थर के स्तंभों पर लिखवाया गया है। इससे इंगित होता है कि कोई एक मूल पाठ अर्थात् मानक पाठ भी रहा होगा, वह निश्चय ही मध्य देश का रहा होगा।

यही विरासत आगे जाती है तो राजशेखर ग्यारहवीं सदी में मध्य प्रदेश की

भाषा और उच्चारण को प्रमाण मानते हैं। वही विरासत हिंदी में अपनी पूर्वतन भाषाओं से पाई है। एक तरह से हिंदी की जनपदीय भाषाएँ हिंदी को चारों दिशाओं से ऊर्जा प्रदान करती हैं। यह ऊर्जा दान करने की प्रक्रिया चलती रहती है। हिंदी का इतिहास है कि उसमें कभी ब्रजभाषा का मानक रूप पूरे हिंदी देश की साहित्यिक भाषा का मानक रूप था, कभी एक सधुक्कड़ी भाषा थी जिसमें भोजपुरी की मुख्य भूमिका थी, जिसमें राजस्थानी की शब्द-संपदा भी सम्मिलित थी। कभी अवधी मानक साहित्य-भाषा थी, विशेष रूप से प्रबंध-रचना की भाषा थी। आज ब्रजभाषा के पासवाले कौरवी क्षेत्र की भाषा मानक है, पर इससे निरंतर राजस्थानी, पंजाबी, हरियाणवी, पहाड़ी, ब्रज, बुंदेली, निमाड़ी, मालवी, छत्तीसगढ़ी, बघेली, अवधी, भोजपुरी, मगही, मैथिली के स्रोतों से नयी प्राणशक्ति मिलती रहती है। हिंदी की इस विविधता को आत्मसात करने की यह क्षमता हिंदी में लचीलापन लाती है और उसे एक ओर व्यापक बनाती है, दूसरी ओर संयोजक भी बनाती है। ध्यान से यदि हम प्राचीन हिंदी कविता को भी पढ़ें तो उसमें विभिन्न बोलियों की प्रक्रियाओं का स्वारस्य साहित्य की भाषा में मिलेगा, चाहे वह भाषा ब्रज हो, सधुक्कड़ी हो, अवधी हो या डिंगल हो। हिंदी के जनपदीय क्षेत्र ऐसे हैं जहाँ पर निकटस्थ क्षेत्र की भाषा से आदान-प्रदान इस मात्रा में चलता है कि उनके बीच संप्रेषणीयता बनी रहे। अवधी भोजपुरी में परस्पर संप्रेषणीयता है, भोजपुरी और अंगिका में, भोजपुरी और निमाड़ी में कुछ दूर तक, बुंदेली और मालवी में परस्पर संप्रेषणीयता है। इसी प्रकार ब्रज और कौरवी में है। पहाड़ी भाषाओं में परस्पर संप्रेषणीयता है, पंजाबी और हरियाणवी में है। यह संप्रेषणीयता सबसे अधिक लोकवार्ता में दिखाई देती है। हिंदी के बृहत्तर क्षेत्र के उपक्षेत्र हैं जहाँ पर लोकगीतों के बोल केवल व्याकरण के हेर-फेर से लगभग एक हैं। इन सबका असर संपुंजित रूप में हिंदी पर भी पड़ता है और इन सबके योग से हिंदी में जीवंतता आती है। वह जितनी नागरी है, उतनी ही गाँव-गाँव की है और आज भी यह परिदृश्य है कि अनपढ़ व्यक्ति हो या पढ़ा-लिखा, हिंदी क्षेत्र में रहनेवाला द्विभाषाभाषी तो है ही। सीमित पारिवारिक और सामाजिक संदर्भ में वह जनपदीय भाषा बोलता है, बृहत्तर देश के संदर्भ में हिंदी बोलता है, भले ही हिंदी का मानक रूप न बोलता हो। इस द्वैभाषिक स्वभाव का परिणाम है कि हिंदी में क्षेत्र-संकीर्णता नहीं पनप पाती।

आज से लगभग 40-50 वर्ष पूर्व जनपदीय आंदोलन चलाया गया। उसके संचालकों में बनारसी दास चतुर्वेदी, हजारी प्रसाद द्विवेदी, वासुदेवशरण अग्रवाल, राहुल सांकृत्यायन, आचार्य नरेंद्रदेव आदि थे। उसी समय 'जनपद' नाम से एक पत्रिका भी कुछ दिनों तक निकलती थी। उस आंदोलन को डॉ. धीरेंद्र वर्मा, डॉ. बाबूराम सक्सेना, डॉ. दीनदयाल गुप्त जैसे लोगों ने आशंका की दृष्टि से

देखा कि इससे हिंदी की शक्ति कम होगी। सच तो यह है कि हिंदी की शक्ति इस आंदोलन से नहीं कम हुई, वह कम हुई भाषावार प्रांतों के निर्माण से। आधुनिक हिंदी के साहित्यिक विकास में बहुत बड़ा स्थान उन लोगों का है जो घर में अपनी ठेठ जनपदीय भाषा ही बोलते थे, पर देश का ध्यान उनके मन में था इसलिए देश की भाषा के रूप में हिंदी का व्यवहार करते थे और यह बड़ी सजगता से करते थे। आज जो हिंदी का मानक रूप विकसित हुआ है वह न तो वाक्य-विन्यास की दृष्टि से, न पद-रचना की दृष्टि से, न ध्वनि-संरचना की दृष्टि से ठेठ मेरठ की भाषा है। ठेठ मेरठ की भाषा सार्वदेशिक नहीं है।

यांत्रिक माध्यमों ने जहाँ एक ओर हिंदी के सहज रूप के नाम पर ऐसे खिचड़ी रूपों का प्रसार किया है जिसने स्पष्ट रूप से अर्धशिक्षा का प्रमाण दिया है तो दूसरी ओर उसका एक सकारात्मक रूप भी है। हिंदी क्षेत्र के विभिन्न आकाशवाणी और दूरदर्शन केंद्रों से क्षेत्रीय भाषाओं के भी प्रसारण होते रहते हैं। इससे भाषा की विविधता कम-से-कम भारत वर्ष में विलुप्त नहीं हो रही। कुछ प्रभावित तो हुई, पर ऐसे कवियों लेखकों की संख्या पर्याप्त है जिन्होंने बहुभाषी रचनाएँ कीं—हिंदी और भोजपुरी में लिखा, ब्रज और हिंदी में लिखा, बुंदेली और हिंदी में लिखा। भाषाविज्ञान का यह बहुपरीक्षित सिद्धांत है कि जो व्यक्ति भाषा के दो रचनात्मक रूप को आमने-सामने जितना ही रख सकता है उतना ही उसमें भाषा-कौशल और भाषा की समझदारी विकसित होती है।

श्रीधर पाठक, मैथिलीशरण गुप्त, जयशंकर प्रसाद—इन सभी ने ब्रजभाषा में रचना पहले लिखी फिर हिंदी में लिखना शुरू किया। पाँचवें दशक से कहानी, कविता, उपन्यास में आंचलिक वातावरण और उसकी शब्दावली का आना बड़े धड़ल्ले के साथ शुरू हुआ और उसने हिंदी की दिशा मोड़ दी। हिंदी के लिए संस्कृत का ही एक आश्रय नहीं रहा, उसके आश्रय विस्तृत हो गए। इस तरह जहाँ उचित शब्द का चयन एक चुनौती बना वहीं उसे स्वीकार करनेवाला व्यक्ति अधिक मँजा रचनाकार बना। वृंदावनलाल वर्मा, हजारी प्रसाद द्विवेदी, रेणु, भवानीप्रसाद मिश्र, शिवप्रसाद सिंह, विनोद शुक्ल, नागार्जुन, विवेकी राय, केदारनाथ सिंह, धर्मवीर भारती, सर्वेश्वर दयाल सक्सेना से लेकर धूमिल तक हिंदी में आए नए मोड़ के उदाहरण मिल जाएँगे। हिंदी में नागर भाषा खारिज नहीं हुई पर वह नगर तक बँधी नहीं रह सकी। निराला ने बंगाल के महिषादल में अपनी माँ, अपनी पत्नी से अपने मूल देश की भाषा का संस्कार पाया। उनके अनेक गीतों में उस क्षेत्र की लयों का उपयोग है और उनके गद्य में तो बैसवाड़े की स्पष्ट छाप है।

इस भूमिका के बाद मैं हिंदी की जनपदीय कविता की चर्चा करना चाहूँगा। हिंदी की जनपदीय कविता शुरू-शुरू में या तो क्षेत्रीय परिदृश्य से आपूरित है या सुराज के रंग में रँगी है। इसीलिए शुरू में उसमें हल्का-सा रूमानी रंग भी है।

जहाँ कहीं उसका अतिरेक है वहाँ उसमें बनावट भी है। बाद में छायावाद की कविता का उस पर स्पष्ट प्रभाव है और उसके गीतों में छायावाद की कहीं-कहीं उतरन है। पर स्वाधीनता-प्राप्ति के बाद जनपदीय कविताओं में एक जबर्दस्त मोड़ मोहभंग का आता है। उस मोहभंग का कुछ-कुछ आभास रेणु के उपन्यासों में मिलना शुरू होता है पर जनपदीय कविता में वह मोहभंग अधिक मुखर है। समानांतर रूप से हिंदी कविता में भी वह मोहभंग सातवें दशक में बहुत मुखर हो गया। इस मोहभंग के कारण क्षेत्रीय मुहावरों के उपयोग से तीखे व्यंग्य की रचना इन जनपदीय भाषाओं में मिलती है। क्रमशः व्यंग्य में पलायन से उबरकर एक प्रौढ़तर अभिव्यक्ति भी मिलने लगती है, सिंझे हुए अनुभव की निद्धता मिलने लगती है और विषयवस्तु के अनंत प्रसार मिलने लगते हैं। अवधी कवि वंशीधर शुक्ल से यह प्रसार आरंभ हुआ है। बुंदेली कवियों में बुंदेली प्रकृति की कठोर सिद्धता के समानांतर रचना में लालित्य दिखाई पड़ने लगता है। मुझे '52-'53 की ही बुंदेली कविताएँ याद आती हैं–

कीसे कहिए जीके साके
कहिबे में का धरौं
सब समजत हैं गली पुरा के
अब्बे रात जुन्हैया वारी
डाँगन के सन्नाटे...

सबसे अधिक उल्लेखनीय पक्ष जनपदीय कविताओं में वर्णित पारिवारिक संबंधों की रसमयता है। भोजपुरी के कवि चंद्रशेखर मिश्र ने द्रौपदी और कृष्ण के बीच भाई-बहन का नाता जोड़ा है और उसमें बीरन (भाई) के रूप में कृष्ण का चित्रण बहुत ही मर्मस्पर्शी है। टूटते हुए रिश्तों को जोड़ने की सहज युक्ति उदय प्रकाश की कविता में मिलती है। ये सारे पक्ष ऐसे हैं जिन्हें समग्ररूप में सामने लाना बहुत ही आवश्यक हो गया है। दुर्भाग्य की बात यह है कि जनपदीय क्षेत्र की अधिकांश रचनाएँ अपने क्षेत्र में भी प्रसार नहीं पातीं। उनके प्रकाशक नहीं मिलते। अधिकांशतः लेखक अपने पास से छपाते हैं और अपने मित्रों को ही बाँटकर संतुष्ट हो लेते हैं। उनका प्रचार कुछ क्षेत्रीय कवि-सम्मेलनों में भले हो जाए पर उसका प्रभाव तात्कालिक होता है। कविता जब सुनी जाती है तो उसका एक अलग नशा होता है, जब गुनी जाती है तब उसमें एक गूँज आती है और वही गूँज बस जाती है, वह स्थायी होती है। हिंदी की अपार समृद्धि को यदि एक साथ उपस्थित किया जाए तो हिंदी का पूरा परिदृश्य सामने आता है और इस परिदृश्य का सर्जनात्मक प्रभाव पड़े बिना रहेगा नहीं। इन्हें समग्र रूप में पढ़ने पर एक ओर क्षेत्रीय मोहासक्ति कम होगी और जनपदीय कल्पना का

क्षितिज विकसित होगा, दूसरी ओर हिंदी का गढ़िया और जड़िया रूप इन जनपदीय कविताओं के आगे थोड़ा लज्जित होगा, कविता के माध्यम से पहेली बुझाना कुछ कम होगा। हिंदी की शक्ति उसके अंतरावलंबित होने में है, एक-दूसरे से प्रभावित होने में, एक-दूसरे को प्रभावित करने में है। सामान्य और विशेष की अलग-अलग आवश्यकता पहचानते चलना ही हिंदी भाषाई संस्कृति की पहचान रही है। उसमें भद्र और भद्र से इतर का विभाजन नहीं रहा। कभी संस्कृत के नाटककार से यह अपेक्षा की जाती थी कि वह प्राकृत भाषाओं का भी रस ग्रहण करता रहे। वक्रता और सहजता में रिश्ता जोड़ता रहे। इसीलिए विद्यापति जैसे कवि सबजन मिट्ठा देसिल बयना अपभ्रंश में रचते हैं, संस्कृत में रचते हैं और अपनी अत्यंत समकालीन साहित्य-भाषा मैथिली में भी रचते हैं। तुलसीदास-भोजपुरी भावित पूर्वी अवधी में रचते हैं, परिमार्जित अवधी में रचते हैं, ब्रजभाषा में रचते हैं, संस्कृत में भी रचना-कौशल का प्रमाण देते हैं। वे तत्सम बहुल और ठेठ तद्भववाली भाषा का भी प्रयोग करते हैं और दोनों में संतुलन करते चलते हैं। हिंदी गद्य में यह संतुलन कुछ कम हुआ है। हिंदी काव्य में तो बड़े प्रयोग चल रहे हैं, कुछ बेहद बनाऊ भी, पर प्रयोग हो रहे हैं तो कुछ-न-कुछ निखार तो आएगा ही। गद्य की भाषा चिंतनीय रूप से बोझिल हो रही है। विशेषतः समीक्षा और चिंतन की भाषा। विचार की भाषा तो बहुत सहज होनी चाहिए क्योंकि विषय भी गहन हो और भाषा भी तो भगवान ही मालिक है।

जनपदीय कविताओं को पढ़ने से स्पष्ट होता है कि सहज होना कठिन तो है और कृत्रिम होकर सहज होना तो और कठिन है पर हिंदी में सहजता उसके भीतर ही अनेक रूपों में पुरइन-पात की तरह पसरी हुई है। उससे अपरिचित होना हिंदी के लिए गौरव की बात नहीं है। हिंदी पाठ्यक्रम में लोग तर्क देते हैं कि हिंदीतर भाषियों के लिए हिंदी के इतने रूप देना उचित नहीं। यह तर्क लचर है। साहित्य कोश रखकर नहीं लिखा जाता, न कोई निर्धारित साँचा रखकर लिखा जाता है। साहित्य की भाषा साँचों को तोड़ती है, नए साँचे बनाती है। साहित्य की भाषा ही जीवंत मानकों का नक्शा देती है। यह तभी संभव होता है जब साहित्य की भाषा में आदान-प्रदान भीतर-बाहर से हो। यदि हिंदी अपनी अभ्यंतर शक्ति से अपरिचित रह जाए तो केवल बाहरी प्रभाव को लेकर वह चल नहीं सकती, चलेगी भी तो एक छोटे से वर्ग की भाषा रह जाएगी।

भाषा और साहित्य का उत्स : वैदिक ज्ञान की धारा

सर्वमयता, बीज वृक्ष, देश, लोक, और काल तथा स्वतंत्रता, उनकी अभिव्यक्ति वाक् से होती है, वाणी से होती है। वाणी के कई स्तर हैं, व्यक्त, व्यक्त-अव्यक्त (मध्यम), अव्यक्त तथा व्यक्त-अव्यक्त से परे। इनके नाम हैं बैखरी (शाब्दिक अर्थ विशेष रूप से स्पष्ट, श्रव्य) मध्यमा, पश्यन्ती और परा। बैखरी उच्चारित शब्दों का ऐसा संगुम्फन है, जिससे मानव लोग परस्पर संवाद स्थापित करते हैं। यही मानवी भाषा है, जो लोगों को जोड़ने का काम करती है। ऋग्वेद के बृहस्पति सूक्त में कहा गया है कि–

> **सक्तुमिव तितउना पुनन्तो धीरा**
> **मनसा ऋषायो वाचमक्रत।**
> **अत्रा सखायः सख्यानि जानते**
> **भद्रैषां लक्ष्मीर्निहिताधिवाचि।**

जैसे चलनी से सत्तू छान-छान कर उसका महीन हिस्सा अलग कर लिया जाता है, उसकी भूसी या मोटा हिस्सा छोड़ दिया जाता है, वैसे ही अपने ध्यान से निर्मल मन से सत्य का साक्षात्कार करने वाले तत्त्वचिंतकों ने वाक् की (परिशुद्ध) रचना की। यही एक-दूसरे के सख्य (मैत्री) की पहचान का माध्यम बनी और परिशुद्ध वाणी बोलने वाले में एक-दूसरे की पहचान से आयी शोभा निखरी।

इस वाक् का कुछ और सूक्ष्म स्तर है कण्ठ में बसी कुछ स्फुट, कुछ अस्फुट, कुछ व्यक्त और कुछ अव्यक्त, भीतर-ही-भीतर सुनायी पड़ने वाली मध्यमा। इसी मध्यमा से हम सोचते रहते हैं। कोई भी विचार बिना भाषा के आकार नहीं पाता। इसी से आज के बहुत से होर्फ-जैसे विद्वान मानते हैं कि भाषा विचार के पूर्व है। हर संस्कृति की एक भाषा होती है, उसी के साँचे में विचार रूप लेते हैं। विड्गेनस्टाइन-जैसे नए युग के प्रखर विचारक ने कहा भाषा ही हमारे विश्व की सीमा है, भाषा के बाहर कोई

विश्व नहीं है। इसी विचार को भर्तृहरि ने दूसरी तरह रखा–

न सोस्ति प्रत्ययो लोके यः शब्दानुगमाहते।
अनुविद्धमिव ज्ञानं सर्वं शब्देन भासते।

ऐसा कोई प्रत्यय (आइडिया) नहीं है, जो शब्द के अनुगम (बोध) के बिना संभव होता है। ज्ञानमात्र मानो किसी किरण की नोक से बिंधकर शब्द से प्रकाशित होता है। ज्ञान निराकार पड़ा रहता है, शब्द की किरण उसे छूती है, उसके भीतर तक, उसकी तह तक चली जाती है, तभी वह ज्ञान दूसरे तक पहुँच पाता है, वह भासित होता है, वह प्रकट होता है। भर्तृहरि का इस कारिका का गहरा अभिप्राय यह है कि सृष्टि का विचार भी जब कभी आया होगा, उस समय कोई ध्वनि हुई होगी, कोई प्रकाश हुआ होगा; वह कैसी ध्वनि थी, वह कैसा प्रकाश था, यह परिभाषित न भी हो, पर सृष्टि की अपने आप में दूसरे के साथ जुड़ने, दूसरे के साथ मिलकर काम करने, दूसरे के लिए आकुल होने की प्रक्रिया है। उसी सृष्टि की तरह प्रत्येक संप्रेषण अपने आप में अपर्याप्त या अयथेष्ट होने का अनुभव है। इस अनुभव के साथ ही वह पर्याप्त होने के लिए प्रबल इच्छा है, वही काम है, जो अभी नहीं है, वह होने की उत्कण्ठा है और वही संवाद है। भर्तृहरि यह स्थापना करना चाहते हैं कि वाक् सृष्टि का पर्याय है। उनके पास ऋग्वेद के वाक्सूत्र का आधार भी है। वाक्सूत्र वाग्देवता घोषणा करता है–

अहं राष्ट्री संगमनी वसूनां
चिकितुषी प्रथमा यज्ञियानाम्।

मैं ही एक दूसरे से पायी जाने वाली शोभा हूँ। मैं समष्टिचेतना का सौंदर्य हूँ। मैं पृथ्वी के अधिष्ठाताओं वस्तुओं को परस्पर अभिमुख करने वाली शक्ति हूँ। मैं ही अपने अधूरेपन, अपनी अपूर्णता, अपनी अपर्याप्तता की समझ रखने वाले और इसी कारण पूर्णतर होने के लिए अपनी सूक्ष्मतर भावसत्ता से एकाकार होने के लिए यज्ञ करने वाले परस्पर भाव का अनुष्ठान करने वालों की प्रेरक ज्ञानशक्ति हूँ।

अव्यक्त वाक् के भी दो स्तर हैं। एक पश्यन्ती, जो देख रही है, कुछ कर नहीं रही है, जो क्रिया नहीं है, जो इच्छा है, अपने को दूसरे तक पहुँचाने की इच्छा है, अपने को विसर्जित करने की सर्जना की आकांक्षा है। वहाँ शब्द और अर्थ दोनों अलग नहीं, दोनों संस्कार या चित्त की वासना हैं (वासना का अर्थ है, जैसे किसी वस्त्र के बीच केवड़े का फूल बहुत दिनों तक रखा जाए, फिर फूल हटा लिया जाए तो वस्त्र केवड़े से गमकता रहता है, वैसे ही पश्यन्ती भी वासना है, पूर्व भाषिक अनुभवों और भाषा-प्रयोग अनुभवों की छनी हुई स्मृति है)। इस पश्यन्ती के मूल में है शुद्ध चैतन्य, संविद्, अच्छी तरह पूरी तरह जानने वाला,

जो जानने की वस्तु अपने भीतर समेटे हुए है; ज्ञान, ज्ञेय और ज्ञान तीनों उसमें समाहित हैं; वह है परा, उसके कारण ही इच्छा होती है, इच्छा के बाद क्रिया होती है। प्रत्येक उच्चारित भाषा के पूर्व प्राणशक्ति का विनियोग है, प्राणों के संचालन के पीछे मन में उगी इच्छा और मन में प्रतिबिंबित वृद्धि है, वृद्धि के पीछे आत्मा है। आत्मा ही पराशक्ति है। वह प्रकाश का प्रकाश है।

इसी वाक्सूत्र में आगे कहा गया है कि मेरा मूल अस्तित्व अनन्त काल की गहराई में है, ''मम योनिरप्स्वंतः समुद्रे''। ब्राह्मण ग्रंथों को वाक् आरंभणीय अहन् (पहला दिन) कहा गया है। वह प्रकाश का पहला विकिरण है, वह नाद का पहला स्फोट है। उसी वाक् का विकसित रूप है आर्य वाक् (ऋषियों की वाणी), जो ध्यानयोग का परिणाम है, तप का फल और अव्यक्त का सामंजस्य है, वही समस्त विचारों, प्रत्ययों और ज्ञान-विधियों का स्रोत है; हम उसे वेद कहते हैं। वेद का अर्थ यह सब है—ज्ञान, जाना हुआ, जानने की प्रक्रिया और जानने का अनुभव। वेद का अर्थ शब्दराशि मात्र नहीं है, शब्द के द्वारा शब्दातीत अनुभव भी है। वेद का निरंतर स्वाध्याय, वेद का निरंतर मनन और वेद का निरंतर प्रयोग इस परंपरा का स्वभाव है, हमारी परंपरा का दूसरा रूप, जो ऊपर से वेदविरोधी, वेदनिरपेक्ष दिखायी पड़ता है, वास्तव में वह भी वेद की ज्ञानात्मक प्रक्रिया से ही विकसित होता है। इस रूप में आभ्यंतर ध्यान और आभ्यंतर अनुभव का प्रामाण्य बौद्धों को, जैनों को, निर्गुणवादियों को भी मान्य है। भगवान बुद्ध ने कहा—**सकाय निरुत्तिया बुद्धवचनं भासते** (अपने ध्यानयोग से बुद्धवचन को समझने का प्रयत्न करो और उसे अपने परामर्श किए हुए रूप में स्वीकारो)। जैन वाङ्मय में भी इसिभासित (ऋषि-भाषित) का महत्त्व है; सभी अनुभव यात्राओं के विवरण ों का महत्त्व है। निर्गुण संतों ने भी पहले के संतों की साखियों (साक्ष्य) को महत्त्व दिया है। बौद्ध वाङ्मय में थेरगाथा और थेरगाथा अनुभव के अभिलेख माने जाते हैं—जैन पुराण, जैन चरित, निर्गुण संतों को पर्चिय, बाद के संतों के संवाद। रामकृष्ण परमहंस देव, श्रमण महर्षि, विशुद्धानंद, योगी अरविंद, रामतीर्थ, इसी परंपरा के उदाहरण हैं। इन दो रूपों को एक साथ देखने का प्रयत्न करेंगे तो स्पष्ट हो जाएगा कि हमारी परंपरा शब्द का विस्तार और शब्द की गहराई दोनों में जाती है। वह निरंतर बाहर से संवाद स्थापित करने के लिए लोकजीवन से जुड़ी हुई सीधी सरल भाषा का व्यवहार भी आवश्यक मानती है और अपने भीतर सच्चाई की खोज जारी रखने के लिए शब्दों का अपकर्षण करते-करते किसी अत्यंत सघन बीजशब्द में सब अनुभव समाहित कर देती है, उसी को वह नाम कहती है, बीजक्षर कहती है। इस नाम के निरंतर अभ्यास को श्वासों के नियमन के साथ जोड़कर वह वाक् प्राण और मन को एक त्रिपुटी बनाती है। यहाँ सभी एक हो जाते हैं। जाने हुए शब्द, जाना जाता हुआ अर्थ, जानने के साथ एकाकार अंतःकरण सब अलग नहीं रह जाते।

हमारे वरेण्य मित्र डॉ. गोविंदचंद्र पाण्डेय अपनी परंपरा का वैशिष्ट्य समझते हुए यही कहते हैं, ''भारतीय परंपरा की रुझान मनुष्य के भीतर अपने अतिक्रमण की संभावना और इस अतिक्रमण की आवश्यकता जगाने की ओर है।'' इसी से उसमें प्रकृति या उसकी ऊर्जा के स्रोत का एकांतिक महत्त्व है, न मानव समाज की समासता का ऐतिहासिक महत्त्व है; पश्चिम में प्रकृति पर विजय की आकांक्षा भूत की तरह मनुष्य के ऊपर सवार हुई। उसके पीछे प्रकृति को अपने बाहर विशिष्ट स्थान देना ही तो था और उसके बाद अतिरेक की स्थिति में, माँग की पराकाष्ठा की स्थिति में पलायन करने की बात भी अमेरिका में इसीलिए दिखायी पड़ रही है। सामाजिक समरसता और नैतिकता का आग्रह, जो चीनी परंपरा में रहा है, वह भी मनुष्य के ऊपर अधिक आरोपित रहा है, मनुष्य के हृदय का संवाद उसके साथ नहीं रहा है (द मीनिंग एंड प्रॉसेस आफ कल्चर)। भारतीय परंपरा में समर्पण और अतिक्रमण की दुहरी प्रक्रिया बराबर चलती रही है (कभी-कभी खोयी अवश्य रहती है)। पहली प्रक्रिया को हम विधि का पालन, शास्त्रीय व्यवस्था का अनुवर्तन कह सकते हैं। अशोक इसी को अपने अभिलेखों में पुराण प्रकृति कहते हैं, साधारण जन 'पुरखों की रीति' कहते हैं। दूसरी प्रक्रिया आत्ममंथन के द्वारा इसके अतिक्रमण या दूसरे शब्दों में शास्त्र की नयी विधि के विधान की है। यह प्रक्रिया उन सबके लिए है, जो कठिन मंथन की राह पर चलने के लिए और सब कुछ छोड़ने को मन से तैयार हों, शास्त्र का अतिक्रमण करने का अधिकार सबको है; पर शर्त यही है कि वह व्यक्ति पहले सब कुछ छोड़ दे, व्यवस्था के सभी लाभ छोड़ दे, अपने को एकदम अकिंचन बना दे, अनिकेत बना दे, निःस्व बना दे और तब वह अनजाने जंगल में अपने ही शरीर की श्वास को प्रकाश की लौ बनाकर अपनी राह निकाले। वही अतिक्रमण की विश्वसनीय प्रक्रिया होगी। आनंद कुमार स्वामी ने ऐसे समाज की विशेषता बतलाते हुए यही बात और सुंदर ढंग से कही है, ऐसे समाज का एक मुख्य विभेदक अभिलक्षण है व्यवस्था। पूरे समुदाय-का-समुदाय में समस्त जीवन कुछ पहचाने साँचों में ढलकर चलता है; इन साँचों की प्रामाणिकता के बारे में कोई प्रश्न नहीं करता। व्यक्ति के कुछ विशिष्ट प्रकार्य (फंक्शन) अलग साधे जाते रहें, पर समुदाय के रूप में वह सामुदायिक पद्धति के लिए अर्पित हो। यह मानना कि व्यक्ति को इस दिए हुए साँचे को स्वीकार करने के लिए लाचार किया जाता है, ठीक नहीं है, प्रत्युत मानना यह चाहिए कि व्यक्ति सामाजिक दायित्व से मुक्त हो जाता है, जब वह परंपरागत व्यवस्था को स्वीकार लेता है। ऐसी व्यवस्था के अनुपालन से ही आत्मसाक्षात्कार की ओर व्यक्ति की सीमा के अतिक्रमण की संभावनाएँ तीव्रतर होती हैं। कुमार स्वामी की बात कुछ दशक पहले पश्चिम के लोगों को अटपटी और बड़ी असामयिक लगती थी, पर आज पश्चिम का समाज भी यह समझने लगा है कि जो दिया हुआ है, वह पूरी तरह जाना जाता है, तभी नयी सर्जना पूर्णतर

होती है। भाषा भी दी हुई होती है और उसकी दी हुई भाषा में से ही उसी के वजन पर नयी भाषा सिरजी जाती है। आज वाक्केंद्रित परंपरा को समझना संभव हो रहा है, क्योंकि युग निषेध का नहीं, स्वीकार का आ रहा है।

हमने विद्यामात्र—संगीत, साहित्य और कला की देवी के रूप में जिस सरस्वती की छवि आँकी, उसमें ऊपर वर्णित सभी तत्त्व आ गए हैं। यह देवी सरस्वती है, नदी है, निरंतर प्रवाह; प्रवाह दूसरों को तो स्वच्छतर निर्मलतर करता ही है, अपने को भी स्वच्छतर करता रहता है। यह देवी श्वेतपद्मासना है; सात्विक गुण का रंग है श्वेत, कमल है सृष्टि का खुलना, वाग्देवी खुलना मात्र नहीं, वही सत्य का उद्रेक है, वही अव्यक्त रूप में हृदय में नित्य बहने वाली स्पंदनी धारा है, यही धारा जोड़ती रहती है। व्यक्त रूप में यह हाथ में ली हुई अनेक तारों की बनी वीणा है, यही सभी तारों के अलग-अलग, पर संवादी स्वरों के योग से एक राग-रचना करती है। अव्यक्त रूप में, नाद के रूप में, सभी की जननी है। वह रचनाकार की रचना के क्षण में सहचरी है, पर इसके पूर्व वह रचनाकार का सीस उतरवा लेती है, अभिमान नष्ट कर देती है। उसका वाहन हंस पानी अलग कर देता है, केवल दूध ले लेता है। वही हंस सरस्वती को दूर-दूर ले जाता है, पर वही हंस कमल के लोभ में कभी भी धरती का संबल नहीं छोड़ता, वह धरती का दिया हुआ कमलनाल का पाथेय लेकर ही उड़ान भरता है।

इसी प्रकार हम अपनी परंपरा को धरती से जोड़े रहते हैं, उसे कमल की जड़ जल से जल की अतल गहराई से जोड़े रहते हैं, और साथ ही उसे विवेक के सहारे, आत्ममंथन के सहारे दूर-दूर से ऊपर से ऊपर ले जाते हैं, प्रकाश के स्रोत की ओर ले जाते हैं। वाक् शब्द मात्र नहीं, सर्जनात्मक अभिव्यक्ति मात्र है वह सर्जना है और सर्जना की सोद्देश्यता भी है, रचना की चरितार्थता भी है। वह ध्वनि है, सुर है, रेखा है, गति है, उड़ान है, वह सृष्टि है, स्थिति है और सबका शुद्ध ज्ञान में संहार (संहार का अर्थ विनाश नहीं, समेटना है) भी है। हम इसीलिए इस परंपरा के अनुवर्तन में हमेशा सत्यपूत वचन, मनःपूत आचरण और तपःपूत ज्ञान का अभ्यास करते हैं। हमारे यहाँ वचन का मोल है, क्योंकि सत्य की प्रतिष्ठा है। हमारे यहाँ प्रिय होने की आकांक्षा है; हमारा प्यार पाना नहीं, दूसरों के लिए सुखप्रद होना है; प्यार की परिभाषा है, दूसरे के सुख से सुख पाना। उस रूप में वह ऋत् की प्रतिष्ठा है। कभी भी अप्रिय सत्य न बोलें, इस पर बल है; पर असत्य बोल भी दें, कभी तो क्षम्य है, पर ऐसा ही सत्य बोलें, जो ऋत् का विरोधी न हो यही सदा-सदा रहने वाला हमारी परंपरा का स्वभाव है सनातन धर्म है, 'सनंतनों धम्मो' है।

हमें अपनी परंपरा के संपूर्ण रूप का ध्यान सदा-सदा रखना चाहिए, उसमें शास्त्र का सत्य है, उसमें युग का ध्यान है, युगातीत की चिंता है। ऐसी परंपरा खंडित रूप में नहीं समझी जा सकती, खंडित चित्र से नहीं समझी जा सकती। यह केवल खिले

श्वेत कमल की तरह उज्ज्वल और खुले मन-चित्त से समझी जा सकती है।

कर्म न ज्ञान का विरोधी है और न ही ज्ञान कर्म का। दोनों एक-दूसरे के सहायक हैं। कर्म की शुद्धता के बिना ज्ञान की शुद्धता सुनिश्चित नहीं होती, न ज्ञान की शुद्धता के बिना कर्म की शुद्धता संभव होती है। ज्ञान का भारतीय परंपरा में अर्थ जानना मात्र नहीं है, विद् धातु से कई शब्द बनते हैं, वेद (प्रकाशमय ज्ञान की राशि) विद्या, विद्यमान (वर्तमान), वित्त (धन, प्राप्ति)। इसका अर्थ यह हुआ कि ज्ञान या ज्ञान की प्रक्रिया या शाखा विद्या बहुत व्यापक अर्थ रखते हैं। आचार्य पतंजलि ने विद्या की तब तक उपयोगिता नहीं मानी, जब तक वह चार प्रक्रियाओं से संपुष्ट न हुई हो। ये चार प्रक्रियाएँ हैं—अध्ययन, मनन, प्रवचन और प्रयोग। अध्ययन का अर्थ है जिज्ञासु होकर कहीं उचित गुरु के पास जाना, विनयपूर्वक उनसे शिक्षा ग्रहण करना। शिक्षा केवल अक्षर की ही नहीं होती; हर एक कौशल की, हर एक कला की होती है और सिखाने वाले केवल साक्षर व्यक्ति ही नहीं होते, गाड़ी हाँकने वाले रैक्व-जैसे गँवार भी राजा को शिक्षा दे सकते हैं काशी का चाण्डाल भी शंकराचार्य को शिक्षा दे सकता है; सच्चकिरिया (सत्यक्रिया) की प्रक्रिया बुद्धवचन के ही अनुसार उनके अलावा एक वेश्या (उस समय थी) दे सकती थी। अध्ययन का अर्थ सीखने के लिए अच्छे सिखाने वालों के पास जाना है और उनके साथ रहकर सीखना है। भारतीय शिक्षा-प्रणाली गुरु को ही संस्था मानती रही है।

अध्ययन के बाद है मनन। जो कुछ भी सीखें, उस पर मनन करें, मनन करने की प्रक्रिया में दो बातें आती हैं; एक अपने से पूछना, अपने से उत्तर पाना—दूसरी बात है संगति बिठलाना—समस्त प्राप्त ज्ञान के बीच और ज्ञान तथा आसपास के जीवन के बीच। उपनिषद् की प्रसिद्ध कथा है—देव, मनुष्य और असुर तीनों ने तप किया, ब्रह्मा प्रसन्न हुए और तीनों को शिक्षा दी—द द द। प्रत्येक से पूछा—क्या समझे? प्रत्येक ने पहले उत्तर दिया—हम नहीं समझ पाये। बाद में प्रत्येक ने अपने आप मनन करके अपने लिए अलग-अलग संदेश पाया। देवता ने सोचा—हमसे कहा है—दाम्यत, दमन करो, भोग पर नियंत्रण करो; क्योंकि हमारा स्वभाव बहुत भोगात्मक हो गया है। मनुष्य ने सोचा—हम बड़े लोभी और परिग्रह के प्रति आसक्त हैं, हमसे कहा है—दत्त, दो, वस्तुओं के प्रति अपनी ममता छोड़ो, वस्तु दो। असुरों ने सोचा—हमसे कहा गया है कि दयध्वम्—दया सीखो, हम बहुत क्रूर हो जाते हैं। इस प्रकार मनन से तीनों ने अपने लिए अलग-अलग शिक्षा ग्रहण की। इस कहानी पर हम मनन करेंगे, तो हमें लगेगा कि तीनों शिक्षाएँ मनुष्य के लिए हैं, क्योंकि उसमें देव, मनुष्य और असुर तीनों निवास करते हैं, (ये तीनों गुणों, सत्व, रज, तमस के ही वाचक हैं); इन तीनों की कुछ सहज प्रवृत्तियाँ होती हैं, उनके ऊपर काबू पाना चाहिए।

मनन के बाद है प्रवचन। जो सीखा, जिस पर मनन किया, उसकी परख

सिखाने से होती है, क्योंकि सिखाते समय जो प्रश्न सीखने वालों के द्वारा उभारे जाते हैं, वे सीखी हुई विद्या का विस्तार करते हैं, प्रश्नों से ही अधिगत ज्ञान में गति आती है। हमारी ज्ञान परंपरा बराबर प्रश्नों के समाधानों के रूप में आगे बढ़ी है। उपनिषद् प्रश्नोत्तर है, गीता प्रश्नोत्तर है, बुद्ध के वचन भी प्रश्नों के अधिकतर समाधान ही हैं।

आचार्य पतंजलि ने चिंतन की शैली ही ऐसी बनायी, जिसमें विस्तृत व्याख्या करते समय शंका अपने आप उठायी जाती है, एक समाधान दिया जाता है, वह उतना संतोषजनक नहीं होता, अन्त में सबसे सटीक समाधान दिया जाता है। यही पद्धति समस्त शास्त्रों की पद्धति हुई। पहले एक स्थापना दी जाती है, फिर पूर्वपक्ष उठाया जाता है—इस स्थापना में यह दोष है। दोषों का परिहार प्रस्तुत किया जाता है। उस परिहार में भी दोष निकाले जाते हैं। स्थापना प्रत्येक समाधान में परिष्कृत होती चलती है। अंत में शास्त्रकार सबसे उचित समाधान देते हुए स्थापना का अत्यंत परिष्कृत रूप रख देता है। आगे आने वाले चिंतक उस परिष्कृत समाधान का और परिष्कार करते हैं। परिष्कार की इस अनवरत प्रक्रिया में भाषा की बड़ी मँजाई तो होती ही है, विचारों की स्पष्टता भी सुनिश्चित होती चलती है। जहाँ कहीं कोई अर्थ इकहरा न होकर दुहरा है और केवल एक और सही अर्थ देना अभीष्ट है, वहाँ उस अर्थ का वहन करने वाली भाषा माँजी जाती है और विचार भी प्रखरतर बनाए जाते हैं। इस तरह से प्रवचन केवल गुरु शिष्य संवाद ही नहीं है, अपने आप भी प्रश्नों और उत्तरों की कल्पना का अभ्यास है। प्रवचन में ये सभी बातें सन्निविष्ट हैं।

अंत में आता है प्रयोग। कालिदास ने कहा है—

आपरितोषाद विदुषां न साधु मन्ये प्रयोगविज्ञानम।
बलबदपि शिक्षितानां ह्यात्मन्यप्रत्ययं चेतः।

—मालविकाग्निमित्र

प्रयोग का विज्ञान, मैं तब तक ठीक नहीं मानता, जब तक विद्वान भलीभाँति परितुष्ट न हो जाएँ। कितनी भी कठिन अभ्यास प्रक्रिया से कोई विद्या क्यों न सीखी गयी हो, सीखने वालों को अपने ऊपर विश्वास नहीं होता है। इस श्लोक से दो संकेत मिलते हैं कि हमारे यहाँ प्रयोग विज्ञान है। प्रयोग का अर्थ है प्रकृष्ट योग। योग तो अपने शरीर, मन, वचन, संतुलन तक सीमित रहता है, प्रयोग दूसरों के शरीर मन वचन से योग स्थापित करता है। साथ ही प्रयोग परीक्षण है। वस्तुओं के स्वभावों को निरीक्षण करके उनकी स्वभावगत विविधता का कुछ सामान्य कोटियों में वर्गीकरण है। पुनः उनकी ऐसी प्रस्तुति है कि प्रत्येक व्यक्ति को, जो उसे पढ़ता, देखता, सुनता है, स्वभाव की विलक्षणता का ठीक-ठाक ज्ञान हो सके।

तुलसीदास जी ने भी कहा है—उपजहिं अनत-अनत सुख लहहीं (अन्यत्र

उपजते हैं, अन्यत्र शोभा पाते हैं; रचना कोई है, पर रचना ग्राहक को अच्छी लगती है, तभी शोभा पाती है)। तुलसीदास की बात हर रचना पर लागू होती है और शिक्षा भी रचना ही है।

प्रयोग का तीसरा अर्थ भी है—आचरण में उतारना। पर उपदेश कुसल बहुतेरे। जे आचरहिं ते नर न घनेरे।—तुलसीदास की इस उक्ति में यही बात रेखांकित की गयी है कि आचरण में न उतारें, तो समस्त अद्वैत पाखंड हो जाता है; सर्वभूतहित की बात उपहास हो जाती है। प्रयोग वाह्य प्रयोग तो है ही, वह समस्त विद्याओं का चरम परीक्षण है। व्याकरण पढ़ लिया और व्याकरण के नियमों को अपनी ही भाषा के तत्त्वों पर घटा न सके, तो व्याकरण ज्ञान व्यर्थ है। प्रश्न ज्योतिष पढ़ा और जब मुट्ठी में अँगूठी रखकर पूछा गया कि क्या है? प्रयोग से अनभिज्ञ ज्योतिषी ने बतलाया—गोल है, बीच में खाली है पत्थर है; पर निष्कर्ष निकला चक्की है। सामान्य ज्ञान वाला व्यक्ति भी जानता है कि चक्की मुट्ठी में बंद नहीं होगी। ज्योतिषी केवल शास्त्र जानता था, उसको प्रयोग से पुष्ट नहीं किया था। प्रयोग और कुछ नहीं, जीवन को खुली आँख से देखना है और शास्त्र को इस जीवन में प्रमाणित करना है। हमारी चिंतन-परंपरा जब से प्रयोग से अलग हुई, तबसे इसकी गतिशीलता क्षीण होती गयी। ज्योतिषी ने नक्षत्रों का निरीक्षण करना छोड़ दिया। व्याकरण ने भाषा के बदलते स्वरूप को ध्यान से देखना छोड़ दिया। वस्तुशास्त्री ने निर्माण-कार्य छोड़ दिया। नाट्यशास्त्रवेत्ता ने नाटक करना छोड़ दिया। इसी प्रकार दर्शनशास्त्री ने नयी ज्ञान सामग्री का परीक्षण छोड़ दिया। इसलिए शास्त्रों की बोधकता कुछ कुहासे के भीतर धुँधली हो गयी। पश्चिम के ज्ञान से आतंकित हुए बिना उसे समझना और उसकी क्षमता-अक्षमता को समझना हमारी विद्याओं के विकास के हित में है। हम अपनी विद्याओं को प्राच्य या प्राचीन मानकर अलग रख रहे हैं, यह न केवल अपनी विद्याओं के लिए घातक है, यह पश्चिमी विद्याओं के लिए भी घातक है। हमारा मन-मस्तिष्क खुला रहा है। अब भी खुला रहना चाहिए। तभी हम अपने स्वरूप की सही पहचान कर अपने ज्ञान का सही उपयोग अपने देश के हित में और विश्व के हित में कर सकेंगे।

हमारे यहाँ ज्ञान-प्रक्रिया एकांतिक नहीं रही है, एतावदिति निश्चिता (यहीं तक सब कुछ है, ऐसा आसुर बुद्धि वाले ही माने बैठे रहते हैं) इसीलिए हमारे यहाँ गुरु शिष्य से पराजित होने में अपनी जीत और अपनी सार्थकता मानते हैं। वे यह जानते हैं कि ज्ञान-यात्रा मुझ तक ही समाप्त नहीं होनी चाहिए, यह आगे जानी चाहिए। इसके लिए तैयार होना चाहिए कि सत्य की कसौटी बड़ी निर्मम होती है। इसे देखना हो, तो महाभारत पढ़ें और द्रौपदी और गांधारी के प्रति श्रीकृष्ण के निर्मम वचन पढ़ें; युधिष्ठिर के स्वर्गारोहण के अवसर पर अपने भाइयों और द्रौपदी के बर्फ में गिरते जाने पर कठोर सत्य वचन पढ़ें। सत्य की खोज ही ज्ञान का मुख्य प्रयोजन है। इसीलिए श्रीकृष्ण ने गीता में कहा है कि

ज्ञान की आग सभी कर्मों को भस्म कर देती है। ज्ञान को आग कहने का अर्थ केवल यह नहीं है कि वह जलाता है, वह केवल दाहक है, आग कहने का यह भी अर्थ है कि वह प्रकाशक है, एक-दूसरे के चेहरे की पहचान कराता है, एक-दूसरे को सन्निकट लाता है, एक-दूसरे को बातचीत के लिए उकसाता भी है, वह आत्मीयता का बोध कराता है। वह अपने चारों ओर घिरे अंधकार का भयमात्र नहीं दूर करता, वह उन आतंकों को भी दूर करता है, जो दूर से हिंस्र पशुओं से संभावित होता है। ये हिंस्र पशु हैं—काम, क्रोध, लोभ मोह, मद, मात्सर्य। इसीलिए विद्या को विमुक्ति दिलाने वाली कहा गया, केवल मुक्तिदायिनी नहीं।

ऐसी विद्या सोपानों के द्वारा सीखी जाती है। पहले सीमित वस्तुओं को समझने के लिए सीमित ज्ञान आवश्यक होता है। रेखागणित के सिद्धांत परिभाषा से शुद्ध बिंदु और रेखा अशुद्ध बिंदु और रेखा से सीखे जाते हैं; क्योंकि शुद्ध बिंदु और शुद्ध रेखा मूर्त रूप में बनेंगे नहीं, वे अवधारणाएँ हैं। अवधारणा साध्य है, साधन नहीं बनायी जा सकती। हमारे यहाँ न्याय, वैशेषिक मीमांसा, परम ज्ञान के पहले सोपान हैं, सांख्य-योग दूसरे सोपान हैं और वेदांत अंतिम सोपान है। न्याय, वैशेषिक मीमांसा और सांख्य तथा योग दर्शनों में बहुत्व स्वीकार किया गया है। इस बहुत्व को व्यावहारिक स्तर पर समझना आवश्यक है। इसकी उपेक्षा करने से एकत्व का ज्ञान पूरा नहीं होगा।

पहले हम द्रव्यों को वस्तु के रूप में समझते हैं और अव्यक्त आत्मा को भी उसी तरह द्रव्य मानते हैं, जैसे काल दिक् और आकाश को। इसके बाद हम द्रष्टा और दृश्य के रूप में दूसरे सोपान में विभाजित करते हैं। जब द्रष्टा का ज्ञान हो जाता है, तो अंतिम सोपान में हम द्रष्टा-दृश्य में अंतर मिटा देते हैं। इस प्रकार हम उपनिषद् के शब्दों में—

अविद्यया मृत्युं तीर्त्वा विद्ययामृतमश्नुते।

अविद्या के द्वारा हम मृत्यु का संतरण करते हैं। अविद्या अर्थात् सीमित ज्ञान हमें केवल वहीं तक पहुँचाती है, जहाँ हम यह जान पाते हैं कि मृत्यु अंत नहीं है; खंडित सत्य सत्य नहीं है; परंतु असीमित ज्ञान अर्थात् विद्या के द्वारा यह संभव होता है कि अमृत तत्व के आस्वादक बनें। अखंड सत्य अखंड आनंद है। दुःख से मुक्ति, मुक्ति होगी, विमुक्ति नहीं है। आनंद की प्राप्ति, दुःख-सुख से परे निर्बाध अनंत आनंद की प्राप्ति ही विमुक्ति है।

हमारी सभी विद्याएँ, ज्ञानधाराएँ इसलिए एक-दूसरे की उपकारक हैं, क्योंकि ज्ञान समावेशक है। उनमें आपस में विरोध नहीं, जैसा कि भ्रमवश समझा जाता है। जो एक दर्शन से दूसरे में, एक चिंतन से दूसरे चिंतन में मतभेद और खंडन-मंडन दिखायी देता है, उसका तात्पर्य यही है कि अखंड को समझने के लिए खंड-खंड अलग करके समझना आवश्यक है। एक खंड को समझने के लिए दूसरे खंड से

उसका अलग वैशिष्ट्य समझना आवश्यक है। श्रमण और वैदिक विचारधाराओं में विरोध की बात की जाती है। वैदिक विचारधारा में शास्त्रों की विद्रोही विचारधारा की बात की जाती है। लोग यह नहीं सोचते कि वैचारिक टकराव टकराव नहीं है, वह सत्य को समझने का अभ्यास है। एक प्रातःकाल से दूसरे प्रातःकाल तक दैनंदिन जीवन एक-सा है, विरक्त परिव्राजकों के लिए आदरभाव एक-सा है, ज्ञान सीखने की गुरु-शिष्य परंपरा एक-सी है, भक्ति भाव और उसकी बाह्य और आभ्यंतर अभिव्यक्ति एक-सी है, योग का अनुशासन एक-सा है, कर्मवाद एक-सा है। यह स्वीकार भाव एक-सा है कि प्रत्येक को अपनी रुचि के अनुसार परम सत्य के अनुसंधान का मार्ग वरण करने का अधिकार है। यदि ऐसी बात है, तो यही भाव पश्चिम की ज्ञान-पद्धति के प्रति भी होना हमारी परंपरा की दृष्टि से सहज है। संकोच पश्चिम के लोगों को हो सकता है, क्योंकि अभी भी चार सौ वर्षों की औपनिवेशिक मनोवृत्ति से उनकी मुक्ति नहीं हुई है, हमारी तो विमुक्ति पहले ही हो चुकी है। विश्व को ज्ञान के इस विमोचक रूप को आज नहीं, तो कल पहचानना ही होगा कि सभी ज्ञान में यह क्षमता होनी चाहिए कि अपना कहा जाने वाला सब कुछ जाता हो, चला जाए, पर मनुष्य की ज्ञान-यात्रा ठीक राह पर चलती रहे। जो चिंतन-परंपरा ईश्वर को माया से ढका कह सकती है और इसे चरम सत्य नहीं स्वीकार करती है, तथागत को भी संवृत्ति मानकर अवास्तविक मान सकती है, वह कभी क्षीण नहीं होगी। जो शुद्ध ज्ञान की परिभाषा यह मानता है—

सर्वभूतेषु येनैकं भावमव्ययमीक्षते।
अविभक्तं विभक्तेषु ज्ञानं तद्विद्धि सात्विकम॥

—श्रीमद्भगवद्गीता

वही ज्ञान शुद्ध ज्ञान है, जो समस्त प्राणियों में, समस्त पृथ्वी, जल, अग्नि, वायु, आकाश, पंचमहाभूतों में, समस्त सत्ताओं में एक न चुकनेवाला भाव जो है, उससे कुछ अलग होने का भाव; जो जानना चाहते हैं, वह होने का भाव देखता है और जो विभक्त (विलग) दिखने वाले पदार्थों में एक अविभक्त (संपूर्ण अखंड) भाव देखता है। वह स्वयं भी कभी चुकेगा नहीं, वह अव्यय बना रहेगा, भले वह सीमित अर्थ में कुछ कम शक्तिशाली दिखे। इस सात्विक शुद्ध ज्ञान की आवश्यकता आज के खंडित और परस्पर अविश्वासी, परस्पर भयभीत संसार में जितनी है और दिनोंदिन जितनी और बढ़ती जाएगी, उतनी कभी न रही होगी। भयंकर जकड़न के बीच विमुक्ति की तलब अधिक ज़ोरदार होती है। वह जकड़न आज चतुर्दिक है, जड़ वस्तुओं की नहीं, जड़ वस्तुओं के साथ जुड़ाव की जकड़न और पीड़ा दे रही है। वही आशा है नये या अपने पुराने ज्ञानोदय की।

साहित्य जीवन से घटता जा रहा है*

जब हमारे पास साधन नहीं थे तब सभी क्षेत्रों में साहित्य सर्जना अधिक परिमाण में अधिक प्रभावशाली होती रही। और सर्जना का सम्मान था। आज न वैसी सर्जना है और न प्रभाव। इसका क्या कारण है?

तब कार्य की संस्कृति थी। कार्य प्रमुख था। लोग साहित्य लिखते ही नहीं, जीते भी थे। आचरण और कार्य में एकता थी। परस्पर विश्वास था। देश और समाज के लिए कुछ करने का संकल्प था। स्वार्थ और प्रचार नहीं था। सर्वहित की कामना थी। इसी मंगल भावना के कारण पाठक और रचनाकार का तादात्म्य होता था। रचना का स्वर व्यापक, निर्मल और सहज संप्रेषणीय था। अब न वैसी विश्वसनीयता है और न व्यापक सहज निर्मल भाव। इसीलिए रचना की प्रभाव-शक्ति पहली जैसी नहीं प्रतीत होती। साहित्य जीवन से कटता जा रहा है।

क्या आपको ऐसा नहीं लगता कि मुगलकाल में जब अनेक अत्याचार हो रहे थे तब आदि कालीन श्रेष्ठ साहित्य की रचना हुई और जब अंग्रेजों का शासन था तब राष्ट्रीय भावों से ओतप्रोत ढेरों रचनाएँ लिखी गयीं जो कालजयी रचना की श्रेणी में गिनी जाती हैं। उनमें स्वाभिमान था। देश-समाज के प्रति गहरी आत्मीयता थी। अन्याय के प्रतिकार की दृढ़ता थी। आज के साहित्य में इस प्रकार के गुण लुप्त हो रहे हैं।

उस युग में आदमी खड़ा था। प्रतिकार के लिए संकल्प और स्वाभिमान तथा अस्मिता की रक्षा के लिए दृढ़ता थी। भारतीयता और भारतीय संस्कृति के प्रति गहरा जुड़ाव और आस्था थी। राष्ट्रीयता प्रखर थी। त्याग और बलिदान की भावना प्रखर थी। राजनीति दूषित थी, पर आज की तरह नहीं। आज अर्थ की प्रधानता के कारण लोग नैतिकता और आत्म सम्मान से हटकर वैभव के प्रति लालायित और सम्मान को छोड़कर लोग सत्ता-समर्थों की कृपा और लाभ के प्रति अधिक सजग हैं। इसीलिए साहित्य का न वैसा प्रभाव रहा और न सम्मान। जब रचनाकार में

---

* डा. गंगा प्रसाद बरसैया द्वारा लिया गया साक्षात्कार।

आत्मबल न होगा तो शक्तिशाली और कालजयी सर्वव्यापी रचनाओं का सृजन कैसे होगा? साहित्य की प्रकृति समाजकेंद्रित होने के बजाय व्यक्तिकेंद्रित हो रही है। आज का आदमी प्रतीक्षारत है। वह सोचता है कि कोई आएगा और उद्धार करेगा। इसलिए पतन हो रहा है।

क्या इसका आशय है कि रीतिकालीन दरबारी प्रवृत्ति बढ़ रही है?

ऐसा तो नहीं कह सकते। तब की परिस्थितियों और आज की स्थितियों में अंतर है। फिर भी साहित्य में वैयक्तिकता, नए प्रयोग, अनबूझ भाषा-शिल्प के कारण जनता से दूरी अवश्य बढ़ रही है। रचनाकार अहंकारी हो रहा है। वह अपने सिवाय किसी की चिंता नहीं कर रहा। यथार्थ के नाम पर कुछ भी अनर्थ हो रहा है। स्वार्थ और व्यक्तिगत लाभ की भावना बढ़ी है। समूह-मन का अभाव होता जा रहा है। ज्ञान का महत्त्व खण्डित हो रहा है। प्रभुता की लालसा ने पतन की ओर ढकेला है।

आज के साहित्यिक आयोजनों और वातावरण में तथा पुराने समय के आयोजनों और वातावरण में आप क्या अंतर देखते हैं?

बहुत अंतर है, ज़मीन-आसमान का अंतर। उस समय सामान नहीं थे। वैभव की लालसा नहीं थी। चार-छह उत्साही साथी कहीं भी दरी बिछाकर योजना बनाकर जुट जाते थे। लोगों में लगाव था। आत्मीयता थी पैसे की, सुख-सुविधाओं की चिंता किए बिना लोग पूरे मन से शामिल होते थे। आनंद, उत्साह और सहजता थी और बड़े-बड़े आयोजन सरलता से हो जाते थे। साहित्य-गोष्ठियों और कवि सम्मेलनों का स्तर बहुत ऊँचा था। रचनाओं को लेकर टोकाटाकी नोक-झोंक मंच पर हो तो जाती थी, पर कहीं कोई वैयक्तिक कटुता नहीं आती थी। छोटे-बड़े का भाव नहीं था। अहंकार नहीं था। ऊँचा-नीचा आसन नहीं था। पर मर्यादा और अनुशासन बराबर था। लोग अपनी रचनाएँ एक-दूसरे को सुनाते-सुनते थे। परामर्श लेते-देते थे।

सन् 1953 में मैं भाई (अज्ञेय जी) के साथ जब खजुराहो आया था तो एक झोंपड़ीनुमा कमरे में ठहरे थे। कोई सामान नहीं। कुएँ से पानी खींचते थे। सामान जुटाते थे। पर कला और साहित्य पर गंभीर विचार-विमर्श हुआ था। अज्ञेय जी ने खजुराहो के 1600 फोटो खींचे थे। ओरछा में चार-छह लोग मिलकर बड़े-बड़े कार्यक्रम संपादित करते थे। सब जुटे हैं। कोई अपेक्षा नहीं। हास्य-विनोद, प्यार-आत्मीयता भरपूर थी। उस युग के संबंध आज भी सुखांत हैं और मिठास देने वाले हैं। अब सुख-सुविधा, पैसा और मान-सम्मान का अहंभाव प्रमुख हो गया है। प्रदर्शन-प्रचार खूब है। साहित्य गौण है। पहले व्यक्ति की पहचान साहित्य से होती थी। अब व्यक्ति से साहित्य जाना-माना-परखा जाता है। ओरछा में हरिमोहन लाल श्रीवास्तव, वासुदेव गोस्वामी, गौरीशंकर द्विवेदी, रामाधीन खरे, ब्रजेश जी आदि बड़ी संख्या में साहित्यकार बड़े उत्साह से भाग लेते थे। श्री मैथिलीशरण

गुप्त, डॉ. वृंदावनलाल वर्मा जी आते थे। हर रंग, हर विचार के लोग। ब्रजेश जी जैसे ठसक के आदमी थे। आन-बान-शान के अद्‌भुत व्यक्ति थे ब्रजेश जी। हरिमोहन लाल में प्रखर प्रतिभा भले न रही हो, पर सामग्री जुटाने में माहिर थे। एक से एक लोग। पर सब एकाकार। जब एकता और आत्मीयता, कार्य करने का उत्साह और समर्पण भाव होता है तभी संकल्प में सफलता मिलती है। अब इसका अभाव खटकता है। टंडन जी, श्री नारायण चतुर्वेदी जैसे वरिष्ठ लोग भी हास्य-विनोद और शृंगार-चर्चा में शामिल रहते थे। वे अपने बड़प्पन से आतंकित नहीं, प्रोत्साहित करते थे।

क्या इसका कारण आप वैज्ञानिक, आर्थिक प्रगति तथा मीडिया का प्रसार मानते है?

निश्चित ही इसका प्रभाव समग्र जीवन और समाज पर पड़ा है। आर्थिक-वैज्ञानिक प्रगति ने जीवन की पद्धति और सोच को बदला है। पर मानवीय संवेदना और मर्यादाओं पर भी आघात हुआ है। प्रगति बुरी चीज नहीं है। प्रगति तो होनी ही चाहिए। सभी प्रगति के लिए प्रयास करते हैं। परंतु बाहरी प्रगति के साथ भीतरी दुनिया में भी प्रगति होनी चाहिए। पर वैसा हुआ नहीं। रीति से राग और मन नीरस हुआ है। प्रगतिशील सोच का अर्थ नकारना नहीं है। संवेदनाओं-मर्यादाओं में मानवीयता की बड़ी शक्ति होती है। एक बार निराला जी गंभीर रूप से बीमार थे। पंडित श्री नारायण चतुर्वेदी पास में रहते थे। निराला जी को लगा कि चतुर्वेदी जी बड़े हैं, अतः फाग के दिन प्रणाम करने जाना चाहिए। चतुर्वेदी जी इस सोच में थे कि निराला जी बीमार हैं, उनसे मिलने जाना चाहिए। तभी निराला जी लगभग रेंगते हुए सीढ़ियाँ चढ़कर भैयाजी (चतुर्वेदी जी) के पास पहुँच गए। चतुर्वेदी जी को बड़ा दुख हुआ। कहा, अरे, निराला जी! आप क्यों आ गए हैं? बीमार हैं। मैं स्वयं आ रहा था। निराला जी ने कहा फाग के दिन बड़े भैया को प्रणाम न करूँ, यह कैसे हो सकता है? और दोनों की आँखों से आँसुओं की धार देर तक बहती रही।

यह मर्यादा, यह भावना, यह शिष्टाचार, यह प्रेम-आत्मीयता आज नहीं है। फिर इन सबका प्रभाव साहित्य-सर्जना पर भी पड़ता ही है। युग-प्रभाव से साहित्य कैसे अलग रह पाएगा? रचनाकार की सजगता अवश्य अपेक्षित है।

रीतिकालीन काव्य में प्रेम और शृंगार भरपूर है और आज भी प्रेम-शृंगार की कविताएँ लिखी जा रही हैं। भले ही छंद पुराने न हों। क्या आप इसे रीतिकालीन परंपरा से नहीं जोड़ते?

प्रेम प्रेम होता है। वह रीतिकालीन और आधुनिक नहीं होता। मैं इसे स्वीकार करता हूँ कि आज की प्रेमपरक रचनाएँ रीतिकालीन शृंखला से जुड़ी हैं। पूर्ण अलगाव नहीं होता। प्रेम और शृंगार मानव मन का प्रमुख भाव है।

वह तो रचनाओं में व्यक्त होगा। छंद ही नहीं आज शिल्प और अभिव्यक्ति में भी पर्याप्त अंतर है। बिंब, प्रतीक, भाषा सभी का रूप बदला है। श्री अशोक वाजपेयी की कई अच्छी प्रेम-शृंगार की रचनाएँ प्रकाशित हुई हैं। यह तो अनवरत प्रवाह है। कई लोग अच्छी प्रेम कविताएँ लिख रहे हैं। परिपक्व आयु का शृंगार और हास्य-व्यंग श्रेष्ठ होता है।

श्री विष्णु प्रभाकर, अंचल जी, नरेश मेहता जैसे अनेक वयोवृद्ध लोग आयु की वृद्धि के साथ निरंतर लिखते रहते हैं। 70 और 75 वर्ष की आयु के बाद भी निरंतर सार्थक लेखन चलता रहता है और कुछ लोग बहुत जल्दी विराम ले लेते हैं। दो दशक भी नहीं चल पाते। इसका क्या कारण आप समझते हैं।

असंतोष से रचना का उद्‌भव होता है और संतोष उसे समाप्त कर देता है। वैसे किसी रचनाकार की श्रेष्ठतम कालजयी रचनाएँ अधिक नहीं होतीं। सर्जना प्रतिभा की ईश्वरीय कृपा है, जो साधना से शक्ति प्राप्त करता है, अपने मन-भाव को जीवन-समाज का अखंड अंग बनाए रहता है, वह अभिव्यक्ति के बिना नहीं रह सकता। यही सर्जना है। कभी-कभी विराम भी नए मोड़ का स्वरूप ग्रहण करता है। साहित्य दर्द से उपजता है। जब तक दर्द है तब तक सृजन है।

क्या विदेशों विशेषकर अमेरिका में अधिक प्रतिभाशाली कलाकार-लेखक हैं? उनकी सर्वतोमुखी प्रगति का क्या कारण है? आप वहाँ रहे हैं। आपने प्रत्यक्ष देखा और अनुभव किया होगा।

जहाँ तक प्रतिभा की बात है, भारतीय प्रतिभा किसी भी दृष्टि से कम नहीं है। अमेरिकी अंतरिक्ष योजना में 60 से 65 प्रतिशत भारतीय हैं। हर क्षेत्र में भारतीय प्रतिभा प्रतिष्ठित है। पश्चिमी देशों की विशेषता श्रम है। वे कोई भी कार्य बड़ी लगन और श्रम से करते हैं। शिक्षा का स्तर और व्यवस्था भारतवर्ष से अच्छी है। भारतीय मेधा के साथ यदि श्रम की चेतना भी जुड़ जाए तो निश्चित ही इसके विकास और स्तर के आयाम शीर्ष पर पहुँच सकते हैं। कला और पुरातत्व के प्रति प्रेम और संग्रह-सुरक्षा की भावना भी पश्चिम में अधिक है।

भारत में उदासीनता है। देश को गौरव प्रदान करने वाली वस्तुओं के प्रति लगाव कम है। बल्कि अब तो महत्त्वूपर्ण वस्तुएँ आयार्जन का साधन बन रही हैं। हम बेचते हैं वे खरीदते हैं। खजुराहो की ढेरों कलाकृतियाँ विदेशों में पहुँच गईं। देश-प्रेम होता तो यह सब न होता। वहाँ पुरानी वस्तुएँ और कलाकृतियाँ संग्रहित करना प्रतिष्ठा की बात मानी जाती है। वहाँ पैसा और साधन भी अधिक हैं। इसका भी प्रभाव पड़ता है। अब तो भारतीय संस्कृति का पश्चिमीकरण हो रहा है। हर देश के साहित्य और कला की अपनी विशेषताएँ होती हैं। कला और साहित्य की हमारी परंपरा बहुत श्रेष्ठ रही है। अपने देश, अपनी कला-संस्कृति की महत्ता का बोध बाहर जाकर अधिक होता है।

साहित्य का स्थान कभी खाली नहीं रहता*

ललित निबंध से आपका तात्पर्य क्या है?

वैसे तो निबंध एक ऐसा व्यापक नाम है, जिसमें चौथी-पाँचवीं कक्षा की परीक्षा से लेकर शोध-निबंध तक एक ओर आते हैं, दूसरी ओर संस्मरण, डायरी, पत्र, रेखाचित्र, रिपोर्ताज से लेकर सुगठित व्यक्तिव्यंजक निबंध भी आते हैं और इसके साथ ही विचार-प्रधान निबंध भी। पर जिस निबंध को निकष या कसौटी माना जाता है, उस निबंध की संज्ञा एक ही उचित लगती है : व्यक्तिव्यंजक निबंध। एक और नाम बहुत प्रचलित है 'ललित निबंध'। यह नाम पश्चिमी 'बैल लैटर्स' का हिंदी अनुवाद है। इसी अर्थ में दूसरी भाषाओं में 'रम्य रचना' नाम भी प्रचलित है। परंतु ललित में एक विशेष प्रकार की योजना की सीमा है, वह भाषा के मँजाव में सहायक भी हो सकती है और भाषा की सजीवता में बाधक भी। इसलिए ललित निबंध के लिए उचित सन्निवेश आवश्यक ही नहीं, अनिवार्य भी है। शब्दार्थ का भाव-विचार और इन सबका उचित सन्निवेश। भाव के अनुकूल भाषा होनी चाहिए। यही चारुता है।

ललित निबंध के अलावा कोई और नाम नहीं दिया जा सकता था?

आपने तो मन की बात पूछ ली। अपने कई निबंधों के आमुख में तथा कई संकलनों की भूमिका में तथा अभी आपके पहले प्रश्न के उत्तर में भी स्पष्ट कर चुका हूँ कि मैं ललित निबंध की अपेक्षा व्यक्तिगत रूप से 'व्यक्तिव्यंजक' नाम को अधिक उपयुक्त समझता हूँ। इसमें कई शब्द छिपे रहते हैं। बात साधारण सतह पर कही जाएगी किंतु उसका अर्थ गहरा होगा। व्यक्ति के जीवन में कितना समष्टि व्यंजित है, यह उसके भाव से पता लगता है।

ललित निबंध की प्रेरणा का स्रोत क्या पाश्चात्य साहित्य है?

देखो भाई! बुरा मत मानना, मैं पाश्चात्य साहित्य का विरोधी कदापि नहीं हूँ, किंतु भारतीय साहित्य की प्रेरणा का स्रोत पाश्चात्य साहित्य ही हो सकता है,

* श्री दामोदर पांडेय द्वारा लिया गया साक्षात्कार।

इससे मुझे ऊब हो गई है। हमारे यहाँ कुछ कम लिखा गया है क्या? क्या वह प्रेरणा का स्रोत नहीं बन सकता? गद्य के माध्यम से मनोरम रचना लिखने की प्राचीन परंपरा संस्कृत से चली आ रही है। व्यक्तिव्यंजक निबंध विशेष रूप से 'आख्यायिका' का ही उत्तराधिकारी है। इसलिए यदि आप सही मायनों में ललित निबंध साहित्य का मूल ढूँढ़ना चाहेंगे तो उन वैदिक एवं पौराणिक स्तुतियों तथा आख्यानों की ओर जाना पड़ेगा।

आप भारतीय संस्कृति के पुजारी और परंपराओं के पोषक हैं, परंतु आधुनिक परिवेश में अनुभूतियों को अभिव्यक्ति देने में परंपरा और संस्कृति कहीं-कहीं बाधक तो नहीं बनते?

देखिए, ये जो दो बातें परंपरा और आधुनिकता हैं, इनमें कोई नियत विरोध नहीं है। आधुनिकता से तात्पर्य नवीनीकरण से है। आधुनिकता से मतलब है जो अपने समय में है। अपने समय को अनुभव करते हुए, अपने समय की समस्याओं को ध्यान में रखते हुए अपने समय के बारे में सोचें और आलोचक रूप में सोचें—सही अर्थों में यही आधुनिकता है। परंपरा भी यही करती है। परंपरा का अर्थ ही है—'परंपरा'—पर के बाद पर, उत्तरवर्ती से उत्तरवर्ती, आगे से आगे, आगे से आगे बराबर परंपरा है। आगे की ओर जाने वाली। रूढ़ि जो होती है वह जकड़ती है। जो परंपरा जड़ हो जाती है तो रूढ़ि हो जाती है। किंतु परंपरा परंपरा रहती है, गतिशील रहती है। इसलिए परंपरा का आधुनिकता से कोई विरोध नहीं है। हाँ, विरोध जो दिखाई पड़ता है, यह है कि जहाँ से सतही आधुनिकता दिखाई पड़ती है, जहाँ से यह होता है कि मैं ही शुरुआत कर रहा हूँ, मनुष्य कभी नई शुरुआत कर ही नहीं सकता। मनुष्य तो उससे जुड़ा हुआ है कि जिस जगह पैदा होता है उस जगह से, उस संस्कृति से, उस संस्कृति की स्मृति से जुड़ा रहता है। उससे कभी अपने को काट ही नहीं सकता। परंपरा की यहीं से शुरुआत हुई। तो इसलिए उसके साथ, उसके बीच में रहते हुए या बाहर से आक्रमण करके कोई उसका अतिक्रमण करता है तो वह अतिक्रमण क्या करेगा। परंपरा चीज ही ऐसी है। जो बाहर रहकर विरोध करते हैं उन आधुनिकों को ही इन दोनों में विरोध लगता है।

आपके ललित निबंधों के लेखन में हो रही निरंतर वृद्धि को देखते हुए प्रायः यह धारणा पुष्ट होती जा रही है कि आप आचार्य हजारी प्रसाद द्विवेदी के रिक्त स्थान को भर रहे हैं?

कोई किसी का स्थान नहीं लेता। साहित्य का स्थान कभी खाली रहता ही नहीं। इसमें भरने की कोई बात ही नहीं है। हाँ, इतना अवश्य है कि, साहित्य अपने पूर्ववर्ती साहित्य के संदर्भ में ही लिखा जाता है परवर्ती साहित्य में पूर्ववर्ती की गूँज तो अवश्य होगी। यह परीक्षक का कर्तव्य है कि देखे, कौन किसका

अनुसरण करता है। अनुसरण और अनुगूँज दो शब्द हैं। साहित्य में पूर्ववर्ती का अनुसरण यानी अनुगूँज तो होगी ही होगी। इसलिए मैं यह मानने को तैयार हूँ कि श्रद्धेय हजारी प्रसाद द्विवेदी जी ने ललित निबंध परंपरा को आगे बढ़ाया, उनकी अनुगूँज मेरे निबंधों में मिलेगी, किंतु मैंने अनुसरण किया है, यह कहाँ तक सही है, यह तो परीक्षक ही विचार कर निर्णय दे सकता है।

आपके निबंधों में भोजपुरी के शब्दों की बहुलता है, क्या आपने यह नहीं सोचा कि अन्य क्षेत्र के लोग उन शब्दों को समझ लेंगे अथवा नहीं?

साहित्य-सृजन यह सोचकर नहीं होता कि किस क्षेत्र के लोग समझ लेंगे और किस क्षेत्र के लोग नहीं समझेंगे। क्षेत्रीय स्तर पर की जाने वाली साहित्य-सृजन की श्रेणी अलग होती है। साहित्य तो स्वतः निःसृत होता है। हाँ, आपकी बात से मैं पूर्ण सहमत हूँ कि मेरे निबंधों में भोजपुरी के शब्दों का अधिक प्रयोग है, इसका कारण मेरी जन्मभूमि और संस्कार हैं। उन लोगों को कठिनाई अवश्य होती होगी जब वे मेरे निबंधों को पढ़ते होंगे तो उन शब्दों को पाकर जिनसे उनका दूर-दूर से रिश्ता नहीं होता। मेरी भी विवशता रही है। प्रयोग किए गए शब्दों को ध्यान में रखकर सोचिए तो साफ जाहिर होता है कि उन शब्दों को हटा देने से निबंध की व्यक्ति व्यंजकता में कमी आ जाएगी। जैसे एक निबंध में मैंने सत्तू (सतुआ) लिखा है, उसके स्थान पर अन्य शब्द काट-छाँटकर रखने में लालित्य खत्म हो जाता है। आखिर में भोजपुरी के शब्द भी तो भारतीय शब्द हैं। अंग्रेजी या अन्य विदेशी भाषाओं के शब्दों को प्रयास से ही तो समझते हैं, इसी तरह जिनकी रुचि होगी, समझ लेंगे। जो शब्द बचपन से ही घुले-मिले हैं, उनका गहरा प्रभाव है। वह अनायास ही है, सप्रयास नहीं रखा गया है। संस्कार की बात चली तो उसी के कारण आज भी—मैं इसी धोती-कुर्ते में विदेश में भी रहता हूँ और भारत में भी। आज तक कभी कोई विदेशी विद्वान ऐसा नहीं मिला जिसके पैंट-कोट के आगे मेरा धोती-कुर्ता दबा हुआ लगा हो। धोती-कुर्ता तो बहुत है, आप सोचिए, यह धरती तो विवेकानंद जैसे महापुरुषों की है जिन्होंने मात्र गेरुए वस्त्र में ही अपनी संस्कृति और सभ्यता की अमिट छाप विदशों में छोड़ी।

आज की संस्कृति टी.वी. संस्कृति हो गयी है, जिससे श्रुत साहित्य की तुलना में दृश्य साहित्य अधिक लोकप्रिय हो रहा है, आपकी क्या धारणा है?

आपने ठीक जिज्ञासा व्यक्त की। आज यह काफी चर्चा का विषय बना हुआ है कि टी.वी. का इतना अधिक प्रभाव बढ़ता जा रहा है कि कोई ग्रंथ पढ़ने की आवश्यकता ही नहीं समझता। मैं व्यक्तिगत रूप से इस संबंध में कभी भी चिंतित नहीं रहा, क्योंकि मेरा साहित्य श्रुत साहित्य है। सुनना जब लिखने से अलग होगा तभी ध्यान जाएगा। तुलसीदास जी ने मानस में एक शब्द 'बुध' का

प्रयोग किया है—'जो प्रबंध बुध नहिं आदरहीं। सो श्रम बाद बालकवि करहीं।' यहाँ 'बुध' से तात्पर्य है जो समझता हो। ऐसे व्यक्ति 'बुध' नहीं कहे जाएँगे जिनका कविता से तादात्म्य नहीं है, रसास्वादन की क्षमता नहीं है। रसास्वादन का अर्थ है कवि श्रुत साहित्य को छोड़कर दृश्य साहित्य में ही रमे रहें तो आप कह सकते हैं कि दृश्य साहित्य अधिक लोकप्रिय हो रहा है। जो भी दृश्य है, वह बाँधता है, सम्मोहित करता है पर टिकता नहीं है। टिकता है वही जो केवल श्रुत है। वही साहित्य श्रेष्ठ है जो पचास-सौ वर्षों तक पढ़ा जाए, स्मरण रखा जाए। काल के अलावा साहित्य की कोई प्रामाणिक कसौटी नहीं है। आज भी तुलसी का मानस सौ वर्ष के वृद्ध भारतीय को भी स्मरण होगा।

आप किस प्रकार के लोगों को मित्र बनाना पसंद करते हैं?

मित्र कोई बनाता नहीं है, बन जाते हैं। मित्र बड़े सहज होते हैं मैं तुम्हें नाम बता सकता हूँ—जो कि मेरे अच्छे मित्र हैं। अज्ञेय जी, जो मेरे मित्र भी थे, भाई भी थे, चालीस वर्षों तक जिनका साथ रहा। कमलेश्वर, धर्मवीर भारती, डॉ. गोविंद चंद्र पांडेय, ठाकुर प्रसाद सिंह, रामचरण मेहरोत्रा, देवीशंकर अवस्थी, रामनारायण उपाध्याय और रवीन्द्र भ्रमर आदि बहुत से मित्र हैं। राजनीति से संबंधित भी अनेक मित्र हैं। कलाकारों में से भी कुछ मित्र हैं। कुछेक लंबे अर्से से हैं, कुछ कम अर्से से हैं। मेरे काफी मित्र हैं।

मैं तो व्यक्तिव्यंजक निबंध लिखता हूँ*

डॉ. साहब, ललित निबंध क्या हैं? इस नाम के पीछे कौन-सी चीज व्यक्त होती है?

पहले ललित और सुंदर शब्द का अर्थ समझिए, सुंदर ललित मनुष्य के द्वारा निर्मित जो सौंदर्य होता है उसे ललित कहते हैं। एक अनुपात और न्याय जहाँ स्थापित होता है वहाँ ललित होता है। ललित का अर्थ कोमल नहीं होता। ठीक जगह ठीक के साथ। तो इसलिए हम तो समझते हैं ललित शब्द BELL LETTER का अनुवाद है। हमारे यहाँ यह शब्द द्विवेदी जी के समय से चला। भाषा में रम्य रचना के नाम से चला। मैं स्वयं इस ललित निबंध को व्यक्तिव्यंजक निबंध के अंतर्गत एक उपराशि मानता हूँ। ललित में कल्पना के स्वच्छंद की उड़ान ज्यादा है। उसकी एक कोटि है। मैं अपने थोड़े से निबंधों को ललित मानता हूँ। मैं तो व्यक्तिव्यंजक निबंध लिखता हूँ।

यूरोप में निबंध की दो परंपराएँ हैं एक मान्तेन की और दूसरी फ्रांसिस बेकन की। क्या हिंदी में कोई ऐसी समानांतर परंपरा है, यदि है तो उसमें आप स्वयं को कहाँ पाते हैं?

ऐसा है कि इन निबंधों की चर्चा हुई। निबंध भी लिखे गए। हिंदी की अपनी स्वतंत्रता है। निबंध भी लिखे गए आत्मकथात्मक पालि साहित्य में। कथा साहित्य में भी पश्चिमी साहित्य से प्रभावित होकर निबंध लिखा गया ऐसा नहीं है। राजा शिवप्रसाद सिंह सितारेहिंद ने निबंध लिखा। इन्होंने पश्चिमी साहित्य से प्रभावित होकर नहीं लिखा। हिंदी में अपनी अलग से परंपरा है।

कुबेरनाथ राय ने ललित निबंध को साहित्यिक बतरस कहा है, लेकिन उनका साहित्य बतरस से अधिक ज्ञानरस लगता है। आपकी रसात्मकता के बिल्कुल प्रतिकूल। क्या आप कुबेरनाथ राय के निबंधों के ऊपर कुछ कहना चाहेंगे? इस टिप्पणी के संबंध में?

* श्री हारुन रशीद द्वारा लिया गया साक्षात्कार।

हम टिप्पणी इसलिए नहीं देना चाहेंगे हर आदमी की एक शैली होती है। मैं साहित्य देता हूँ। साहित्य का एकमात्र प्रयोजन है अपनी बात कहकर लोगों को कुछ देना। मूल उद्देश्य तो यही है मानव चेतना। तो, बतरस तो माध्यम है, लक्ष्य नहीं है। कुबेरनाथ राय रसात्मक हैं।

आप यूरोपीय वाङ्मय के प्रख्यात विद्वान हैं। किन-किन पश्चिमी लेखकों और निबंधकारों का आपकी सृजनशीलता पर प्रभाव है?

यूरोपीय साहित्य बहुत पढ़ा है पर जहाँ तक निबन्धों का प्रश्न है उसका प्रभाव नहीं है। 'मान्तेन' के निबंधों से हमारे निबंधों का कोई रिश्ता नहीं है। प्रताप नारायण मिश्र, हरिश्चंद्र आदि को पढ़ा। पश्चिम का साहित्य एक हवा की तरह से आता है और निकल जाता है।

आप भारतीय परंपरा को प्रगति विरोधी नहीं मानते, उसमें बृहत्तर संभावना तलाशते हैं लेकिन इस प्रगति सम्मत भारतीय परंपरा के बावजूद भारतीय विशेषतः हिंदू समाज कमोबेश ठहराव का शिकार रहा है। जिसके विरुद्ध आज तरह-तरह के सामाजिक, राजनीतिक आंदोलन खड़े हैं, क्या आप महसूस करते हैं कि आपकी भारतीयता की अवधारणा भारतीय यथार्थ से कटी हुई है? या वे जो आज की इस अवधारणा के प्रति राजनीतिक, सामाजिक सृजन कर रहे हैं? क्या भारतीयता से परिचित हैं?

प्रगति उसको मानते हैं जो सबको साथ लेकर चले। प्रगति वह नहीं है जो दूसरे को ढकेल कर चले। समाज में बदलाव आया है। जो नीचे था ऊपर चला आया एक व्यवसाय दूसरे व्यवसाय से नीचे रहा। मुसलमान-हिंदू में एक संबंध व्यवस्था है। एक चूड़ी बेचने वाला है हिंदू में भी मुसलमान में भी। समाज में दोनों की आवश्यकता है। एक-दूसरे पर अवलंबन है। दर्जी का नखरा हम बर्दाश्त करते हैं। यह उसका हक है। हम तो बहुत कुछ बर्दाश्त करते हैं। गाँव में रहते हैं तो चाचा होगा, चाची होगी, दीदी होगी। आज जाति के साथ राजनीति आ गयी है। यह दुर्भाग्यपूर्ण है। यह नहीं है कि सहज भाव से लोग एक-दूसरे से मिलें। तुम अपने ताऊ से पूछो, हिंदू मुहर्रम में शरीक होते थे या नहीं। अब नहीं है, यह बात सही है। अब प्रतिक्रिया है। आज नहीं कल बदलेगा। मानवीय संबंध मेरी भारतीयता की अवधारणा में हर व्यक्ति के भीतर भी मौजूद है कोई आंतरिक चेतना। रात को फूल न तोड़े, पेड़ न काटे, इसका संबंध भारतीय संस्कृति से है। सबके भीतर का भाव है। हिंदुस्तानी भूमि का। दूसरा भाव है सबके भीतर एक दिव्य प्रकाश है मुसलमान क्या सोचता है, मैं नहीं जानता। हमको पाकिस्तान में 1962 में एक मुसलमान मिला। तीन-चार घंटे तक वह परेशान था, चलते-चलते कहा, 'अपना वतन तो वतन ही रहता है, मुल्क बदल जाए तो क्या होता है।' गंगा को प्रणाम कहना। जो अनुभव का मोह भारतीय में है, जो चला गया है

वह छोड़ो। जो भी बीज बोया गया है अगर वह मनुष्यता की चिंता होती तो शिक्षा की बात की जाती। शिक्षा चीजों की बोझउठाई नहीं है उसमें साझेदारी की बात की जाती है। 19वीं शताब्दी में जितना साहित्य हिंदुस्तान में, फारसी में लिखा गया, वह फारस में नहीं। परिणाम यह है कि आप चले जाइए देखिए फारसी पढ़ाने वाले मुसलमान की संख्या उँगली पर है। अरबी जानने वाले मिल जाएँगे। फारसी में अनेक ग्रंथों का अनुवाद हुआ।

मार्क्सवादी आलोचक आपको एक हिंदुत्ववादी निबंधकार के रूप में रेखांकित करते हैं। क्या आप हिंदुत्व बोध पर प्रकाश डालेंगे?

प्रश्न तो मार्क्सवादी से पूछा जाना चाहिए। हम तो लेखक हैं। सारे विश्व को बताते हैं हम हिंदू हैं। अगर यह गुनाह है तो ठीक है। उसमें विभाजन कर दिया जाता है हम मार्क्सवादी को बड़ा नहीं मानते। इसी माने में हम यह मानते हैं कि सभी विकल्प है। हमारा विकल्प न माने तो ठीक है। दुनिया ऐसी है कि लोग दूसरे के विकल्प को स्वीकार करें। जो नहीं स्वीकार करेगा नहीं रह पाएगा। सच्चाई के विकल्प हैं, हमारे अलग विकल्प हैं। हम उनकी नादानी समझते हैं।

□□□